남과 북
아이들에겐
철조망이
없다

남과 북 아이들에겐 철조망이 없다

이기범 교수의 마흔아홉 번 방북기

2018년 9월 10일 1판 1쇄 펴냄

글 이기범
편집 김로미, 김성재, 이경희, 조혜원
디자인 남철우
제작 심준엽
영업·홍보 안명선, 양병희, 이옥한, 정영지, 조병범, 조서연, 최민용
경영 지원 임혜정, 전범준, 한선희
인쇄와 제본 (주)상지사P&B
펴낸이 유문숙
펴낸 곳 (주)도서출판 보리
출판등록 1991년 8월 6일 제9-279호
주소 (10881) 경기도 파주시 직지길 492
전화 031-955-3535
전송 031-950-9501
누리집 www.boribook.com
전자우편 bori@boribook.com

보리는 나무 한 그루를 베어 낼 가치가 있는지 생각하며 책을 만듭니다.

ISBN 979-11-6314-012-2   03340

이 도서의 국립중앙도서관 출판예정도서목록(CIP)은 서지정보유통지원시스템 홈페이지
(http://seoji.nl.go.kr)와 국가자료공동목록시스템(http://www.nl.go.kr/kolisnet)에서
이용하실 수 있습니다. (CIP제어번호 : CIP2018027887)

이 책의 인세 전부는 북녘 어린이들을 위하여 쓰입니다.

남과 북
아이들에겐
철조망이
없다

이기범 교수의 마흔아홉 번 방북기

이기범 글

보리

남과 북을 오가며 일할 때 그리고 이 책을 만드는 길에

곁에서 혹은 저 멀리서 이끌어 준 손길이 늘 있었다.

이루 말할 수 없는 고마움을 차곡차곡 새겨 본다.

보육원과 학교를 설립해 어린이 사랑을 몸소 보여 주고 마음에 심어 준 부모님

격려와 사랑으로 인내를 가르쳐 준 형제와 식구들

어린이어깨동무 첫발을 함께 내딛은

〈한겨레신문〉, 공동육아와공동체교육 사람들

숱한 어려운 길을 함께 걸어온

어린이어깨동무 어르신과 동지들, 후원회원과 후원기업

남북이 만나는 길에 든든한 동반자가 된 대북협력민간단체협의회 단체들

북으로 가는 길에 힘을 보태 준 통일부 사람들

서로의 숨결을 느끼며 북녘에서 만난 어른과 아이들

기꺼이 함께 일하는 세상에 뛰어든

조선아시아태평양평화위원회, 민족화해협의회 일꾼들

빛나는 마음으로 함께한 일본 조선학교 학생들과 교사들

지구 곳곳에서 평화를 이끌어 나가는 사람들

아울러 세상 모든 어린이에게 이 책을 바친다.

그동안 함께 나눈 기쁨 그리고 슬픔까지도 여기에 일일이 담아내지 못하고

이름 모두를 하나하나 밝히지 못하는 죄송함을 이 자리를 빌려 대신 전하고 싶다.

마지막으로 어린이어깨동무가 스무 해 넘게 걸어오는 동안

한결같이 든든한 버팀목이었던 권근술 명예이사장님의

건강과 안녕을 간절히 기원한다.

북을 알고 싶은 사람들과
분단의 벽을 넘고자 하는 이들에게

이종석(전 통일부 장관, 세종연구소 수석연구위원)

이 땅에는 분단을 거부하고 통일시대를 위해 고군분투하며 헌신한 선각자들의 숨결이 곳곳에 배어 있다.

"삼팔선을 베고 쓰러질지언정" 분단된 조국을 받아들일 수 없었던 백범 김구 선생 이래 적지 않은 이들이 고착화되어 가는 분단의 장벽에 맞서 한 몸을 내던졌다.

비록 그분들의 뜻이 아직 실현되지 못했으나 그 덕분에 우리는 분단 73년이라는 긴 세월을 경과하고도 여전히 통일을 꿈꾸고 또 남북 화해협력의 길을 찾고 있는 것일 게다.

긴 분단이 우리에게 주는 피로감에도 불구하고 아직도 우리 사회에는 분단의 비정상성을 극복하기 위해 노력하는 이들이 있다. 어린이어깨동무 이사장인 이기범 교수가 바로 그런 이다.

분단은 하나의 민족을 지리적으로 둘로 갈라놓았을 뿐만 아니라 서로 불신하고 적대하도록 만들었다. 남북대결과 증오의 세월 속에서 분단이 '적대성'을 자신의 본질적인 요소로 만들어 낸 것이다. 그래서 우리가 통일 이전에 한반도에서 평화와 공동 번영의 미래를 설계하기 위해서는 무엇보다도 남북 간의 이 '적대성'을 해소하고 이해와 존중의 남북관계를 만들 필요가 있다.

땅의 경계뿐만 아니라 마음의 경계를 함께 허무는 작업이 필요하다는 이야기다. 이기범 교수는 지난 20년 동안 남과 북을 오가면서 이 작업을 해 왔다.

차디찬 남북관계에 '화해'라는 희망의 싹이 움트기 시작할 때부터 지금까지, 이기범 교수는 한결같이 사무총장과 이사장이라는 직함으로 어린이어깨동무를 이끌며 북한 어린이의 아픔을 나누는 남한의 어른으로서 많은 역할을 해 왔다.

그이가 이끄는 어린이어깨동무는 북한에 여러 개의 병원을 새로 짓거나 개축해 주었고, 곳곳에 북한 어린이들의 영양을 위해 콩우유 공장도 세웠다. 1,000명이 넘는 사람들의 북한 방문을 실현시키고 남북 화해협력의 장으로 이끌었다.

이기범 교수가 북한 관련 자문을 구하기 위해 나를 만났던 20년 전에, 나는 그이를 그저 남북관계에 좀 더 관심을 갖고 있는 교육학자 정도로 알았다.

그때는 이기범 교수가 이렇게 우직하게 한길을 걸으며 남북관계에서 특별한 족적을 남길 줄은 상상하지 못했다. 그렇기 때문에 그이의 경험과 비전을 담은 이 책은 특별하다.

이 책은 이기범 교수의 마흔아홉 번에 걸친 방북기와 어린이어깨동무가 135번이나 북한에 방문하면서 쌓은 대북사업의 경험, 그리고 그 실천 과정에서 느끼고 고민했던 사유가 결합된 책이다. 대북관계를 담당하는 실무자에서 북한을 알고 싶어 하는 일반인에 이르기까지 고루 도움을 받을 수 있는 내용으로 채워져 있다.

분단의 벽을 넘고자 하는 사람들에게, 북한의 실상을 좀 더 깊이 알고 싶어 하는 이들에게, 그리고 아직도 북한에 대해 마음의 경계를 벗어나기 어려워하는 분들에게도 이 책의 일독을 권한다.

마흔아홉 번 방북 길에 오르며 가슴에 품었던 상상과 희망

2004년 6월, 평양에 '어깨동무어린이병원'을 세우면서 어린이 열한 명과 함께 북녘을 찾았다. 남북으로 분단된 뒤 반세기 만에 처음 있는 일이었다. 아울러 이 병원은 북녘 땅에 남과 북이 힘을 합쳐 만든 첫 어린이병원이기도 했다. 그날 남녘 어린이들이 내딛은 작은 발자국으로 굳게 닫힌 평화의 문이 비로소 열리기 시작했다.

백두산 천지를 둘러보고 평양으로 가는 비행기에서, 함께 있던 남녘 어린이가 천진난만한 얼굴로 나에게 물었다.

"선생님은 왜 이런 일을 하세요?"

아이의 목소리가 귀에 닿는 순간 불현듯 먹먹함이 밀려왔다. 아무 말도 할 수 없었다. 순진한 눈망울 앞에서 차마 답하지 못한 그 물음은 아직도 내 안에 머물고 있다.

'4·27 판문점 선언'으로 한반도 역사가 새롭게 열리는 지금, 그 질문을 다시금 떠올려 본다. 한 어린이가 던진 해맑은 물음에 답을 찾다 보면, 그 속에서 한반도의 앞날도 함께 내다볼 수 있을 거라는 바람으로 지난 이십 년 동안 쌓인 기억을 불러 모으고 있는 것도 같다.

1998년 11월, 나는 처음으로 평양 땅에 발을 내디뎠다. 북녘에 큰물과 가뭄 피해가 거듭되던 '고난의 행군' 시기와 맞물린 때였다. 그로부터 스무 해 가까이 마흔아홉 번을 북녘에 오가면서 남북 어린이들이 평화의 친구가 되는 일을 거들었다. 그동안 평양과 농촌 지역에 어린이 병원 네 개를 새로 만들거나 고쳐 지었고, 도시와 시골 여러 곳에 콩우유 공장도 세웠다. 일본 조선학교, 동아시아 어린이들과 평화교육을 펼치면서 남녘 어린이들이 네 차례 북으로 가 또래 동무들을 만났다. 창립 때부터 내가 사무총장을 맡아 일을 꾸린 '어린이어깨동무'라는 민간단체가 북과 힘을 모아서 한 일이다. 어린이어깨동무가 135번 방북하는 길에 1998년부터 지금까지 어린이들과 함께 1천 명이 넘는 사람들이 동행했다.

내가 오가던 남과 북의 경계는 지구상에서 가장 냉혹한 물리적 장벽이다. 맘대로 경계를 가로지르면 배신자가 된다. 목숨도 내걸어야 한다. 세월이 좋아져 개성과 금강산에서 회의할 때도 갈 수 있는 곳은 거기까지였다. 남북의 사람들이 자유롭게 오가며 더불어 사는 미래를 만들어 가려면 땅의 경계가 사라져야 한다.

땅의 경계뿐만 아니라 마음의 경계도 함께 허물어야 한다. 내가 북쪽 사람을 처음 만났을 때 서로를 사람으로 대하기보다는 상대 쪽 체제 그 자체로 여겼다. 그이들은 나에게 '북한 공산주의 체제의 기관'이고, 나는 그이들에게 '남조선 자본주의 체제의 민간단체'였다. 서로를 체제로 볼

때 마음의 경계는 굳건했다. 그러면 어떻게 함께 일을 해 나갈 수 있을까? 먼저 체제의 경계에서 한 걸음 빠져나와 같이할 수 있는 일을 찾아야 한다. 그러기 위해 설명하고 인내하는 시간이 있어야 한다. 시계가 아니라 시간이 필요하다. 어느 정도 서로의 '신심(진심)'을 확인하고 입장을 '료해(이해)'하면 일을 같이한다. 그런 뒤에 "신뢰하지만 검증하라"의 단계로 들어서면 믿어 달라는 말이 아니라 믿게끔 행동한다. 신뢰는 협력의 결과이지 협력의 조건이 아니라는 것을 깨닫는다.

북녘 사람들과 평양의학대학병원 어깨동무소아병동을 세우고, 평양어린이식료품공장을 현대화하면서 '은나는(빛나는)' 목표를 함께 이룬 사람이라는 것을 서로 인식한다. 같은 목표를 향해 함께 걸어왔다는 것을 깨달으면서 서로의 모습 속에 체제가 아닌 사람을 볼 수 있게 된다.

모든 협력 사업에서 남과 북의 사람들이 함께 계획을 짜고 일정을 짚으며 현장을 챙긴다. 일이 늦어지면 같이 걱정하고 의견이 달라 다투다가도 일이 잘 끝나면 같이 기뻐한다. 농촌에 처음으로 인민병원을 세웠을 때는 서로 얼마나 책임을 다하려고 애썼는가를 알기에 존중하고 믿게 된다. 남포시소아병원 현대화가 중단됐을 때 서로 얼마나 마음 아파하는가를 알기에 말을 아꼈다. 체제는 다르지만 함께 일하느라 애쓴 사람으로, 믿을 만한 동반자로 여기면서 마음의 경계를 허물고 서로를 인정하며 존중할 수 있었다.

나와 함께 일했던 북측 관계자는 한 아이의 아버지이다. 대학에서 정치경제학을 전공했고 책임감이 강하며 언행이 조용하다. 한때 업무처리를 잘못해서 몇 달 동안 '철직(정직)'을 당했는데 마땅히 갈 곳이 없어 대동강변에 앉아 마음 수양을 했다고 한다. 그 사람과 같이 오늘 저녁은 뭘

먹나 고민하고 밤늦은 시간까지 술잔을 기울이며 사람 사는 일로 대화를 나눈다. 남녘 대통령 선거와 북녘 '김장전투'처럼 세상 돌아가는 이야기가 끝없이 나온다. 자식 걱정도 빠지지 않아서 아들 녀석이 클수록 엄마 말을 안 듣는다는 걱정을 듣고 마음을 달래 준다.

나는 왔다가 가는 방문객이고 그이 또한 나에게는 일로 지나가는 방문객이지만 그런 일상을 통해 마음의 경계를 넘어 서로 다가갈 수 있었다.

"사람이 온다는 건 실은 어마어마한 일이다, 그는 그의 과거와 현재와 그리고 그의 미래와 함께 오기 때문이다, 한 사람의 일생이 오기 때문이다……."

정현종 시인이 쓴 시 '방문객'의 한 구절을 떠올리며 사람은 체제 이상의 존재고, 한 사람은 또 하나의 세계라는 진리를 되새겨 본다.

마음의 경계를 낮추고 북녘 사람들과 서로 이해하고 존중할 수 있게 된 경험을 이 책에 담았다. 물론 북쪽에도 남쪽과 마찬가지로 성마르고 뻗대고 게으르고 약삭빠른 사람들이 있다. 그런 사람이 있기로는 이 세상 어디나 마찬가지가 아닐까? 그 또한 사람이 가지는 특성이다.

상대를 '체제'로 바라보는 것이 아니라, 합리적으로 생각하며 옳은 길을 좇는 나와 같은 '사람'으로 느끼면서 마음을 나눈다면 남과 북은 의미 있고 좋은 역사를 함께 열어 갈 수 있다. 분단과 대결을 벗어나 협력과 평화로 나아갈 수 있는 길이 바로 여기에 있다.

분단 시대를 거치면서 남녘 사회에도 자기와 다른 사람들을 적으로 지목하는 경계를 수없이 쌓아 올렸다. 경계 너머에 있으면 사람이 아니라 적이며 우리가 아니라 타자로 간주한다. 가장 비정한 마음의 경계는 북녘과 관련된 낙인찍기다. 남과 북의 평화 공존을 주장하면 북과 가깝거나 그럴 여지가 있다고 구분 짓고 찍어 내서 의심한다. 정치권력과 경제권력의 부당함을 비판하면, 그것도 북에 기울어진 것으로 매도한다. 국가보안법을 휘둘러 감시하고 없애려 한다. 한국전쟁뿐 아니라 그 전후로 그어진 마음의 경계 때문에 수많은 사람들이 고립되고 억울하게 죽어 갔다. 집단학살, 국가폭력, 문화폭력(억압과 차별)이 정당화되었다.

남북관계에 대한 관점을 기준으로 그어진 '원형 경계'로부터 각종 경계들이 뻗어나가 그 너머로 적과 타자들이 무수하게 만들어졌다. 이주동포, 국제결혼여성, 이주노동자, 여성, 장애인, 성소수자, 양심적 병역거부자, 비정규직 노동자, 난민과 같은 약자들이 바로 그러했다. 사람들을 분열시키고 고통을 주는 마음의 경계를 거두어야 남북의 경계도 낮출 수 있을 것이다.

지나간 이십 년의 기억을 다시 새기는 까닭은 한반도 역사를 새로 쓰기 위해 예측보다는 '상상력'이 더 필요하기 때문이다. 올해 들어 다시 찾아온 '봄'은 냉전 구도에서 비롯된 예측이 아니라 평화공동체를 향한 상상력으로 가능한 일이었다. 경험의 토양에서 자라난 상상의 힘이 이상으로 연결되고, 과거는 미래로 나아간다.

우리는 북을 잘 모르고 북은 우리를 잘 모른다. 남과 북은 서로를 외면하지 말고, 상대를 알기 위해 조금씩 다가서야 한다. 마치 품위 있는 듯 보이지만 실은 지극히 냉담한 기준으로 서로를 평가하고 규정하는 데 길들지 않도록 노력하는 것이 필요하다. 한 걸음 더 나아가 북녘 사람들과 기꺼이 만나 이야기하고 다투면서라도 함께 사는 방법을 찾아내야 한다.

평화와 상생으로 나아가는 길에 시련도 있고 고통도 있다. 상상력과 더불어 인내와 선택하는 용기가 필요하다. 우리가 소망하는 세상은 완성

된 유토피아가 아니라, 상상과 희망이 살아 꿈틀거리는 세상이다. 10년 가까운 단절에도 한반도 평화의 불씨를 금세 살릴 수 있던 것은 상상하고 희망하는 사람들의 끊임없는 도전이 촛불광장과 또 다른 곳곳으로 이어지고 널리 번져 나갔기 때문이다. 우리들의 상상과 참여로 평화와 번영의 역사를 새로 쓸 수 있다.

백두산에서 평양으로 돌아오는 비행기에서 물음을 던진 어린이에게 이제 이렇게 답할 수 있을 것 같다.

"어린이의 아픔을 나누는 어른이 되고 싶었어. 어른들의 잘못 때문에 아이들이 애꿎게 겪는 고통을 덜어 주고 싶은 마음이었지. 그러면 힘들고 아픈 친구들이 조금은 새로운 세상을 만나는 길에 힘이 될 수 있을 것 같았거든."

그리고 또 이렇게 말하고도 싶다.

"살다 보면 그냥 꼭 해야 하는 일도 있는 듯해. 운명 같다고나 할까. 실은 내가 왜 이 일을 하고 있는지 나도 궁금할 때가 있어. 그럴 때면 이유를 찾기보다 어떻게 하면 더 즐겁고 기쁘게 그 일을 해낼 수 있을지 상상하며 힘을 내곤 해. 그러면서 다시 힘차게 봉우리 하나 넘는 거지."

이 대답을 들려줄 그 어린이는 이제 서른이 다 되었을 것이다. 그 청년과 다시 백두산에 오르고 싶다.

2018년 9월
분단을 넘어 평화로 나아가는 길목에서
이기범

차례

추천하는 글
북을 알고 싶은 사람들과 분단의 벽을 넘고자 하는 이들에게 · 이종석 6

프롤로그
마흔아홉 번 방북 길에 오르며 가슴에 품었던 상상과 희망 9

1장 **방북하면 이렇게 일합니다**

개성까지 내 차를 운전하고 가다 20
방북하면 이렇게 일합니다 26
빡빡한 일정 투쟁과 교양 사업 34
'자유주의자들'의 분방한 방북 생활 43
평양냉면과 아버지의 추억 51

2장 **북녘 어린이와 평양 블루스**

그림편지 답장을 받아 오겠다는 약속 58
'신변안전과 무사귀환을 보장한다' 62
북녘 어린이들의 인사 "또 오십시오" 67
이름만으로도 기발한 '남북어린이어깨동무' 73

3장 애기젖 대신 콩우유 급식

평양에서 맺은 첫 인연 '어린이영양관리연구소' 80
'벤또' 먹고 출출할 땐 콩우유 '한 고뿌' 86
원산에 가기까지 절절한 사연 95
"장군님은 전선으로 아이들은 야영소로" 100
무상교육의 꿈 키우는 수지연필공장 107

4장 모든 어린이는 생명이다

설사 치료 전문 병원 '어린이영양증진센터' 118
'굶주린 아이는 정치를 모른다' 124
남북이 함께 만든 '어깨동무어린이병원' 133
분단을 넘어 평화를 만드는 아이들 139

5장 진심과 끈기로 남북을 잇다

'얼음보숭이' 말고 '아이수쿠림' 152
농촌 마을에서 펼치는 장교리 모자복지사업 157
여맹 일꾼의 "강냉이 막걸리 개져오라" 168
어린이식료품공장 현대화 "일 없습네다" 174

6장 소아병동 짓고 10년 젊어지고

평양의학대학병원과 고난의 행군 184
인민의 소중한 공원을 훌륭한 병원으로 192
난치병 치료하는 '평양의대 소아병동' 건축 이야기 198
북녘으로 간 '최고로 용한 의사들' 204
길목 항구 남포시의 소아병원과 만나다 210
건축 노동자들의 '브리콜라주' 정신 216

7장 어둠을 지나 싹트는 평화의 씨앗

남북 협력의 시계가 멈췄다 224
평화교육으로 싹트는 새로운 공동체 235
점과 선이 이어져 마음의 분단을 허물다 245

에필로그
한반도의 평화를 길어 올리는 힘 '사회적 상상력' 256

부록
북녘 어린이의 영양과 성장 260
북의 보건의료와 평양의학대학병원 265
평화의 징검다리 어린이개동무 268

주 271
참고문헌 284

일러두기

1. 이 책은 1998년부터 스무 해 가까이 49번 방북한 글쓴이의 경험과, 글쓴이가 이사장을 맡고
   있는 '어린이어깨동무'가 천 명 넘는 사람들과 135번 방북한 이야기를 담았다.
2. 남녘에서는 '남한' '북한', 북녘에서는 '남조선' '북조선'이라고 하는 것을 어느 한쪽에 치우치
   지 않도록 '남측' '북측' '남녘' '북녘' '남쪽' '북쪽'이라는 말을 주로 썼다. 단, 다른 사람 말과
   글을 가져오거나 단체, 기관 이름 또는 법령 들에서 남한, 북한이라고 할 때는 그대로 따랐다.
3. 본문에 나오는 직함은 당시 것을 그대로 썼으며 직함 다음에 '님'은 붙이지 않았다.
4. 북쪽에서만 쓰거나 남쪽에서 익숙하지 않은 말은 맨 처음 나온 것들에 한해 괄호 안에 그 뜻
   을 풀이해 담았다.
5. 자주 나오는 북녘과 남녘 기관 이름은 맨 처음 다룰 때 괄호 안에 약칭을 적고, 그다음부터는
   약칭으로 대신했다.
6. 본문에 인용 출처를 밝힌 글은 참고문헌에 따로 출처를 담지 않았다.

방북하면 이렇게 일합니다

1장

개성까지 내 차를 운전하고 가다

2004년 7월경부터 처음으로 남녘 관광객들이 금강산에서 하루 또는 일박 이 일 관광을 할 수 있게 되었다. 그 덕분에 남녘 민간단체들이 북녘 사람들과 금강산에서 만나 협의할 수 있었다. 내가 속해 있는 민간단체 '어린이어깨동무(아래부터 어깨동무)'도 금강산에서 여러 번 사업을 논의했다. 하지만 나는 막상 금강산 관광을 미루다가 아직까지 하지 못했다.

그때는 개성과 금강산의 북측 출입 관리를 군인들이 했다. 금강산을 처음 갔을 때 북녘 군인들 키가 작은 것이 눈에 띄었다. 평양공항보다 짐 검사를 철저하게 당했던 기억도 난다. 관광객들이 많이 드나드니 소지품에서 걱정할 만한 것들이 나오는 때가 있어서 그런 줄로 알고 있다. 군인들이다 보니 아무래도 민간인과는 조금 다른 성향도 있었을 것이다. 카메라 렌즈 160밀리 이상, 24배 이상 캠코더 줌렌즈, 남측 신문 들은 가지고 들어갈 수 없었다.

2004년 8월 협의를 위해 금강산을 방문했을 때 북쪽 출입 관리 군인이 우리 단체 이름을 보더니 '어깨동무어린이병원'을 세운 곳이냐고 물었다. 왜 그런가 하고 잠시 긴장했더니, 자기 아이가 거기서 나오는 콩우유를 먹는데 좋은 일 했다고 말해서 화기애애했던 기억도 있다. 비슷한 시기에 쿠바를 갔던 어떤 교수도 우연히 북녘 사람을 만나 이야기를 나누다가 어깨동무라는 남쪽 단체가 어린이병원 세운 일을 알고 있다는 말을 들었다고 한다. 처음으로 남녘 민간단체가 세운 병원이라 북녘 안팎에서 널리 말이 퍼졌다는 것을 짐작했다.

금강산과 개성에 드나들 때는 방문 증명서가 있어야 한다.

관광객들이 처음으로 한꺼번에 많이 드나들던 초기에는, 사진과 얼굴이 다른 남쪽 여성들이 많아서 북쪽 군인들이 곤혹스러워했다고 한다. 성형수술과 머리 염색 때문이다.

북녘의 경우 1990년대에는 쌍꺼풀 수술을 한 사람이 드물었는데, 2000년대 들어서는 식당 복무원(종업원인데 봉사원, 의례원, 접대원이라고 부르기도 한다)들을 비롯해 수술한 여성들을 자주 보게 된다. 병원에서 하는 경우도 있고 여러 가지 경로로 시술한다고 들었다.

하지만 노란색처럼 색색으로 하는 머리 염색은 북녘 사람들이 이해하기 힘든 모습이고, 그렇게 하는 사람도 없다.

"조선 사람들이 왜 서양 사람처럼 보이려고 하는가?"

이렇게 생각한다. 백발을 흑발로 염색하는 경우는 있다.

금강산 관광과 비슷한 때에 개성공단이 시험 가동되면서 개성에서도 북녘 사람들과 만나 협의를 할 수 있었다. 금강산보다는 개성이 남녘과 더 가깝기 때문에 여기서 더 자주 만났다. 어깨동무 협력 기관인 민족화

<table>
<tr><td>이 름
Name in full</td><td>남/녀
Sex M / F</td></tr>
<tr><td>난 날
Date of birth</td><td>국 적
Citizenship</td></tr>
<tr><td>민 족
Nationality</td><td>동반자
Accompanied by</td></tr>
<tr><td colspan="2">려권종류와 번호
Passport Type D / S / O No.</td></tr>
<tr><td colspan="2">직장직위, 거주지
Office and position,adress</td></tr>
<tr><td colspan="2">대표단이름, 목적지
Name of delegation. Destination</td></tr>
<tr><td colspan="2">초청기판
Invited by</td></tr>
<tr><td>체 류 지
Staying place</td><td>체류기간
Staying period</td></tr>
<tr><td>날 자
Date</td><td>수 표
Signature</td></tr>
</table>

입/출국수속표
ENTRY/EXIT CARD

정자로 쓸것
FILL IN CLEARLY
IN ROME ALPHABET

통행검사소
IMMIGRATION CONTROL OFFICE

중국처럼 다른 나라를 거쳐 북에 갈 때는 입출국수속표를 써야 한다. 북녘에서는 생일을 '난날'로, 날짜를 '날자'로 표기한다.

해협의회(아래부터 민화협) 관계자뿐 아니라 평양에 있는 병원이나 학용품 공장 관계자들도 함께 만날 수 있었다.

개성에서는 봉동역 근처 봉동식당에서 자주 회의를 했고 시내에 있는 자남산여관 식당에서 만날 때도 있었다. 봉동식당에서 일하는 복무원 가운데 탁아소 교양원(교사)이던 여성이 있어서 종종 아이 기르는 이야기를 나누거나 북쪽 동요를 배우기도 했다.

북녘 사람들과 대화할 때 그쪽 '현지인' 말을 쓰면 쉽게 호감이 생긴다. 예를 들면 녹두지짐을 주문하면서 '초소용'이라고 말하는 식이다. '두 사람당 한 접시'를 뜻하는 말로 보통 초소에 두 명이 보초를 서는 데서 비롯된 뜻으로 보인다.

개성을 갈 때는 공단 출입 차량처럼 자기 차를 직접 운전해서 들어갔다가 그날 바로 나올 수 있다. 저녁때까지 서울로 돌아올 수 있으니 저녁 약속이 있는 날에는 개성 김치나 술을 사 와서 지인들과 나누어 먹기도 했다. 개성에서는 선죽교, 고려시대 성균관 정도를 두어 번 둘러보았다.

금강산 승용차 관광은 2008년 3월이 돼서야 가능해졌다. 개성과 금강산을 관할하는 남측 기관은 '출입관리사무소'인데 이름에 '국'이 빠져 있다. 국가 사이를 오가는 것이 아니라는 뜻이다.

통과는 '출경'이라고 하는데 여기서 '경'은 국경이 아니라 경계를 말한다. 2018년 판문점 회담을 비롯해 그동안 열린 세 차례 남북정상회담에서 채택한 선언문도 모두 전문에서만 '대한민국'과 '조선민주주의인민공화국'이라는 국가 이름을 쓰고 내용에서는 그냥 남과 북으로 부르고 있다.

개성과 금강산을 오갈 때는 통일부 장관이 방북 승인과 함께 내주는 '방문증명서'로 남북 양쪽이 출입을 확인한다. 다른 나라를 거쳐 북에 갈 때는 '입출국 수속표'와 '세관신고서'를 써야 한다.

2002년 방문증명서에는 증명번호, 이름, 수시(단수) 표시, 성별, 생년월일, 방문 목적과 기간 그리고 키를 쓰는 칸이 있었다. 그런데 2008년 3월에 받은 증명서를 보니 '키' 항목은 빠지고 증명서 유

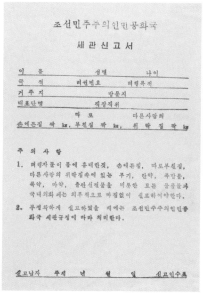

비행기로 북에 갈 때 거치는 세관 신고. 출판물과 가지고 있는 돈은 무조건 신고해야 한다.

효기간이 새로 들어가 있다. 받은 다음 날부터 5년 동안 쓸 수 있게 돼 있으나 2010년 뒤로 북녘에 가지 못했기에 그 기간을 다 쓰지 못하고 증명서는 쓸모없게 되었다.

금강산 일대는 북의 최전선으로 개방하기 전에 여러 부대가 주둔해 있었고, 삼일포 같은 관광지에도 해군 육전여단(해병여단)이 배치되었다고 한다. 2008년 금강산 관광이 중단되기 전까지 남측 유람선이 오가던 장전항은 북의 최남단 해군기지였는데, 관광 때문에 기지를 북쪽으로 옮겼다. 개성공단이 들어섰을 때 거기 있던 군부대 역시 더 북쪽으로 물러났다고 하니 두 지역 개방이 간단치 않은 일이었음을 알 수 있다.

2004년 즈음 금강산 지역 관리는 남녘 현대아산이 하고, 경비는 북녘 군인이 했다. 숙소는 해금강호텔이었다. 특이하게도 이 호텔은 1987년 싱가포르에서 만든 커다란 배로, 베트남 사이공(호찌민시)에서 수상호텔로 쓰던 것을 고쳐 만든 곳이다.

이 호텔은 중국 동포가 지배인을 맡고 있고 러시아 밴드가 연주를 하고 있었다. 남측 사람들은 편의점 장사를 하고, 관광 안내와 공연 그리고 식당 봉사는 북측 사람들이 했으며 버스 운전은 중국 동포들이 도맡았다. 경제 원칙을 따라 저임금 노동력을 활용한다는 노동시장 세계화가 나타난 현장인 셈이다.

바로 그곳에서 남측 민간단체와 북측 기관이 협의를 한다. 과연 이것이 국제도시의 모습일까? 하기는 대학생들 금강산 관광을 인솔한 어떤 교수가 학생들에게 무엇이 가장 인상에 남느냐고 물으니 남쪽 편의점을 본 것이었다고 한다. 자본의 이동이 남북 교류에서 가장 두드러지는 현상이 될까 봐 걱정이 들기도 한다.

역사적인 2018년 남북정상회담 뒤로 접경 지역 땅값이 오르고 있다고 한다. 어떤 사람들에게 북녘 땅은 투기와 개발 대상으로만 보이는지도 모르겠다.

남북 교류에서는 사람과 사람 사이에 만남, 그리고 삶의 질을 높이는 일이 가장 중심이 되어야 한다. 자본주의의 역기능을 북에 복제하려는 시도로 빈부 격차가 늘고 고통받는 약자들이 늘어나는 일이 없기를 바란다. 사회적 기업이나 협동조합 같은, 남녘 자본주의와 북녘 사회주의의 순기능이 결합된 경제체제를 창출해 낼 수 있는 발상의 전환을 기대해 본다.

방북하면 이렇게 일합니다

평양에 가면 어떻게 일하는지 궁금하다고 많은 사람들이 묻는다. 지난 2005년을 떠올리니 그해만 열 번 넘게 북에 다녀왔다. 하도 자주 북녘에 가니 혹시 거기에 새살림 차린 것 아니냐는 우스갯소리도 들었다. 그때 자주 가던 어깨동무의 북측 협력 기관 주소지가 '평양 동대원구역 새살림동'이기는 해서 속으로 웃기도 했다.[1]

방북하는 날은 새벽에 집을 나선다. 중국 선양에서 평양으로 들어가는 북녘 비행기 고려항공을 오후 세 시쯤 타야 하기 때문이다.[2] 선양에서 평양 외곽에 있는 순안국제공항까지는 40분 남짓 걸린다. 서울에서 차로 가면 개성까지 두 시간이 채 안 걸리고, 거기서 평양까지는 약 180킬로미터로 두세 시간 안에 도착할 수 있다. 하지만 우리는 중국을 거쳐야 하기에 시간이 오래 걸린다.

이른 아침 비행기를 타면 오전에 중국 선양에 다다른다. 먼저 사증을 챙기고 네다섯 시간 정도 공항에서 기다려야 한다. 북녘 사증은 남녘 사람에게 낱장으로 된 일회 출입용을 주는데, 북에서 나올 때 돌려주어야 한다. 그래서 여권에는 북녘 사증이 남아 있지 않다. 사증에는 사진이 붙어 있고 '이름, 목적지, 동반자, 통과지, 사증 종류, 유효 기간, 체류 일수, 발급 날자(날짜)'와 함께 사증 번호와 남측 여권 번호도 적혀 있다.

북녘 사증은 낱장으로 된 일회 출입용으로 북에서 나올 때 돌려줘야 한다.

중국을 거쳐 평양으로 들어가야 할 때 분단에 따르는 불편함을 새삼 느낀다. 북녘과 방문 일정을 조정하기 위해 중국 현지 대리인 중계로 여러 번 팩스가 오가면서 일정을 합의하면, 그 대리인이 선양에 있는 북측 영사관에서 사증을 받아올 수 있다. 방북 초기에 베이징을 거쳐서 갈 때는 북 영사관을 들러 분위기를 살피기도 했다. 중국을 통하는 경로는 남북 교류와 통일에서 중국이 하는 역할을 말해 준다. 남북 관계가 움츠러들면 중국이 중계하는 몫은 더 커진다. 남북이 사이가 좋으면 중국을 거칠 일이 없어지니 중국의 역할은 작아질 수밖에 없다.

고려항공은 북녘에서 하나뿐인 민항기 운항 회사이다.[3] 오래된 기종이라 조금 불안하지만 프로펠러 비행기이고, 운항이 잦지 않은 만큼 정비를 더 열심히 할 것으로 믿고 안심하기로 한다. 좌석은 상무석(비즈니스 클래스)과 일반자리가 있다. 역시 안전을 위해 박띠(안전띠, '결박'에서 유래한 듯하다)를 매야 한다.

'고려항공'은 북녘에 하나뿐인 민항기 운항 회사로 상무석(비즈니스 클래스)과 일반자리가 있다.

기내식은 투명하고 빳빳한 플라스틱 그릇에 쌀밥, 계란찜, 소시지, 짠지, 닭고기 조림 들이 나온다. 마실거리는 신덕샘물, 룡성사이다, 룡성맥주, 커피를 준다. 쌉쌀한 유럽 맥주와 맛이 비슷한 룡성맥주는 대동강맥주가 나오기 전까지 최고로 알아주는 맥주였다. 읽을거리로 〈로동신문〉, 〈화보집 조선〉과 영자신문 〈평양타임즈〉를 나눠 준다. 한여름에는 냉방이 되기 전에 쓰라고 부채도 준다. 국경을 넘어갈 때는 안내방송이 나온다.

"지금 우리 비행기는 조중 국경인 압록강을 넘어가는 중입니다. 자랑스런 조선민주주의인민공화국에 오신 것을 환영합니다."

언젠가는 비행기에 미군들이 가득해 무슨 일인가 의아스러웠다. 알고 보니 장진호 전투 때 죽은 미군 유골을 발굴하는 군인들이었다.[4] 작업은 북녘 군인들과 함께하는데 유골을 발견하면 수고 대가를 북녘에 지불한다고 한다. 그 부대의 표어는 '그들이 집에 돌아올 때까지'다. 남쪽에 묻혀 있는 북녘 전사자들의 유골, 그리고 북쪽에 있는 남녘 전사자들의 유골은 언제 가족에게 돌아갈 수 있을까? 어디에 누가 묻혀 있는지 알기나 할까?[5] 비행기에 함께 탄 미군들을 보면서 남모를 안타까움에 젖었다.

고려항공을 타고 중국 선양에서 평양 외곽에 있는 순안국제공항까지 40분 남짓 걸린다. 공항 앞에서 어린
이어깨동무 권근술 이사장(왼쪽)과 함께.

　1998년 첫 방북 때는 공항 활주로에 크고 작은 비행기가 열다섯 대 남
짓 줄을 지어 있어서 소속 비행기를 전부 모아 놓았나 싶기도 했다. 나중
에 외국 항공잡지 〈에어웨이〉에서 고려항공 비행기를 약 스무 대쯤으로
추정하는 기사를 보았는데, 그 보도가 맞다면 그때 본 비행기들이 거의
전부일 듯하다.

　공항은 평양 도심에서 북쪽으로 20킬로미터 떨어진 순안에 있어서 '평
양 순안국제공항'으로 부른다. 2016년 여름 새 청사가 문을 열었다는데
1998년 11월에 처음 갔을 때는 공항 시설이 안 좋았고 국외 운행편도 드물
었다. 전기가 끊기면 공항 직원들이 짐을 비행기에서 직접 날라 주었다.

　손전화를 공항에 맡기고 출국할 때 되찾아야 해서 머무는 동안 휴대전

화 금단현상을 겪었다. 하지만 전화를 걸 일도 받을 일도 없으니 마음이 편하기는 하다. 전화통화를 해야 할 때는 호텔 전화로 중국이나 일본에 있는 지인과 통화하거나 전자우편을 주고받을 수 있다. 그러나 남녘과는 안 된다. 참고로 북의 국제전화 국가번호는 '850'이고 평양 지역번호는 서울과 같은 '02'다. 2013년부터는 손전화를 가지고 들어갈 수 있지만 통화는 할 수 없다.

이렇게 평양 순안국제공항에 도착하면 우리 단체를 담당하는 민화협 참사 두 명이 차를 갖고 마중 나와 있다. 한 사람은 실무를 맡고 다른 이는 내부 기관과 협조하는 일을 한다. 참사는 남쪽에서 주로 외교관 직급에 쓰는 말이다.(사전에는 '어떤 일에 참여하는 사람 또는 기업과 단체에 두는 직위'라고 나온다.) 북측 참사는 공식 문서에 서명하거나 외부 인사를 초청할 수 있는 권한이 있다.

담당 참사는 짧게는 몇 개월, 길게는 이삼 년에 한 번씩 바뀐다. 그러면 우리는 이 사람들에게 새로 '어깨동무 사상교육'을 해야 한다. 주 내용은 모든 일에 중심은 어린이라는 것이다. 참사들이 인수인계하는 과정에서 북측 관계자들끼리 우리를 '어린이에 미친 사람들'이라고 이르기도 한다.

초기 방북 때 마중 나온 북측 담당자가 하는 말이, 어깨동무가 온다고 해서 '어깨들(깡패의 속어)'이 오는 줄 알고 긴장했는데 이렇게 순한 분들이 왔다고 너스레를 떨어 같이 웃었다. 이 농담을 한 참사는 평양 노래방에서 '아침이슬'을 선택해 부르면 볼 수 있다. 그 참사가 학생 때 촬영에 동원돼 붉은기를 흔들면서 운동장에서 십여 번을 뛰었다고 한다. 그 모습이 이 노래 반주 화면에 나오는 남녘 데모장면으로 쓰인 것이다.

참사들은 일정 내내 우리와 함께 먹고 잔다. 우리가 출국해야 집으로

합 의 서

북측의 <민족화해협의회> (이하 <가>라고 함)와 남측의 <어린이어깨동무>
와 서울대학교병원 어린이병원(이하 <나>라고 함)은 6·15 공동선언의 기
본정신에 따라 어린이들의 건강한 성장을 위하여 평양의학대학병원 소아
병동을 신축하기로 하고 다음과 같이 합의하였다.

1. <나>측은 평양의학대학병원 소아병동 신축을 위해 필요한 건축자재
   와 의료장비 그리고 의약품과 의료 소모품을 <가>측에 제공하고, 기
   술을 이전한다.
   <가>측은 병원 신축을 위해 필요한 부지와 건설인력을 제공한다.

2. <가>측은 병동 신축과 의료장비 설치를 위해 필요한 기술이전과 사업
   협의를 위한 <나>측 관계자들의 방문 및 소아병동 착공식과 개원식에
   <나>측 대표단의 방문을 협조하며, 치료 정형을 전달한다.

3. <가>측과 <나>측은 소아병동의 현대화와 안정적인 운영을 위해 의료
   진 간담회와 의료 기술이전을 정기적으로 추진한다.

2006년 3월 6일

어린이어깨동무   민족화해협의회
사무총장
이 기 범

민화협과 맺은 합의서 가운데 하나. 북측 참사는 공식 문서에 서명하거나 외부 인사를 초청할 수 있는 권한
이 있다.

평양 시내와 대동강이 한눈에 들어오면 비로소 북녘에 와 있다는 것을 실감하게 된다.

돌아갈 수 있다. 건물 짓는 일로 우리 실무자가 한 달을 머물면 참사도 한 달 동안 같이 머물러 있어야 한다.

양측은 서로의 직함에 '선생'을 붙여 부른다. 나는 그 사람들을 '참사 선생'으로, 그 사람들은 어깨동무 사무총장인 나를 '총장 선생'이라고 하는 식이다. 나이가 비슷하고 사이도 가까워지면 이름을 따라 '기범 선생' 이라고 부르기도 한다. 우리는 보통 '선생님'이라고 하지만 선생 자체가 높여 부르는 말이니 '님'을 붙이지 않아도 된다. 더러 알고 있듯이 북녘 에서 통상 호칭은 '동무'인데, 자기보다 높은 직위에 있는 사람은 '동지' 라고 불러야 한다.

공항에서 숙소로 가는 길에 만수대에 있는 김일성 주석 동상에 들른다. 이제는 김정일 위원장 동상도 볼 수 있다. 외부인이 도착하면 인사를 하는 절차인데 그러려니 하는 사람도 있지만 어떤 이들은 가벼운 마음으로 가기 쉽지 않을 수 있다.

북녘 인민들의 만수대 경외는 매우 진지하다. 갈 때마다 둘레를 청소하는 어른과 아이들이 꼭 보인다. 누가 시켜서가 아니라 스스로 등하굣길이나 출퇴근길에 그렇게 한다는 것이다. 막 결혼식을 한 부부는 가장 먼저 그 지역에 있는 동상에 가서 인사를 한다고 한다. 인민들 대부분이 마음 깊이 '최고 영도자(혹은 '최고존엄'으로 붙여 쓴다)'에 대한 존경을 새기고 있다.

호칭을 예로 들면, 남녘에서는 "김대중 대통령과 노무현 대통령은"이라고 하지만 북녘에서는 "김일성 주석께서와 김정일 위원장께서는"이라는 극존칭을 쓴다. 북녘이 어떻게든 바뀌었으면 하는 기대는 북을 있는 그대로 인정하는 것부터 시작해야 할 것이다. 자기가 존중받을 때 자연스레 남도 존중하게 되는 것이 사람 마음이 아니겠는가? 아울러 북녘 사람들 스스로가 변화를 주도할 수 있음도 인정해야 할 것이다.

북과 오랫동안 협상을 했던 미국의 어느 외교관이 남긴 말을 떠올려본다.

"우리는 우리가 바라는 북이 아니라 있는 그대로의 북과 교섭해야 한다."

만수대 언덕은 전망이 좋아서 평양 시내와 대동강을 한눈에 볼 수 있다. 거기서 단체로 기념사진을 찍으면 이제 비로소 북녘에 와 있다는 것이 실감나고 일이 시작된다는 느낌이 든다.

빡빡한 일정 투쟁과 교양 사업

2005년 11월에 오른 평양 길. 우리 방문단 모두가 몇 차례 평양에 와 본 경험이 있었다. 북녘을 방문하는 동안에는 호텔에 머물게 된다. 우리 는 어깨동무가 후원자들이 모아 준 돈으로 협력 사업을 하는 단체이기 때문에 비싼 곳 말고 여관에 묵게 해 달라고 요청했으나 받아들여지지 않았다. 여관 시설이 덜 좋기도 하거니와 북녘 사람들과 섞이는 것도 알맞지 않아서 그랬으리라 생각한다.

북녘에는 외부 사람들이 묵는 특급 호텔로 고려호텔, 보통강호텔, 양 각도국제호텔 들이 있다. 나는 세 호텔에서 모두 지내 보았다. 이 밖에도 양강호텔, 서산호텔, 청년호텔 들이 있지만 가 보지는 못했다. 방문객이 적었던 2000년대 초까지는 주로 고려호텔에서 우리 일행들이 묵었다. 그 뒤로 찾아오는 사람들이 늘어나면서 남녘 사람들은 보통강호텔과 양각 도국제호텔을 번갈아 가면서, 중국 사람들은 양각도국제호텔에, 서구 사 람들은 고려호텔에 배정하는 경향이 나타났다. 재일동포들은 평양려관 에 주로 머문다.

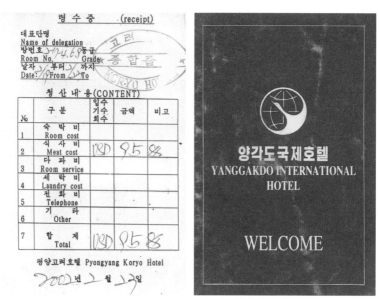

평양 번화가에 있는 고려호텔은 외출이 제한되지만 양각도라는 섬 안에 있는 양각도국제호텔은 일정 거리 안에서 자유롭게 다닐 수 있다. 고려호텔 영수증(왼쪽)과 양각도국제호텔 객실 열쇠 보관증(오른쪽).

고려호텔은 평양 번화가인 창광거리에 있어서 현관을 나서면 바로 주민들과 만난다. 민감한 시설도 가까이에 있어 그런지 혼자 외출하는 것이 제한된다. 양각도국제호텔은 말 그대로 양각도라는 섬 안에 있고, 보통강호텔 둘레는 주민들이 많이 다니지 않아서 두 곳 모두 일정 거리 안에서는 자유롭게 산책할 수 있다.

숙소에 이르면 이제 남북 양측이 일정 협의를 한다. 북측이 준비한 일정에 우리가 제안한 면담이나 기관이 빠져 있을 때는 다시 조정해야 한다. 다음 날 새벽 세 시가 돼서야 합의에 이른 적도 있다.

언젠가 단체 방문할 때였는데 북측은 옥류관이 공사 중이라 못 간다고 단호하게 잘랐다. 갈 수 있도록 최선을 다하겠다는 답이 나올 때까지 같이 술을 마시며 토의한 끝에 겨우 갈 수 있었다. 북측 담당자가 고생을 꽤 했을 것이니 미안한 마음이 크다. 그래도 일행 가운데 어떤 사람한테는 평생 처음이자 마지막이 될지도 모를 평양 일정이니 옥류관 냉면이 빠지면 얼마나 실망이 크겠는가?

곡절이 있을 때는 출국하기 전날에야 일정을 합의하는 경우도 있다. 북측은 나름 까닭이 있어서 그러는 것이고, 우리도 방문 목적을 이루기 위해 애를 써야 한다. 그렇기 때문에 일행들끼리 농담으로 '일정 투쟁'이라 부를 만큼 진지하고 치열한 협의를 하는 것이다. 이러한 어려움은 사업 현장이 늘어나고 해야 할 일이 많아지면서 조금씩 없어졌다.

방북 첫째 날과 마지막 날 저녁은 '동석식사'로 한다. 민간단체의 대표단 방문이므로 그 격에 맞는 북측 인사가 자리를 함께하는 방식이다. 책임을 맡은 북측 인사가 참석하면, 실무 차원에서 해결하지 못한 일들을 밥 먹는 자리에서 해결하기도 한다. 규모는 작아도 공식 만찬이니 북측이 환영사를 하고 우리가 답사를 한다. 마지막 날 저녁은 차례를 바꾸어서 한다.

북측은 건배 제안을 할 때 '첫 잔이니 냅시다'라는 말을 자주 건넨다. 단숨에 다 마시자는 뜻이다. 반가움을 표시하는 동시에 일종의 기선 제압이라고 할 수 있다. 처음 가는 사람은 빈속에 첫 술잔으로 기습당해 녹아나기도 한다. 동석식사처럼 공식 자리나 괜찮은 식당에서는 사람마다 앞에 술잔이 서너 개씩 놓인다. 아주 작은 잔은 40도 넘는 독주, 중간 크기 잔에는 포도주나 소주 정도 되는 술, 그리고 큰 잔으로 맥주를 마신다. 서로 술을 따르기도 하지만 자기가 술을 골라서 양을 조절하며 먹는 식이다. 그럼에도 처음 가는 사람들은 감격에 취한 만큼 스스로 들이마셔

참관 일정으로 북녘의 사상과 체제를 보여 주는 건축물 관람을 하게 된다. 사진은 김일성 주석 생가인 만경대고향집.

기진맥진하는 경우가 잦다.

또 북녘 사람들은 잔에 술이 남아 있어도 가득 차게 계속 따라 준다. 식당 봉사원들이 첨잔해 주는 것을 마다하지 못하고 계속 마시는 사람도 있다. 방문 기간 동안 아침밥은 숙소에서 먹고, 점심과 저녁 식사는 서로 의논해서 외부인에게 개방된 식당을 정한다.

방문 둘째 날 오전에는 교양 사업을 위한 참관 일정으로 북녘 사상과 체제를 집약해서 보여 주는 장소에 가게 된다. 북의 문화예술 관련 헌법을 인용해 표현하자면 "민족적 형식에 사회주의적 내용을 담은 주체적이고 혁명적인" 건축물이 있는 곳이다. 북녘에서는 사상 학습을 '교양'이라 하고 공적으로 하는 일은 '사업'이라고 불러 교양 사업이 된다. 한번은 북녘에 정권이 수립된 뒤 처음으로 세운 봉수교회에서 예배를 드리고 오니, 종교 사업 잘하고 왔느냐고 물어서 이런 것까지 다 사업이냐고 웃은 일이 있다.

참관 일정에는 만경대고향집(김일성 주석 생가), 주체사상탑, 인민대학습당, 개선문이 포함된다. 나처럼 평양을 자주 가는 사람은 그 횟수만큼 들러야 하는 셈이니 참을성이 필요하다. 평양 명소와 더불어 기념품 파는 곳과 음식점까지 두루 알게 되니 새로 만나는 참사에게 오히려 식당 소개를 해 준 일도 있었다. 한창 북녘 방문이 잦을 때는 퇴직하면 평양에 와서 관광 안내를 하라는 농담을 듣기도 했다.

그날그날 일정을 마치고 돌아오면 민화협 관계자들과 마주앉아 하루를 결산하고 다음 날 사업을 조정한다. 맨숭맨숭하게 의견을 조율하기는 그러니 보통은 술을 나눈다. 처음 방북했을 때 북에 술 종류가 이렇게나 많은가 놀랐다. 평양소주, 송악소주, 대평소주 같은 알콜성 술에다가 도토리소주, 개성 고려인삼술, 백두산 들쭉술, 묘향산 돌버섯술, 칠보산 송이술처럼 식물성 술이 있다. 거기에 구렁이술, 령정술(물개의 특정 부위를 활용한 술로 귀여운 물개가 그려져 있다) 같은 동물성 술과 함께 북에서도 유명한 재일동포 레슬링 선수 '역도산'의 이름을 붙인 '력도산 술'까지 이루 다 열거할 수 없을 정도다. 이름에 '술'이 붙은 것은 알코올 도수가 26도를 넘고, '주'라고 쓴 건 도수가 그 아래다.

평양소주 뚜껑에 적힌 '착한 술, 순한 소주'라는 문구처럼 대체로 술이 괜찮다. 좋은 물을 쓰고 첨가물을 별로 쓰지 않아서 그런가 한다. 남녘에서 언제부턴가 '착한 가격'처럼 물건 앞에 '착한'을 붙이는 경향이 있는데 여기서 비롯됐는지도 모르겠다. 하기는 추운 지역일수록 술 내리는

고려호텔 술 진열대. 평양소주, 도토리소주, 돌버섯술, 구렁이술에 이르기까지 종류가 무척 많다.

기술이 좋다. "날씨야 네가 아무리 추워 봐라, 내가 옷 사 입나 술 사 먹지"라는 '술타령'은 오히려 추운 북쪽에 더 어울리는 것 같다. 남쪽 술 진로소주도 평남 용강군의 '진천양조상회'에 뿌리를 두고 있다.

2000년대 앞뒤로 만난 나와 나이가 비슷하거나 위인 북녘 사람들은 술을 참 잘 마셨다. 첫 방북 때 가져간 40도짜리 안동소주를 데워 먹자고 해서 '어이쿠' 하기도 했으니, '주량이 도량'이라고 여기던 남과 북 세대들이 빚어낸 풍경이다. 그러나 세대교체가 되면서 술과 담배를 줄이는 것은 남북이 마찬가지인 듯하다.

방북 기념으로 술을 많이들 사 오는데 1990년대 재미난 이야깃거리가 하나 있다. 이름을 대면 알 만한 언론인 한 사람이 선물로 구렁이술이 특별할 듯해서 여러 병 샀다고 한다. 한데 김포공항에 내려 짐을 찾고 보니 술병에 술은 없고 구렁이만 앉아 있더란다. 구렁이만 여러 마리 데려온 셈이다. 어떻게 선물했는가는 상상하기 나름일 터. 병마개 밀봉 기술이 부족하던 옛 시절의 이야기다.

2005년 11월 평양 방문에서는 좀 당황스러운 일이 벌어졌다. 일행 가운데 한 명이 착오로 비자 없이 입북한 '사고'가 일어났기 때문이다. 선양공항 출국 때까지만 해도 잘 있던 비자가 순안공항 입국 때 사라진 기막힌 사연이다. 북녘을 자주 오는 신원이 확실한 사람이라 민화협에서도 난감해했다. 담당 참사가 출입국 책임자에게 사정을 설명하고 간곡하게 부탁해, 절차를 밟아서 예외로 승인을 받기로 했다. 절차대로 사유서를 쓰고 두어 시간 기다리는 곤욕을 치렀다. 그래도 어깨동무가 그동안 쌓은 신뢰가 있고 공항 직원들도 잘 아는 사람인 데다가 민화협이 보증까지 해 주면서 낭패를 모면할 수 있었다. 그만하기 다행이었다.

설상가상으로 초행길인 다른 일행 중 한 사람이 사정이 생겨 그다음 날 베이징에서 비행기를 타게 되었다. 정기 항공편이 없는 날인데 민화협 참사가 백방으로 수소문해서 특별편을 알아내 간신히 탑승 허락을 받았다. 그 사람은 다음 날 북에 무사히 도착했다. 혼자 처음 가는 길이라 솔직히 겁이 좀 났는데 비행기에 같이 탄 북녘 사람들이 먹을 것도 나누고 친절하게 대해 줘서 잘 왔다고 한다. 아마도 그이는 북쪽 특별편 비행기를 타 본 유일한 남녘 사람일 것이다.

게다가 이번 일정은 복잡하기까지 했다. 일행이 열 명이나 되고, 의료 분야와 건재공장 기술이전 사업으로 나누어 진행해야 했기 때문이다. 이 또한 민화협 참사들이 잘 조정해 주었다. 북 표현으로 '영웅적'인 활약을 보여 준 그네들의 수고가 여간 고마운 일이 아니다.

첫 방북을 했던 1998년부터 두어 해 동안은 우리가 북에 돌아봐야 할

대집단체조 예술공연 아리랑처럼 큰 행사가 있을 때를 빼곤, 평양의 밤은 서울과 달리 조용하다.

사업 현장이 없었다. 그래서 식사를 조금 미루고 초저녁 일정을 갖는 날
도 있었다. 꽃 파는 처녀, 피바다 같은 항일투쟁과 계급투쟁을 주제로 한
혁명가극을 보기도 했다. 평양교예단 공연이나 조선교향악단 연주를 감
상할 기회도 있었다.

평양은 어둠이 내리면 나다닐 곳이 별로 없다. 아리랑 공연 같은 대형
행사가 있을 때는 다르지만 평상시에는 서울처럼 유흥 밤 문화가 있는 것
도 아니고 전력 사정도 여의치 않아서 그렇다. 정 아쉬우면 숙소에 있는
술집에 가거나 당구장과 노래방을 드나들며 화려한 기분을 자가발전(?)
하는 수밖에 없다. 요즘은 그때와 조금 달라졌다고도 한다.

북에 처음으로 갔거나 단체 방북을 했을 땐 이런저런 시도를 하지만
자주 일을 하러 와서 머물게 되면 다음 날 일정이 빡빡하므로 밤에는 쉬
어야 한다. 그러면서 호텔에서 틀어 주는 북 영화를 여러 편 보았다. 한번

조선 평양
PYONGYANG·KOREA

2층 2호구 3석 16월10호 50

3등석

50 Third Class

Mass Gymnastic and Artistic Performance
대집단체조와 예술공연
아리랑
ARIRANG
8
5월 1일경기장 조선 평양 PYONGYANG·KOREA

노동당 창건 60돌을 기념하는 아리랑 공연 관람표의 앞면(위)과 뒷면(아래).

은 탱크 부대가 나오는 영화를 흥미롭게 봤다. 마침 그날 낮에 누가 아저씨들 아니랄까 봐 북녘 사람들과 군대 다녀온 이야기를 나누었다. 그러다 내가 탱크 부대에 있었다는 말을 했는데 누군가 호텔 쪽에 그 이야기를 전했나 싶기도 했다.

낮에 들은 이야기도 재미있었다. 한 북녘 사람이 말하길 남녘 군인과 서로 얼굴을 망원경으로 볼 수 있을 만큼, 남쪽과 가까운 전방 초소에서 근무했다고 한다. 그때 낯익은 남측 군인을 최근 평양에서 다시 만났다는 것이다. 그 사람은 민간단체 일로 북에 왔는데 서로 물끄러미 쳐다보다가 거의 동시에 기억을 해냈다는 이야기였다. 강원도 양구군 을지전망대에서 보이는 남북 양쪽 초소 사이가 740미터로 최단 거리라고 알고 있다. 남녘끼리만 그런 게 아니라 북녘과도 좁은 세상일 수 있다는 걸 새삼 느낀 시간이었다.

'자유주의자들'의 분방한 방북 생활

전세기로 후원자 여러 분을 모시고 단체 방북을 하게 될 때는 어깨동무 사무국이 마치 여행사가 된 것처럼 바빠진다. 2004년부터 지금까지 네 번 단체로 떠났으니 그만큼 여행사 행세를 한 셈이다. 다양한 나이에 여러 관심을 가진 사람들이 낯선 체제와 환경에서 며칠 지내는 일인 만큼 단단히 준비해야 한다. 통일부에서 방북교육을 위임받아 꼭 유의해야 하는 사항을 비행기 안에서 전달하는데 특히 세 가지를 강조한다.

"첫째, 남북협력 결실을 보러 가는 길이니 정치 이야기, 특히 북쪽 최고 지도자와 체제는 화제로 삼지 않는 것이 좋겠습니다. 둘째, 차로 이동할 때는 창 밖 촬영을 자제하기 바랍니다. 셋째, 북녘 술이 도수가 높으니 과음을 조심하십시오."

대부분은 점잖게 일정을 따르고 후원으로 일군 현장을 둘러보면서 보람을 나눈다. 그런데 몇몇 사람들이 자유분방하거나 모험 정신을 발휘하는 바람에 서로 웃기도 하고 난처한 일도 생긴다.

북녘에서는 자기 맘대로 개별 행동하는 사람을 '자유주의자'라 부르고,

묘향산에 오른 어깨동무 사무국 일꾼들. 단체 방북을 꾸릴 때는 이모저모 챙길 일이 많아서 사무국은 여행사라도 된 듯 바쁘다.

무모한 행동을 하는 사람은 '모험주의자'라고 한다. 북녘 민화협 사람들은 협력이 안겨 준 보람을 서로 축하하는 자리니 웬만한 일들은 너그럽게 대하면서 편리를 보장하려고 애쓴다. 제일 좋은 길은 난처한 일이 생기지 않도록 어깨동무 사무국에서 이모저모 잘 살피는 것이다.

평양을 처음 가면 아무래도 엔도르핀 수치가 오르고 음주량도 그에 따라가기 쉽다. 그러다 보니 술로 사달이 나는 일이 종종 있다. 과음 끝에 몸을 가누지 못해 네댓 사람이 붙어 방까지 '운반'하는 일이 몇 번 있었다. 오늘 같이 실어 나르던 사람이 내일은 실려 나가는 때도 있다.

묘향산 시냇가에 회식 장소로 정해진 곳이 있다. 냇가 한가운데에 내가 '노래바위'로 이름 붙인 바위가 있는데 술을 마시다 흥이 오르면 거기서 노래도 한 곡씩 부른다. 나도 몇 번 그 자리에서 '행복의 나라로'를 부른 적이 있다. 만취한 어떤 사람은 노래바위에서 목청껏 부르다 스스로 감격하다 못해 온몸을 물에 던지기도 했다. 초겨울이라 오한이 들면 큰일이라 물에서 바로 끌어내 응급조치까지 했는데 정작 본인은 기억조차 못 하는 일도 있다.

이처럼 술이 어느 정도 들어가면 불현듯 모험주의자가 될 수 있다. 그래서 나름 묘책을 냈다. 방북 경험이 많은 회원과 어깨동무 사람들이 숙소에 있는 술집을 다니며 실례가 안 되는 선에서 밤늦게까지 술 마시는 일행과 자리를 같이했다. 곤란한 일이 생기지 않도록 미리 막는 것이다. 북측 관계자한테도 우리 일행들이 늦은 시간 술자리에 초대하더라도 되도록 함께하지 않도록 부탁했다. 술에 취하면 같이 마시는 사람이 어느 쪽인지 분별하지 못해 실수할 수 있기 때문이다.

어깨동무 직원들과 민화협 사람들도 이 일 저 일 다 챙기다 보면 피곤하고 예민해진다. 이튿날 새벽 백두산 방문을 앞둔 어느 저녁 자리에서 술을 많이 내지 않고 노래 기계도 틀지 말자고 서로 말을 맞춘 적이 있다. 일행들이 불편한 점은 없는지 다 둘러보고 막 밥 한술 뜨려는데 몇 번 만나서 잘 아는 식당 복무원이 다가왔다.

"밖에 나가 보셔야겠습네다."

무슨 일인가 마당으로 나가 보니 어깨동무 일꾼과 북측 관계자 한 사람이 약간 대치 상태였다. 까닭인즉 우리 쪽에서 내일 일정 안내도 하고 노래로 자리를 마무리할 겸 노래 기계 마이크를 잡았는데 북녘 관계자는 약속 위반이라며 전기 코드를 과감하게 뽑았다고 한다. 그래서 옥신각신하다가 밖에까지 나오게 된 것이다. 웃음이 나오는 걸 애써 참고 두 사람을 달래는데 옆에 내내 서 있던 복무원이 차분하게 한마디 했다.

"총장 선생, 국이 다 식습네다. 그만하고 들어가 식사하십시오."

이 말을 기다렸다는 듯 전원 무장해제 되어 순순히 들어가서 밥을 먹었다. 물론 두 사람은 금방 화해했다.

남녀 최고의 자유주의자들은 기자들이다. 여기저기 다니면서 뭐 하나라도 더 보고 기사로 써내야 하기 때문이다. 틈을 내 시내를 배경으로 인터뷰를 따고 차로 다니면서도 연신 카메라 셔터를 누른다. 이동할 때 촬영 자제를 요청하는 까닭 가운데 하나는, 북녘 최고 지도자의 초상이나 동상이 잘리거나 왜곡된 모습으로 사진에 나오는 상황이 걱정되기 때문이다. 그래서 촬영할 때 조심할 점을 거듭 당부하고 잘 찍을 수 있는 지점을 알려 주기도 한다.

한번은 어느 언론사 편집장이 단체 방북에 참가해 취재하고 싶다는 뜻을 전해왔고 고민 끝에 동행했다. 북에 머물 때에는 이런 고민이 무색할 만큼 호의 담긴 소감을 여러 번 적극성 있게 밝혔다. 그러나 방북 뒤 남쪽에 와서 쓴 글은 영 딴판이라 조금 씁쓸했다.

여러 언론사가 함께 갈 때면 취재의 자유를 바라는 마음과 경쟁이 더 치열해진다. 어떤 기자는 아무리 말려도 아랑곳하지 않고 특종 거리를 찾아 유별나게 굴어서 다른 기자들도 부담스러워했다.

어느 날 저녁 시간에 보니 한 기자가 북측 관계자들과 술자리를 같이 하면서 뭐라고 열을 내며 항의하고 있었다. 호텔 인터넷이 운영되지 않아서 기사 송고가 안 된다는 것이다. 민화협 참사들 담당이 아닌 일인데도 그러고 있다. 그나마 상대하는 북쪽 관계자가 워낙 의젓한지라 크게 걱정을 안 했다.

한 시간쯤 뒤에 어찌 되었나 가 보니, 잔뜩 항의를 받았던 참사가 자기 허벅지를 베고 잠들어 있는 기자를 토닥토닥해 주고 있었다. 그 참사는 키가 180센티미터가 넘고 기자는 그보다 한참 작았던지라 더 재밌는 장면이 연출되었다. 가히 남과 북의 평화가 이루어진 순간이다. 기자들 덕분에 남북 협력의 결실이 보도되니 이렇듯 북녘 사람들도 뒷바라지를 열심히 한다.

자유주의자들의 밤이 저물고 새날이 밝아 오면 일정대로 평양과 그 가까이에 있는 유명 사적지를 둘러본다. 모란봉을 산책하고 을밀대에서 사진을 찍는다. 운이 좋으면 소풍 나온 평양 시민들에게 술 한잔 얻어먹을 수도 있다. 차를 타고 동명왕릉에도 가는데 그곳은 소나무 숲이 참 좋다.

평양 시내에서는 혁명사적지를 주로 본다. 여기서는 강사 선생들이 설명을 하는데 거의 모두가 혁명역사학, 언어학 들을 대학에서 전공한 인텔리 여성들이다. 우리와 함께 간 어린이들을 누나처럼 엄마처럼 친절하게 돌봐 주고 정중하게 요청하면 기꺼이 사진도 같이 찍는다.

한번은 우리 일행 가운데 한 사람이 대학을 갓 졸업했다는 동명왕릉 강사 선생에게 사진을 같이 찍자고 제안했는데 무언가 어투가 찜찜했나 보다. 다루기 까다로운 남쪽 손님에게 어떻게 반응할지 궁금했다. 강사 선생은 반은 웃으면서도 사뭇 단호한 표정으로 말했다.

"무슨 이유로?"

이 한마디로 간명하게 요청을 뿌리쳤다.

사적지들을 십여 년에 걸쳐 자주 다니니 강사 선생들과도 낯이 잊어 안부를 주고받는 사이가 되었다. 그러면서 묘향산의 한 고참 강사가 결혼해서 아이를 낳고 학부모가 되는 과정을 차근차근 알게 된다. 개선문에서 만난 멋쟁이 강사 선생은 그때도 나이가 있었으니 지금쯤은 퇴직했을 것이다. 서로에게서 세월이 흘러가는 것을 느낀다.

방북 일정 중 꼭 들르게 되는 동명왕릉은 소나무 숲이 참 좋다.

백두산을 안내하는 인텔리 강사 선생. 정중히 요청하면 기꺼이 사진도 같이 찍는다.

북에서 일정이 끝나고 서울로 돌아갈 때가 되면 선물로 뭐가 좋은지 추천해 달라는 이야기를 자주 듣는다. 술이나 묘향산 석이버섯처럼 먹는 것이 무난하고 좀 특별한 것을 찾는다면 은장도 같은 세공품, 손자수 작품이나 그림도 적당하다고 말해 준다.

한번은 '대형 선물 사건'이 벌어진 적이 있다. 공항 로비 벽에 크기가 몇 미터씩 되는 아주 커다란 산수화가 걸려 있는데, 전세기를 타기 직전 어떤 사람이 마음에 들었는지 공항 쪽에 팔겠느냐고 문의를 했다. 값이 만 유로라고 하던가, 우리 돈으로 천만 원이 훌쩍 넘는 돈이었다.

비행기를 타기 전까지 포장해 주면 사겠노라고 흥정이 되었고 몇 사람이 달라붙어 그림을 떼고 싸고 하느라 난리법석이 났다. 그림을 산 사람은 개인 사업을 한다는데 그렇게 큰돈을 현금으로 가지고 다니는 걸 보니 만약 마음에 쏙 드는 북녘 땅이 있으면 계약금으로 걸 생각이었는지도 모르겠다.

추천하지 않아도 제일 많이들 사는 물품은 '네오비아그라'다. 절대 자기가 먹으려고 한다는 말은 들은 적이 없고 모두 남들이 부탁해서 사 간다고 한다. 혹할 수도 있는 것이 남성뿐 아니라 여성에게도 효험이 있고 '허리아픔, 무릎아픔, 콩팥염, 뇌동맥경화증에 특효'라니 가히 만병특효약이다. 설명서를 보면 "미국산보다 비할 바 없이 우월한 세계적으로 가장 좋은 약제로서 로씨야의 원사, 교수, 박사 아. 이(A. I) 마뜨베이체브는 〈장수비결-성공〉이라고 불렀다"고 써 있다. 설명서를 꼼꼼히 읽는 사람은 잘 보지 못했으나 주변 사람들 장수를 걱정해서인지는 몰라도 그렇게 많이들 사 간다.

장수 이야기가 나왔으니 백두산 밀영의 장수 약수를 말하지 않을 수 없다. 밀영은 조선인민군사령부 항일투쟁 근거지를 성역화한 곳으로 백두산에 갔을 때 들렀다. 여기에 약수가 있는데 한 잔을 마시면 십 년이 젊어진다는 설명을 들었다. 같이 있던 한 사람이 매우 '열광적' 태도로 약수를 마시기에 비가 와서 빗물과 섞였으니 많이 마시지 않는 게 좋겠다고 했다. 그러나 기어코 다섯 잔을 마시더니 앞으로 오십 년은 더 살거라고 흐뭇해한다. 결국 평양에 도착하고부터 배탈이 나서 밤새 고생했다고 한다. 이 사람은 요즈음도 가끔 만나는데 아주 건강하고 최근에는 중남미 종주 트레킹도 완주했다. 밀영 약수 덕분인지, 어찌 됐든 장수할 것 같다.

평양냉면과 아버지의 추억

평양냉면 하면 대개 옥류관을 최고로 꼽지만, 북녘에서는 청류관이라는 식당도 옥류관과 최고봉을 다투는 명소다. 평양을 가면 옥류관과 더불어 청류관을 꼭 들러 볼 일이다.

청류관은 보통강변에 자리 잡고 있는데 그 이름은 모란봉에 있는 청류정에서 따왔다. 보통강은 대동강으로 흘러드는 강으로 그 둘레에 고구려 때에 만들고 조선 시대에 다시 세운 '보통문'이 있다. 평양 옛 이름인 류경(柳京)답게 능수버들이 많은 유원지여서 낚시를 드리운 사람들이 많다. 보통강을 지나갈 때 초행인 사람들은 강 이름이 뭔지 묻는다. 보통강이라고 답하면, '보통 강'이라니 장난치지 말고 정말 강 이름을 알려 달라고 한다. 그러면 다시 "보통강입니다"라고 답할 수밖에 없다. 때 아닌 동문서답이다.

옥류관은 냉면 전문 식당인 반면 청류관은 전골, 신선로 같은 훨씬 더 다양한 음식 차림을 자랑한다. 2000년대 초에 몇 번 청류관에서 냉면을 먹었지만 그 뒤로는 기회가 없었다. 평양에 있는 많은 식당들이 시인민위원회 봉사관리국 소속인 것과 달리 청류관은 다른 기관이 관리한다고 들었다. 아마 그래서 외부인들 출입을 제한하는 듯하다.

평양에서 냉면이 유명한 식당으로 고려호텔 1층 불고기식당도 꼽힌다. 그동안 옥류관과 고려호텔에서 각각 열댓 번 정도는 냉면을 먹은 것 같다. 윤이상음악당이 있는 국제문화회관 지하 민족식당도 맛집이지만 그 집 냉면 맛이 특별히 기억나지는 않는다. 옥류관은 북녘 전형의 담백한 냉면 맛이고, 고려호텔은 남녘 사람 입맛에 더 가깝다고 할 수 있다. 서로 다른 맛이니 취향에 따라 어느 집 냉면이 더 좋은지가 갈릴 듯하다.

옥류관에 가면 '전설의 무희' 최승희를 떠올려도 좋겠다. 최승희 선생이 1946년 7월 북으로 건너갔을 때, 김일성 주석이 일제강점기에 큰 요정이었던 동일관 건물을 최승희무용연구소로 내주었고 바로 그 자리에 1960년 8월 옥류관을 새로 지었다고 한다.

북에서는 냉면을 백 그램과 이백 그램, 그리고 냉면과 쟁반 두 종류에서 고를 수 있다. 쟁반은 2018년 판문점 정상회담 만찬 때 몇몇 언론이 비빔냉면이라고 보도한 적이 있다. 다리가 달린 놋그릇에 육수를 적게 붓고 고명을 조금 많이 넣어서 술에 곁들이기 좋게 담아낸 냉면이다. 육수를 먼저 맛보고 고명을 옆으로 밀어낸 뒤 꼭 면에 식초를 쳐야 한다. 겨자는 입맛대로 섞을 일이다. 조금 먹다가 육수 맛이 심심하면 김치 국물을 적당히 붓는 것도 좋다. 평양 김치는 시원한 국물에 담겨서 나온다. 그래서 그 국물로 김치말이국수를 만들 수 있다.

냉면을 술과 같이 먹을 때는 당연히 '선주후면'이 좋고 녹두지짐을 곁들여도 괜찮다. 보통은 냉면 백 그램과 쟁반 이백 그램으로 골라서 모두 삼백 그램 정도를 먹는다. 옥류관에서 최고 기록 보유자는 종류별로 섞

옥류관 냉면은 북녘 전형의 담백한 맛이 난다. 사진은 2002년에 먹은 옥류관 냉면으로 지금은 메밀 껍데기를 더 갈아 넣어서 이때보다 면 색깔이 많이 검다.

북녘에서는 옥류관과 함께 청류관, 고려호텔 불고기식당이 3대 평양냉면 집으로 꼽힌다. 사진은 옥류관 전경.

2004년 어깨동무어린이병원 준공 때 부모님과 함께 백두산에 올랐다. 평안남도 용강이 고향인 아버지는
옥류관 냉면을 먹으며 아픈 추억도 같이 들이켰다.

어 일 킬로그램 넘게 먹은 서울대의대 황 아무개 교수와 정의당 고 노회
찬 의원이다. 이런 정도가 되면 회계원이 직접 식탁에 와서 먹은 그릇 수
를 센다. 사람 수에 견줘 그릇이 지나치게 많기 때문에 확인을 해 보는
것이다.

북쪽 냉면 족보에 비빔냉면은 없지만 회국수는 있다. 남녘과 달리 북
어 보푸라기를 고추장으로 양념해서 자작한 육수에 섞어 먹는 국수다.
옥류관 가까이에 있는 수산물백화점 식당이 잘한다. 2000년대 초에 두어
번 갔는데 고 정주영 회장도 그 집 회국수를 맛있게 먹었다는 이야기를
들었다.

북쪽 사람들은 냉면뿐 아니라 음식 모두에 정성을 들이고 긍지를 느낀
다. 그래서인지 남에서는 '의식주'라고 표현하지만 북에서는 '식의주'라
고 말한다. '남쪽 사람들은 입느라 망하고, 북쪽 사람들은 먹느라 망한다'

는 말도 있다고 한다. 평양의 4대 요리로 냉면 외에 온반, 녹두지짐, 대동강 숭어탕이 꼽힌다. 그 밖에도 동태순대, 가자미식해, 탈피(북어), 석쇠불고기, 휘발유로 순식간에 굽는 조개구이, 단고기(개고기) 코스 요리, 곱돌(돌솥) 된장국처럼 먹어 볼 만한 음식이 많다. 북녘 사람들과 교류하면서 음식 맛과도 교감한다. 음식을 같이 먹으며 마음을 나눌 때 더불어 사는 맛을 확실하게 느낀다.

2004년에 단체로 방문한 북녘 길은 아버지 어머니와 함께 백두산에 오를 수 있어 더 고맙고 뜻깊은 방북이었다. 함께 간 아버지는 옥류관과 고려호텔 두 곳에서 냉면을 먹고는 옥류관 쪽에 손을 들어 주었다. 평안남도 용강에서 태어난 아버지는 겨울밤 추위를 뚫고 산을 넘어 찾아간 국수집의 뜨끈한 아랫목에서 먹던, 그때 그 국수 맛을 잊지 못한다고 자주 이야기했다. 사실 평양 사람들은 냉면을 그냥 국수라고 부른다. 평안북도 정주가 고향인 백석의 시 '개'에 그 정서가 담겨 있다.

낮베 어니메 치코에 꿩이라도 걸려서 산 너머 국수집에 국수를 받으러 가는 사람이 있어도 개는 짖는다/ 김치 가재미선 동치미가 유별히 맛나게 익는 밤/ 아베가 밤참 국수를 받으려 가면 나는 큰마니의 돋보기를 쓰고 앉어 개 짖는 소리를 들은 것이다.

우리 어머니는 황해도 연백이 고향인데 전쟁고아 돌보는 일을 1952년부터 시작했다. 구십 세가 넘는 지금까지도 아동복지시설인 '평화원'에서 식구들 보살핌을 받지 못하는 아이들과 생활하고 있다.

아버지는 평양에서 학교를 다녔다. 전에 평양에 가고 싶은지 물었을 때는 통일이 되면 가겠다고 했다. 그러다 2004년에는 걸음이 불편함에도 큰 마음먹고 북녘 길을 나섰고 휠체어 도움으로 천지까지 올랐다. 삼지연을 지날 때 마을회관에 사람들이 모여 춤추는 것을 보고는 나지막이 이야기를 하셨다.

"이 사람들이 힘들다고 하였는데 춤추고 사는 것을 보니 마음이 놓이는구나."

북녘을 다녀 온 뒤 어느 날, 아버지는 북에 동생을 남겨두고 월남했다는 이야기를 식구들에게 처음으로 했다. 그 말을 아무에게도 하지 못하고 수십 년 넘게 살아온 심정을 차마 헤아릴 수 없어 더 마음이 아팠다. 뒤에서 말하겠지만 북에 이산가족이 있다는 것을 말하지 않고 살아온 리영희 선생과 비슷한 사연이다. 분단과 냉전의 아픔이 깊이 박힌 사연이 어디 두 분에게만 있으랴.

남으로 내려온 친척이 고종사촌 누이와 외삼촌 한 명이 고작이어서 많이 외로우셨을 텐데……. 아버지는 내가 묘향산에서 사다 드린 지팡이만 짚고 다니실 뿐, 돌아가실 때까지 외로움도 슬픔도 겉으로 드러내지 않으셨다.

옥류관 냉면을 먹으며 아픈 추억도 같이 들이키던 아버지. 시원한 냉면 한 대접 후루룩 넘기며 시린 아버지의 추억도 마저 들이마신다.

북녘 어린이와
평양 블루스

2장

그림편지 답장을 받아 오겠다는 약속

어깨동무는 1996년 6월부터 〈한겨레신문〉과 함께 '안녕? 친구야!' 캠페인을 석 달 동안 펼쳤다. 이 행사에서 남녘 어린이들은 북녘에 살고 있는 친구에게 자기를 소개하는 '내 얼굴 그리기'에 참여했다. 우리는 아이들이 쓰고 그린 그림편지를 북녘 동무들에게 전달하고 답장을 받아 오겠다고 약속했다.

그럴 수 있다는 확신보다는 그래야 한다는 소망이 더 담긴 다짐이었다. 그림편지에 스민 어린이들의 마음이 많이 모일수록 더 빨리 전달하고 답장도 더 빠르게 받아 올 수 있을 것만 같았다. 하지만 이만 명 넘는 어린들이 모아 준 마음을 북녘 어린이들에게 직접 건넬 길이 없어 안타깝기만 했다.

어깨동무는 1996년부터 대한적십자사를 통해 북녘 어린이들에게 분유와 의약품을 전달하기 시작했다. 처음부터 어린이를 위한 물품만 보낸다는 원칙을 세우고 지금까지 지켜 오고 있다. 1996년까지만 해도 정부의 제약 때문에 민간단체들이 모금한 돈을 유니세프나 국제적십자연맹

같은 국제기구를 거쳐 북에 보낼 수
밖에 없었다. 정부가 민간단체의 개
별 지원과 북 주민 접촉을 허용하지
않았고 쌀도 보낼 수 없다고 계속 제
동을 걸었기 때문이다. 그 까닭으로
는 민간단체들 간에 경쟁을 막기 위
해서라는 궁색한 답변을 내놓았다.

'북 주민 접촉'이라니, 물건을 만
지는 게 아니라 사람을 만나는 데
접촉 허가를 받아야 한다니, 어찌
보면 우스운 일이다. 여기서 '접촉'

1996년 '안녕? 친구야!' 캠페인에서 남녘 어린
이들은 북녘 동무에게 띄울 그림편지를 썼다.

의 뜻은 남북 주민이 서로 정보나 메시지를 보내고 받는 과정을 말한다.
이때 방법, 수단, 장소를 가리지 않고 서로 어떤 형태로든 특정 내용을 주
고받았다면 접촉으로 여긴다.

북 주민을 직접 만나는 것은 물론 제삼자를 거치는 것도 마찬가지다.
전화, 우편, 팩스, 전자우편 같은 통신 수단으로 나눈 이야기도 접촉에 들
어간다. 외국 여행에서 우연히 북녘 사람과 만난 경우에도 나중에 신고
하게 되어 있었다. 지금은 북 주민을 만날 때 사전에 '신고'하도록 법이
바뀌었지만 그때는 미리 신청해서 꼭 '허가'를 받아야 했다.[1]

1997년 5월에는 남북 적십자가 합의서를 맺어 국제적십자연맹을 거
치지 않고 직접 물품을 전할 수 있게 됐다. 그해 9월 어깨동무는 분단 이
후 처음으로, 국제기구를 통하지 않고 북녘 어린이들을 위한 의약품과
이유식 3억 원어치를 배에 실어 보내게 된다. 그때는 아무도 330번에 걸

어깨동무는 1998년부터 평안남도 평성시 육아원에 기초의약품, 분유 같은 필수용품을 지원했다.

쳐 북에 물품을 보내는 어깨동무의 긴 여정이 시작될지 몰랐다. 그저 첫발을 내딛은 것이다.

1998년 '국민의 정부'가 출범하면서 대북포용정책을 추진했다. 북에 대한 정책은 '보다 많은 접촉' '보다 많은 대화' '보다 많은 협력'으로 바뀌었다. 민간이 하는 협력도 긍정적으로 인식하여 1998년 3월에 '민간차원 대북지원 활성화 조치'를 발표하고, 남북협력기금을 민간단체에 나누어 주기 시작했다.[2]

어깨동무도 물자를 보낼 곳을 열심히 고민했다. 가장 도움이 절실한 어린이들은 평안북도나 함경북도 같은 지역에 있겠지만 전달 뒤에 모니터링을 위한 방북이 거의 불가능해 보이는 지역이었다. 그러나 접근이 쉽다고 해서 무턱대고 평양을 택할 수도 없었다. 이런 점들을 헤아려 평양에서 30킬로미터쯤 떨어진, 평안남도 도청이 있는 평성시 육아원에 물품을 보내기로 결정했다.[3] 어깨동무는 1998년부터 그 이듬해까지 세 번에 걸쳐 평성시 육아원에 기초의약품, 분유, 천 기저귀 들을 전달했다.

육아원은 부모가 없거나 돌볼 사람이 없는 아이들, 그리고 세쌍둥이 이상을 맡아 기르는 국가 시설이다.[4] 남녘의 보육원에 해당한다. 유치원에 들어가기 전 다섯 살까지 어린이들을 맡는다. 그 뒤는 애육원, 초등학원, 중등학원 같은 상급 시설에서 어린이들을 돌보며 교육까지 책임진다.

북녘에서는 쌍둥이 탄생을 크게 축하한다. 세쌍둥이는 삼태자, 네쌍둥이는 사태자라고 부른다. 세쌍둥이 이상은 국가 지원도 많을 뿐더러 가정 부담을 줄여 주기 위해 육아원에서 돌봐 준다. 세쌍둥이 넘게 임신하면 산모가 지방에 있더라도 평양산원(평양에 있는 큰 산부인과)에서 출산할 수 있게 해 주고, 집으로 돌아갈 때는 선물과 기념품까지 안겨 준다고한다. 식량 부족 시기를 거치면서 인구가 줄어드는 사정을 고려하면 그런 특혜가 이해된다.

인도적 지원에서 중요한 것은 보내는 사람이 주고 싶은 물자가 아니라받는 사람이 필요한 것을 보내 주는 일이다. 어떤 물품을 어느 곳에 전달할지 결정하기 위해서는 진심과 함께 전문성도 필요했다. 어깨동무는 여러 갈래로 연구해서 가장 알맞다고 판단한 물품을 선정했다. 하지만 그럴수록 북녘 현장을 방문해 실상을 알아야만 소중하게 모은 후원금이 실제 혜택으로 이어질 수 있겠다는 책임감이 싹텄다. 북녘을 방문해야 할필요성이 점점 더 커진 것이다.

'신변안전과 무사귀환을 보장한다'

어깨동무는 국제기구를 통하지 않고 물품을 보낼 수 있게 된 1997년부터 이듬해 7월까지, 모두 네 번에 걸쳐서 5억 원 넘는 약품, 분유, 이유식 들을 북으로 보냈다. 이제는 하루바삐 북에 가서 북측과 앞날을 함께 의논하고 북녘 어린이에게 그림편지도 전달해야 했다. 그러자면 법적 지위가 필요했다. 여러 번 연수를 거치면서 법인 설립을 준비했고 1998년 8월 11일, 어린이 단체로는 처음으로 통일부에서 사단법인 승인을 받았다.[5]

1998년 8월 북측과 처음으로 중국 베이징에서 만남을 가졌다. 북녘 사정을 잘 아는 사람에게 북에서 관광사업을 하는 미국 동포를 소개받아 이루어진 자리였다.[6] 그때는 민간 자격으로 방북 경험이 있는 사람들이 거의 없었다. 협의 날짜가 정해진 뒤에 어깨동무 정병호 이사와 함께 북을 잘 아는 전문가들을 만나 도움말을 들었다. 북에 살던 사람의 기록이나 북에 머문 경험을 쓴 《사람이 살고 있었네》 같은 책도 읽었다.

우리가 만난 북측 관계자는 조선아시아태평양평화위원회(아래부터 아태) 참사 한 사람과 연구원 한 명이었다.[7] 그 참사는 김일성종합대학교 교수 출신으로 당국 회담에 대표로 나서기도 하는 노련한 인사였다. 우리는 그 두 사람과 사흘 동안 세 차례 정도 만나면서 방문 목적, 인원, 일정을 의논했다.

협의 장소는 대우건설이 운영에 참여하는 캠핀스키 호텔이었다. 우리로서는 굳이 갈 까닭이 없는 5성급 호텔이지만 그때 남북 인사들이 자주 가는 곳이기에 그렇게 정해졌다.

지나간 이야기지만 1997년 벌어진 '총풍사건' 현장도 캠핀스키 호텔이다. 당시 한나라당 후보 관계자들이 대선 지지율을 높이고자 이 호텔에서 북측과 만나, 판문점에서 무력시위를 해 달라고 요청했다는 바로 그 사건이다. 1990년대 남북 사이에 벌어진 여러 '공작'의 주요 무대 중 하나인 셈이다. 대북 협의에는 초보인 우리가 프로들 무대에 등장하게 된 것이다.

우리는 북측과 처음 만나는 자리지만 진심은 통한다고 믿고 있었다. 어깨동무는 정부 관련 단체가 아니라 북녘 어린이를 돕고, 남북 어린이들이 함께 평화를 만드는 일에만 관심 있는 민간단체라는 사실을 알리려고 힘을 쏟았다. 그래야 북에 가려는 목적을 이해시키고 그에 알맞은 방문 일정을 짤 수 있다고 여겼기 때문이다. 우리는 남녘 어린이들이 간절한 마음으로 쌀과 돈을 모으고 자기 소개 그림을 정성스럽게 그린 이야기를 생생하게 전했다. 그 어린이들을 대신해서 물품과 그림을 전달하고, 그림 답장을 받아야 하는 사명도 설명했다.

그러나 북측 반응은 뜻밖이었다. 수해로 식량 사정이 힘들지만 아이들이 모은 돈을 받을 정도는 아니며, 남측에서 한미 군사훈련이 계속되는

북측과 여러 번 만나며 진심을 전달한 끝에 1998년 첫 방북을 이끌어 냈고, 2004년 남녘 어린이들의 첫 평양 방문이라는 결실도 맺을 수 있었다.

마당에 무슨 그림을 교환하자는 소리냐는 것이다.

우리는 날이 선 남북 관계 속에서도 어린이들 활동은 가장 '비정치적인 일'로 받아들일 거라고 생각했다. 그러나 그네들은 어린이를 대상으로 하는 일이 순수하게 보이지만 '정치적 의도'가 숨어 있을 수 있다는 선입견을 갖고 있는 듯했다. 민간단체가 하는 일이라지만 정부가 조종하는 것은 아닌지 의심도 품고 있었다.

분단 이후 남녘은 냉전 이념이 대립하면서 사람이 설 자리가 줄어들고, 정치 논리가 부딪치면서 전환적 상상력이 메말라 가고 있었다. 어른들 싸움에 아이들이 마음 둘 곳 없어진 현실을 어떡하든 바꾸려 했는데 이제 북녘의 또 다른 냉전 논리와 마주서게 된 것이다.

세계관이 다른 사람과 만나면서 갈등이 있을 때 풀어 나가기 위해서는, 상대가 나와 다르다는 것을 인정하고 먼저 동의할 수 있는 부분을 찾아야 할 것이다. 그러자면 상대가 하는 말을 잘 들으면서 이해하려고 애써야 한다.

북측 인사를 처음 만나는 것이니 진득하게 이야기를 듣고자 했다. 정병호 이사와 함께 각자 전공을 살려서 새로운 현장 연구로 생각하자고 서로 격려하며 그이들의 주장을 이해하려고 애썼다. 그때 정 이사는 문화인류학을, 나는 교육철학을 대학에서 가르치고 있었다. 상대 논리가 대략 윤곽이 잡히면 내가 하고자 하는 말을 그이가 쓰는 언어로 '번역'해서 설명하려고 조금씩 시도했다. 작은 일부터 차근차근 믿음을 쌓으면 그만큼 일을 넓혀 나갈 수 있을 거라고 마음을 다잡았다.

첫 베이징 협의에서 우리 뜻을 '그네들의 언어'와 '인간 보편의 언어' 사이를 오가며 소통하려고 노력했다. 어깨동무의 협력과 그림을 받아들인다면 북의 평화와 화해 의사를 남녘과 국제 사회에 알리는 계기가 될 수 있다고 설득했다. 남쪽 민간단체는 시민들이 꾸리면서 그 힘으로 정부 정책을 비판하고 개선시키는 자율성이 있다고 여러 번 강조했다.

북측 인사들은 만남을 되풀이하면서 북녘 어린이들에게 진심으로 다가서려는 우리의 마음을 어느 정도 느끼게 된 것 같다. 북측은 1998년 10월에 우리 쪽 다섯 명을 북으로 초청하겠다는 뜻을 밝혔다. 또한 리영희 선생을 별도로 초대한다는 제안을 내놓았다. 그 까닭은 남북 대치 상황을 객관성 있게 취재하고 연구하는 '양심적인' 언론인이자 학자이기 때문이라는 설명이었다. 우리가 계획한 규모보다 작았지만, 첫술에 배부를 수는 없으므로 합의하기로 했다.

합의 내용 가운데 "아태평화위원회는 대표단 방북에 관련된 제반 조치, 신변안전과 무사귀환을 보장한다"는 글귀가 있다. 남북 사이에 놓인 긴장 관계를 실감할 수 있다. 이 조항은 자국민 보호를 위해 남쪽에서 요구한 내용인데 나중에 교류가 활발해지면서 사라졌다. 그러다 관계가 얼어붙으면 다시 남쪽 정부가 초청장에 분명히 밝힐 것을 요구해 늘 실랑이의 빌미가 되기도 한다.

어깨동무가 하려는 일과 북측이 원하는 것 사이에 차이를 조정하고 합의하는 일은 그때부터 지금까지 계속되고 있다. 여기에 남녘 사회에서 여러 희망과 비난까지 더해지면 참으로 '예술적'인 수렴과 조정이 필요하다. 나는 북녘과 일을 한 경험을 이론으로 정리하여, 2001년에 남과 북이 추구해야 할 관계를 '상호작용적 보편주의'라고 이름 붙이고 논문을 쓰기도 했다.

초심을 잃지 않으면서 인내심을 갖고 꾸준히 나아가는 것은 어려운 일이다. 남북교류가 쉽지 않다는 것을 첫 협의에서 톡톡히 배웠다고 생각했지만 막상 북녘을 방문하니 더 배우고 고민할 거리투성이였다.

북녘 어린이들의 인사 "또 오십시오"

첫 북녘 방문은 합의보다 한 달 늦어진 1998년 11월에 이루어졌다. 방문단은 어깨동무와 〈한겨레신문〉으로 공동 구성했다. 어깨동무 권근술 이사장을 단장으로 해서 조형 공동대표(이화여대 교수)와 사무총장인 나, 그리고 〈한겨레신문〉 곽병찬, 신현만 기자가 참여했다. 리영희 선생은 북에 있는 누님을 만나는 것으로 방문 목적을 한정한다는 뜻을 분명하게 밝히고 합류했다.

북녘에 가려면 사전에 방북교육을 받아야 한다. 통일교육원에서 세 시간 강의를 들었다. 강사들은 북에 간 경험이 없었고, 준비에 별 도움이 되지 않는 일종의 반공교육이 목적인 것 같았다. 1986년 미국으로 유학을 가기 위해 한국자유총연맹 전신인 반공연맹에서 주관한 '소양교육'을 받은 기억이 났다. 한국 국민으로서 품격을 지키고 북 사람들은 접촉하지 말라는 내용이었다. 강의실 뒤 불투명 창에서 기관원이 보고 있으니 졸지 말라는 엄포도 들었다. 외국 여행에 필요한 국민 소양을 국가가 '친절하게' 계몽해 주던 시절이었다. 방북교육은 나중에 두 시간으로 줄었고

북녘 어린이들이 동아리 활동을 하는 만경대학생소년궁전 앞에서(왼쪽부터 권근술, 조형, 이기범). 북의 주요 예술인이나 체육인 가운데 이곳 출신이 많다.

온라인으로도 할 수 있게 되었다.

그때 서울에서 평양으로 가려면 중국 베이징에서 북의 고려항공을 타야 했다. 처음 가는 길이고 북쪽 사증을 받아야 해서 방문 날짜에 하루 앞서 베이징에 도착했다. 짐이 참 많았다. 종이 상자에 넣어 번호를 붙였는데 서른세 상자나 되었다. 가장 중요한 짐은 그림편지 오백 점이었다. 북녘 어린이들의 그림 답장을 받아 와야 했는데 현지에서 도화지와 크레용을 준비 못 할 수도 있어서 그것도 짐으로 꾸렸다. 어린이 기관을 찾을 때 아이들에게 선물할 이동용 음악 플레이어 같은 것도 챙겼다.

베이징에 도착한 날 북측 아태 관계자들과 저녁식사를 나누었다. 그 가운데 책임자로 보이는 한 사람은, 임수경 씨가 1989년 제13차 세계청년학생축전 참가를 위해 방북했을 때 김일성종합대학 학생 대표로 동행했다고 자기를 소개했다.[8]

11월 10일 화요일 평양 순안국제공항에 도착했다. 민화협 정덕기 상무위원과 〈통일신보〉 조정호 사장이 마중을 나왔다. 통관 과정에서 그림편지와 만화 비디오테이프가 문제됐는데, 북측 관계자의 도움으로 무사히 허가를 받아 들여올 수 있었다. 평양에 다다른 첫날, 숙소인 고려호텔 3층 2호 면담실에서 아태 사무국장을 비롯한 몇몇 인사들과 일정 협의를 진행했다. 우리들이 최대한 많은 어린이와 실무자를 만나고 싶어 하다 보니 조정이 늘어져 서로 조금씩 '따분해졌다.' 저녁 식사를 하고 다시 모이기로 했다. 이날 동석식사에는 아태 리종혁 부위원장이 참석했다.

식사를 마치고 늦은 밤에 다시 일정을 의논했다. 평양의 방문 장소로 만경대고향집, 개선문, 주체사상탑, 인민대학습당, 조선역사박물관, 김일성종합대학 들이 제시됐다. 평양 외 지역으로 황해남도 신천역사박물관, 황해북도 정방산 성불사, 평안북도 묘향산 국제친선전람관과 보현사 참관이 예정됐다. 어린이 기관은 창광유치원과 만경대학생소년궁전이 있었다. 우리 요구로 평양산원과 모란봉 제1고등중학교를 더 방문하기로 했다. 어깨동무는 협력 방안을 의논할 기관이 늘어나기를 원했고, 〈한겨레신문〉은 취재할 고위급 인사 면담과 고구려 문화재 전시 같은 20여 개 사업 협의를 요구했다. 새벽 한 시까지 합의에 이르지 못했다.

추가 요구는 계속 의논하기로 하고 이튿날 아침부터 일정을 진행했다. 어린이들을 만나는 일과 그림 교환이 계속 쟁점이었다. 창광유치원에서 아이들을 만난 뒤에 중구역에 있는 9·15 탁아소를 찾아갔다. 1969년 9월 15일에 문을 연 주(週) 탁아소로서 월요일부터 토요일까지 어린이들이 숙식하고, 부모가 장기 출장일 때도 아이들을 돌본다고 한다.[9] 미리 알린 방문이었고 평양에서도 좋은 시설에서 지내는 어린이들이지만 영양 상

우리를 반기는 창광유치원 어린이들의 공연 모습. 우리는 최대한 많은 어린이들을 만나려고 애썼다.

평양에서 좋은 시설로 꼽히는 9·15 탁아소. 어린이 오백여 명이 이곳에서 지낸다.

태가 썩 좋아 보이지 않았다. 인민대학습당을 갔을 때 공부하던 학생에게 중학생이냐고 물으니 김일성종합대학에 다닌다는 답을 들었다.

평양산원을 둘러본 조 공동대표는 1992년 평양에서 열린 아시아여성평화회의 때 본 것과 견주면 시설 운영이 나빠졌다고 말했다. 김일성종합대학 도서관의 국제학술지 출판년도는 1990년대 초반에 그쳐 있었다. 전기 공급이 불안해서 방문 중에도 전기가 수시로 끊겼다. 모란봉 제1고등중학교에 예정 시간보다 늦어진 오후 네 시에 도착했을 때 학생들은 컴컴하고 썰렁한 교실에서 우리를 기다리고 있었다. 미안했다.

저녁 지을 무렵 등에 봇짐을 메고 발걸음을 재촉하는 시민들이 여럿 보였다. 시내에 있는 건설 크레인은 조용히 멈춰 있었다. 모란봉을 산책하다가, 땔감으로 쓰려는지 나뭇가지 몇 개를 지게에 얹고 가는 노인을 만났다. 황해도에서 평양으로 돌아오던 석양녘, 추수가 끝난 논에서 떨어진 알곡을 한 톨 한 톨 천천히 주워서 '낟알걷이'하는 여성을 보았다.

우리가 보낸 물품은 지정한 대로 평성 지역 육아원에 보냈다고 들었다. 그 가운데 식용유는 음식 만들 때 써서 아이들 섭취 열량을 높이고 있다고 한다. 1978년 가난한 지역 아이들의 보호와 교육을 위해 꾸린 해송어린이걱정모임에서도 비슷한 경험이 있다. 여기서 1980년대 들어 시작한 난곡과 창신동 어린이집에서도 튀김 음식을 자주 만들어 어린이들 영양을 보충하려 했으니 금방 이해가 되는 설명이다. 나는 창신동 해송아기둥지에서 1년 남짓 원장을 맡아 아이들과 지냈는데 그래서인지 북녘 어린이들 처지가 사뭇 더 마음에 와 닿았다. 다음 방문에는 꼭 평성육아원을 방문해야겠다고 의지를 다졌다.

그림편지 오백 점은 둘째 날 저녁에 〈통일신보〉 조 사장을 통해 건넸

만경대학생소년궁전 어린이들이 기쁘게 쓰고 그린 그림편지를 우리에게 건넸다.

다. 전달식에서 내 딸아이의 그림을 따로 소개해 관심을 끌어 보려 했다. 북측 관계자들은 무척 신기해하며 감격어린 눈물을 보이는 사람도 있었다. 만경대학생소년궁전에서 소조(동아리) 활동을 하는 어린이들에게 그림을 부탁하고자 방문하기로 했다. 남북 사이에 아직 교류가 없으므로 학교보다는 덜 공식적 기관인 이곳에서 학생들에게 그림을 그리게 하자는 북측 제의를 따랐다. 만경대학생소년궁전 그림반에는 전공에 따라 꽃이나 대나무만 계속 그리는 어린이 '선수들'이 있었는데, 오히려 자기를 소개하는 얼굴처럼 단순한 그림을 부탁하기가 어려웠다. 우리가 그림에 담긴 뜻을 설명하자 그제야 호기심에 반짝이는 눈으로 화답했다.

아이들이 그림을 그리는 동안 옆에 있는 서예 소조에도 찾아갔다. 여기서도 '민족통일, 혁명의 아침' 같은 글귀를 쓰는 어린이들이 있었는데 자기를 알리는 소소한 글을 써 달라니 도대체 무슨 소리인지 모르겠다는 반응이 돌아왔다. 서예 지도 선생님들이 우리 뜻을 풀어서 알려 주니 어린이들도 기쁘게 쓰고 그린 답장 30여 점을 우리에게 안겨 주었다.

저녁 무렵 아이들 공연까지 보고 나서야 만경대학생소년궁전을 떠났다. 공연을 펼친 주인공들과 손을 잡고 문을 나섰다. 추운 날씨 탓인지 손은 찼지만 표정은 참 따스했다. 헤어질 때 아이들이 말했다.

"또 오십시오."

이름만으로도 기발한 '남북어린이어깨동무'

북녘 사람들은 농담을 좋아하고 같이 웃기를 즐긴다. 차 안에서 분위기가 가라앉으면 우리한테 농담을 걸어 온다. 북은 국가에 세금을 내지 않으니 어린이들이 그 말을 몰라서, 세금이 뭐냐고 물으면 "가야금, 오현금, 옥류금" 이렇게 대답한다는 식이다.(옥류금은 북녘 개량악기다.)

〈가는 길 험난해도 웃으며 가자!〉

〈오늘을 위한 오늘을 살지 말고 내일을 위한 오늘을 살자!〉

평양 시내에서 자주 볼 수 있는 구호다. 우리를 안내했던 중년 관계자는 하루에 두 끼밖에 못 먹는 날이 꽤 있을 정도로 힘들다고 말한다. 그래도 '혁명적 낙관주의' 힘으로 외세에 손 벌리지 않고 떳떳하게 산다고 강조한다. 힘들어도 열심히 살고 있다는 것이 느껴진다.

때는 김장이 한창인 철이었다. 배추를 실은 트럭이 분주하게 오가고 아파트 베란다에 절인 배추들이 널린다. 늦가을부터 봄까지 김치가 주요 반찬이라 집집마다 대략 팔백 포기쯤 김장을 한다고 한다.

여자아이들이 하는 고무줄놀이를 넋 놓고 바라보는 아직 앳된 인민군,

"가는 길 험난해도 웃으며 가자!" 평양에서 자주 보는 이 구호에는 외세에 손 벌리지 않고 살겠다는 북녘 사람들의 '혁명적 낙관주의'가 스며 있다.

모란봉에 소풍 나온 김일성대학 여학생들……. 모처럼 남에서 온 손님이라고 모두들 정성껏 우리를 환영한다. 우리가 안 보일 때까지 손을 흔들어 환송한다.

"이름만으로도 기발한 남북어린이어깨동무는 화해의 디딤돌로서 의미가 크다."

1998년 11월 10일부터 17일까지 이어진 첫 방북 일정을 모두 마치고 마련된 자리에서, 아태 리종혁 부위원장은 우리 단체의 활동을 치켜세웠다. 하지만 남북 관계가 막힌 처지에서 교류는 아직 어렵다고 설명했다.

이에 권근술 이사장은 "탈냉전 분위기에 맞춰 민간교류와 협력 그리고 민족 화해는 확대돼야 하며 어깨동무의 실천도 계속돼야 한다"고 강조했다. 공식 이야기에서는 서로 평행선을 달릴 때도 있었지만 북측은 우리를 성의껏 예우하려고 노력했다.

리영희 선생(사진 아래 왼쪽에서 세 번째)과 모란봉에 산책 나온 김일성대학 여학생들이 함께 사진을 찍었다. 1차 방북에 함께한 리 선생은 53년 만에 재회를 바랐던 손위 누이의 부음에 오열해야만 했다.

북녘 어린이들이 보는 책과 비디오를 사고 싶어 했더니 관계자들이 나서서 안내와 구매를 도와주었다. 어느 날은 늘 안내원들과 같이 다녀야 하니 답답한 나머지 자유로운 공기(?)를 갈구하던 신문사의 두 사람이 늦저녁에 호텔 밖으로 탈출했다. 그러다 십 리는커녕 오백 미터도 못 가 주민 신고로 기관원과 함께 되돌아왔을 때도 "그런 자유주의자 행동을 하지 말라"며 점잖게 당부하는 것으로 그쳤다.

그 밖에도 조국평화통일위원회 안경호 부위원장과 면담을 주선해 주었고, 리영희 선생과 인연이 있는 박영수 서기국 부국장은 거의 모든 일정에 함께했다.[10]

한국전쟁 전에 월남한 리 선생은 소망과 달리 손위 누이와 상봉하지 못했다.[11] 불과 4년 전에 돌아가셨다는 것이다. 느닷없는 부음에 오십여 년 만에 재회를 기대했던 리 선생은 오열했다.

그나마 다행히 이제 쉰다섯 살 된 큰조카는 만날 수 있었다. 농장 기술 지도원인데 이름이 '수장'이다. 호적에는 사투리대로 이름이 '수당'으로 씌어 있어서 관계자들이 찾는 데 아주 애를 먹었다고 한다.

리 선생과 큰조카가 만나는 모습을 우리 쪽에서는 나 혼자만 지켜보았다. 자리를 피해 드려야 맞을 텐데 방문단에서 아무도 없이 만나면 나중에 오해나 뒷말이 생길 수 있어서 한 사람이 남기로 했고, 어찌어찌 그 자리에 내가 있게 되었다.

리영희 선생은 이번 방북을 위해 통일부에 이산가족 접촉 허가 신청서를 냈다. 그러면서 사십 년 만에 처음으로 북에 누님과 형님이 있다는 사실을 공식으로 드러내어 "비밀과 불안과 두려움을 활짝 털어 버렸다"고 했다. 1960년대에 반공법으로 기소돼 옥살이를 하면서 불필요한 오해를 받기 싫어 이산가족 존재를 알리지 않았다고 한다. 더 자세한 이야기는 리 선생의 책《반세기의 신화》에 실린 '못다 이룬 귀향'에 담겨 있다.

첫 방북이 끝나고 조형 공동대표가 북녘에 다녀온 소감을 〈한겨레신문〉에 전했다.

우리도 가난하고 어려운 시절이 있었다. 지금 평양 사람들이 바로 그때 우리가 겪었던 어려움을 겪고 있는 것이다. 그런 속에서도 북쪽 부모들의 아이 사랑은 남쪽 부모에 못지않다. 아이들만큼은 잘 먹이려 하고 옷도 제법 두텁게 입히려 한다.

그렇지만 전반적으로 어린이들 발육은 부진하다. 남쪽에서 들었던 것처럼 '북의 한 세대가 사라질 위기'는 아니어도 남북 간 불균형의 심각성이 느껴졌다. 하지만 아이들은 아이들이어서 가난과 추위의 고달픔은 아랑곳

북녘 어린이의 그림편지. 첫 방북에서 가장 큰 감동은 남녘 어린이들과 함께 살아야 하는 북녘 어린이들을
만난 것이다.

하지 않은 채 재잘거리며 정겹게 뛰놀고 장난치는 모습을 어디에서나 볼
수 있었다. 몹시 반가웠다. 길에서 마주치는 아이들은 아무도 남쪽에서 온
손님들을 피하거나 불편해하지 않았다. 남과 북으로 갈려 있지만 아이들
은 아주 쉽게 '안녕? 친구야'를 서로 부르며 스스럼없이 만날 수도 있으리
라.(1998. 11. 27)

그 뒤로 여러 차례 북을 다녀왔지만 첫 방문 때 장면들이 정지 화면처
럼 가장 생생하다. 가장 큰 감동은 남녘 어린이들과 함께 살아야 하는 북
녘 어린이들과, 우리들 만남을 응원하는 북녘의 어른들을 만나게 된 것이
다. 또 어떤 도움이 어디에 더 필요한지도 파악할 수 있었다.

남과 북 사이에 놓인 차이를 알되, 서로 만날 수 있는 부분을 넓혀 나
가는 것이 어깨동무가 해야 할 일이라는 걸 다시 깨달았다. 이 깨달음은

어깨동무가 활동하는 데 소중한 자산이 되었고 나중에 평화교육 내용을 짜는 데도 중요한 밑거름으로 삼을 수 있었다.

북에 다녀온 뒤로 많은 사람들이 앓는 후유증이 있는데, 나는 그것을 '평양 블루스'라고 부른다. 블루스라 하니 뭔가 낭만이 있게 들리지만 사실은 평양에서 서울로 빠르게 장면이 바뀌고, 북녘에서 해야 할 일을 다 하지 못했다는 회한이 초래하는 약간의 우울 증세다. 첫 방북 뒤로 북쪽과 후속 협의가 끊겼기 때문에 평양 블루스는 더 심해졌다. 북을 창구로 하는 만남과 협력이 늦춰진다고 해서 손 놓고 있을 수만은 없었다. 북녘 어린이들이 놓인 상황을 더 확실하게 알게 된 만큼 다른 통로라도 찾는 것이 절실했다.

애기젖 대신

3장 콩우유 급식

AIR KORY

일반자리표
ECONOMY CLASS BOARDING PASS

FLIGHT JS 158

DEST PYONGYANG SEAT

DATE

DATE

평양에서 맺은 첫 인연 '어린이영양관리연구소'

　　2000년 3월 4일부터 여드레 동안 두 번째 방북이 이루어졌다. 3월 8일 방문한 3·8유치원은 해방 직후 국제부녀절(남에서는 세계여성의 날)을 기념해 세운 곳이다. 북에서는 3월 8일 국제부녀절이 공휴일이긴 하나 실제로는 여성들도 점심때까지는 일하고 오후에 영화관이나 공연장에서 문화생활을 즐긴다고 한다. 우리와 숙식을 함께하는 북 관계자는 부인 대신 빨래하고 밥하는 날인데 집에 못 가서 구박 받게 생겼다고 엄살을 핀다.

　　3·8유치원은 1998년 첫 방북 때 찾은 창광유치원에 견줘 시설이 뒤떨어진 편이고 외부 사람 방문도 그리 많지 않아 보였다. 마침 간 날이 국제부녀절이라고 어린이들이 색종이로 꽃을 만들어 조형 공동대표에게 달아 줬다. 하지만 꽃과 잎을 이어 붙인 풀이 약해서 금세 떨어져 버렸다. 조 공동대표가 자기 잘못인 양 미안해했다.

　　두 번째 방북은 어깨동무 조형 공동대표, 정병호 이사, 박진원 사무차장과 함께했다. 1999년 4월, 정부가 어깨동무를 대북지원 독자 창구로 인정하면서 국제기구를 통하지 않고 직접 물자를 보내거나 단독으로 북에 갈 수 있게 되어서 하려는 일에 더 집중할 수 있었다. 결과보고서를 보니 도착 첫날 기록으로 다음 글이 선명하다.

3월 4일(토)

가. 평양 도착

나. 1차 일정 협의: 북측이 제시한 일정(일반적인 참관 위주로 구성)이 우리가 사전에 요구한 내용(모니터링, 어린이 시설 방문 등)을 반영하고 있지 않아 우리 요구 사항을 강조하고 일정 조정을 요구함.

우리가 원하는 일정을 미리 팩스로 보내지만 민화협도 다른 기관들과 조율을 거쳐야 하니 우리 요청을 다 반영하기는 쉽지 않을 것이다. 나름 '점잖은' 방식으로 일정 투쟁을 거치니 실제로는 우리 요구가 많이 반영되어 관계자들의 노고가 얼마나 컸는지 알 수 있었다.

2000년 6·15공동선언 뒤로 방북 단체가 많아지기 전에는 일정을 조정하거나 방문할 수 있는 장소의 폭이 오히려 넓었다. 그러다 2000년 뒤로는 북에 오는 단체들에게 공평하게 한다고 표준 일정 비슷한 것이 생겨서 일정을 짜는 데 더 애를 먹었다.

우리 일정의 핵심은 그동안 먹을거리와 물품을 꾸준히 보냈던 평성 육아원을 찾아가는 것이었다. 양측 간에 몇 번 협의를 거쳐 닷새 만인 3월 9일에 갈 수 있었다. 이날 일정은 오전에 황해남도 신천의 역사박물관을 갔다가 평성으로 가도록 짜였다.

평성까지는 제법 먼 거리라 평양에 들러 점심을 먹기는 무리라서 도

북녘 아이들은 고운 옷을 차려입고 노래도 부르면서 처음 만나는 우리를 환영해 주려고 애썼다.

'사람이 꽃보다 아름다워'라는 노랫말처럼 어린이들의 함박웃음이 함박꽃보다 더 아름다웠다.

시락을 준비했다. 정방산 성불사 앞 나무 밑에 옹기종기 모여 도시락을 풀었다. 봄꽃이 보기에 좋았다. 북녘 국화인 함박꽃이라고 알려 준다. 말 그대로 하얀 꽃이 함박 피었다.

평성 육아원은 민화협 참사들도 초행길이라 물어서 찾아갔다. 시내를 지나며 처음으로 목발 짚은 사람을 보았다. 평양에서는 볼 수 없는 모습이었다.

1998년 첫 방북 때 찾아간 9·15 탁아소 급식 풍경. 북녘 어린이들과 만나면서 꾸준하게 질 좋은 영양을 마련해 줄 방안을 구상했다.

1951년에 세운 평성 육아원은 신생아부터 다섯 살까지 어린이 백이십 명이 교사 일흔 명, 의사 다섯 명과 함께 지내고 있다. 본디 전쟁고아를 돌보던 곳인데, 자연재해로 부모를 잃은 아이들이 많아지면서 맡아야 할 어린이도 늘었다고 한다. 세 평쯤 되는 방이 여덟 개 있고, 방 하나에 열다섯 명씩 생활한다. 과거에는 젖소와 젖염소 목장에서 가져온 우유를 먹였으나 최근 들어 국제기구 원조품에 의존하고 있다는 설명이다. 생후 팔 개월이면 기저귀를 뗀다는데 너무 이르지 않은가 걱정되었다.

앞서 가 본 평양의 유치원이나 탁아소 아이들과 견주면 키와 체중에 차이가 있었다. 피부병이 있는 어린이도 눈에 띄었다. 가까이 가서 나이 같은 걸 물어보면 어색한 반응을 보였다. 아마도 처음 보는 남녘 어른이 낯설어서 그랬으리라. 그래도 아이들은 가장 좋은 옷으로 차려입고 노래를 부르면서 우리를 환영해 주려고 애썼다. 평성 육아원은 평안남도 도

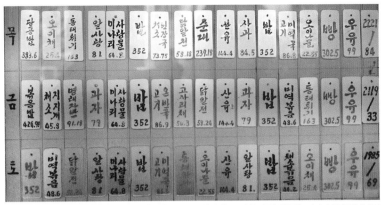

9·15 탁아소 식단표를 보면 채소 지지개(찌개), 동태 튀기(튀김), 고기 온반국(장국밥), 미나리사탕물(미나리효소), 닭알(달걀)전 같은 음식 이름이 눈에 띈다.

당사 바로 옆에 자리 잡았는데, 도당 관계자가 동행한 것으로 보아 우리 방문에 관심이 크다는 것을 짐작할 수 있었다.

북녘 어린이들을 만나면서 알게 된 현실을 바탕으로 꾸준한 영양 증진 방안을 구상했고, 북측 전문가들 의견도 살폈다. 처음에는 '어린이 영양과자'를 공급해서 성과가 좋으면 현지에서 생산하는 방법을 생각했다. 국제아동기금에서 제공하는 영양 비스킷에서 실마리를 잡아, 아이들이 질 좋은 영양소를 더 쉽고 맛있게 먹을 수 있도록 개량한 과자였다.[1]

영양과자와 구충제 공급을 어린이영양관리연구소(아래부터 영양관리연구소)에 제안했다. 방문 기간에 민화협이 우리와 함께 일할 단체로 연결해 준 곳이다. 평양에 짝이 생겼으니 방북이 안겨 준 커다란 성과다.[2]

영양관리연구소는 국제아동기금과 세계보건기구의 도움을 받지만 책상, 의자 같은 것에 그친다고 한다. 연구실들은 거의가 장비가 모자라 운영에 어려움을 겪는 것으로 보였다.

어린이들의 건강과 생명을 위해 헌신하고 있는 연구원들은 형편은 곤궁해도 전문가로서 긍지와 사명을 갖고 우리를 대했다. 영양관리연구소는 우리가 제시한 영양과자와 구충제 공급에 적극 동의했고 다음에 방북할 때 시제품을 같이 검토하기로 했다. 연구소 소장은 연구기자재도 요청했다.

　　2000년 3월 10일 어깨동무 이름으로는 처음으로 조형 공동대표와 백천석 영양관리연구소 소장이 의향서를 체결했다. 영양과자 시제품의 적합성 검토와 생산 그리고 구충제 제공을 담은 내용이었다. 이어서 민화협 참사와 사업 실무 진행에 따르는 의향서를 맺었다. 필요한 사항은 베이징에서 만나 협의하기로 하고, 약속한 영양과자와 구충제를 먼저 보낸 뒤 가을에 다시 방북하기로 했다.

'벤또' 먹고 출출할 땐 콩우유 '한 고뿌'

2001년 3월, 세 번째 방북 길에 그동안 준비한 영양과자 시제품을 영양관리연구소에 건넸다. 연구원들은 검토 끝에 우리 뜻은 이해하겠으나 과자 이상 효과를 기대하기 어렵다는 판단을 내렸다. 그러면서 연구소가 만든 시제품인 '젖가루(분유)'를 보여 주었다. 산모가 영양이 모자라 수유가 어려우니 모유 대용으로 만든 것이었다. 제품은 만들었으나 원료와 기술, 설비를 뒷받침하지 못해 본격 생산을 못 하고 있다고 했다.

논의 끝에 어린 아이들도 소화하기 쉽고 영양소가 골고루 들어간 '콩우유(두유)' 신제품을 개발하는 것이 모유 대신으로 알맞겠다고 합의했다. 콩우유는 북녘에서도 생산하고는 있지만 양이 부족하고, 성분을 다양하게 배합하면서 그 효과도 검증해야 하므로 영양관리연구소에서 생산과 연구를 함께하고 싶다는 뜻을 밝혔다. 우리가 설비와 생산기술, 원료를 제공하기로 하고 의향서를 맺었다. 이로써 어깨동무는 안정된 영양증진 방안을 찾았고, 함께 일할 협력 기관도 정하게 되었다.

콩우유 급식 현황을 알아보기 위해 평양 제1고등중학교(2002년 평양

콩우유 급식 현황을 살피고자 2001년 평양 제1고등중학교 인민반(초등 과정) 어린이들을 찾아갔다.

제1중학교로 이름을 바꾸었다)에 가 보았다. 인민반(초등 과정) 4년, 중등반 (중고등 과정) 6년으로 꾸려 가는 학교다. 급식 시간이 되면 담임교사 인솔 아래 인민반 어린이들이 노래를 부르며 줄지어 나온다. 그리고 차례대로 양동이에 담긴 콩우유를 '한 고뿌(컵)'씩 마시는데 '벤또(도시락)' 먹고 배가 출출할 때쯤 먹는다고 한다. 다 먹고 나면 줄 서서 올 때와 달리 혼자 내빼는 아이들도 있다. 북녘 관계자가 그 모습을 보며 "저런 자유주의자들"이라며 털털하게 웃는다.

콩우유 협력 과정에서 전기가 적게 드는 생산 설비를 구하느라 애를 먹었다. 우여곡절 끝에 대구에 있는 업체를 알게 되었다. 2001년 9월 기술자들이 방북해 설비 설치와 기술이전을 끝내고 생산을 시작했다. 생산기술은 남녘 최고 전문가인 하월규 박사가 북녘 현장에서 지도해 주었다.

육 개월 미만 아기는 하루 천 밀리리터, 육 개월에서 삼십육 개월 사이

어린이영양관리연구소에서 만든 영양
제와 모유 대용 애기젖가루(분유).

어린이는 하루 사백 밀리리터씩 콩우유를
먹게 했다. 가까운 지역 주민들은 찾아와
서 받아 갔고, 육아원과 애육원에는 우리
가 기증한 냉장차에 콩우유를 실어 신선
하게 날랐다.

콩우유 공급을 시작한 지 일 년 뒤에 육
개월 넘게 콩우유를 먹은 어린이들을 조사
한 연구 결과가 나왔다. 그러한 결과를 북
녘에서는 '분배정형'이라고 한다. 먼저 설사
발병률이 눈에 띄게 낮아졌다. 영양 상태
가 좋지 않던 어린이는 급식 초기에 날마
다 이십 그램 정도, 정상이던 아이는 사십 그램 가까이 몸무게가 늘었다.
영양이 부족한 산모들에게도 콩우유를 나누었다.

공급이 지속되고, 영양 개선 효과가 자료로 입증된 것은 참으로 소중
한 성과였다. 이 일로 어깨동무도 협력의 효과를 깨달았지만 북측 기관
과 영양관리연구소 사람들도 큰 보람을 느끼고 의욕을 북돋았다. 콩우유
급식이 〈로동신문〉과 〈조선중앙방송〉에 보도되었으니 더욱 그러했을 것
이다.

우스개로 하는 소리인데, 생산 성과가 확인되고 서로 가까워지자 영양
관리연구소에서 만든 제품이라며 우리한테 '청춘 2호'라는 쪼그만 물약
을 선물로 주었다. 특정 목적을 위한 남성용 제품으로 한 번에 반병을 먹
으라고 되어 있었다. 방북한 일행 중 호기심 많은 기술자가 그것을 한 병
다 마셨는데 효과가 지대해서 며칠을 고생했다고 한다.

연구소에서 왜 그런 제품을 만드는지 궁금했다. 알고 보니 국가 지원이 충분치 못해서 자력갱생으로 수익을 낼 수 있는 제품을 개발해서 판다고 한다. 대부분 기관들 사정이 비슷해서 수입을 올릴 수 있는 길을 애써 찾는 것으로 보였다. 어느 북녘 영화를 보면 "아버지 주머니에 돈이 없는 것을 뻔히 알면서 자식이 돈을 달라고 하면 아버지 마음이 얼마나 아프겠는가" 하는 대사가 나온다. 국가에 예산을 달라는 주장을 할 것이 아니라 어려운 사정을 헤아

급식 시간이 되면 학급 어린이들이 차례대로 나와 양동이에 담긴 콩우유를 '한 고뿌(컵)'씩 마신다. 교실에서 콩우유 급식소까지 줄지어 가서 먹기도 한다.

려 자생력을 갖추는 것이 도리라는 뜻을 전하려는 듯했다.

영양관리연구소는 나중에 콩우유 공장과 어린이병원을 지을 때 사우나를 건물에 넣고 싶어 하기도 했다. 건물 목적에 맞지 않아서 동의할 수 없었지만 수입을 만들려는 사정만큼은 이해가 됐다.

흔히 평양은 먹고살 만하니 협력 사업을 지방에 집중해야 한다는 지적이 있다. 옳은 말이다. 하지만 평양에 사는 어린이들과 산모들 가운데서도 많은 수가 아직 영양 부족에 시달리고 있었다. 그리고 평양에서 시범 사업을 펼쳐 효과를 먼저 검증해야 확신을 갖고 지방으로 그 사업을 넓힐 수 있다.

무엇보다 우리가 제공한 물자를 전달할 수 있는 체계와 운송 수단, 시설을 가동할 수 있는 전력, 협력할 수 있는 실력과 마음 준비까지 갖추어

영양관리연구소에 세운 '평양 어깨동무 콩우유공장'은 어깨동무와 협력하여 설비 설치와 기술이전을 끝내고 본격 생산을 시작했다.

콩우유를 먹는 어린이들이 영양 상태가 좋아진 것을 확인하고 설비와 원료 공급을 늘려 나갔다.

야 일이 진전된다. 평양은 전력 사정으로 하루에도 몇 번씩 설비가 멈추기 때문에 이를 해결할 보조 설비도 마련해야 한다. 지방은 형편이 그보다도 훨씬 더 어렵다.

평양을 벗어나 청천강을 따라 평안북도로 올라가는 길에 드문드문 쪽배가 떠 있다. 낚싯배가 아니라 수력발전을 하는 배다. 강물을 가로지르도록 쪽배를 띄우고 거기서 생기는 낙차로 작은 발전기가 돌아간다. 그 전기로 작은 시골 마을 집집마다 전등 하나씩 밝히고 있었다. 그런 상황에서는 평양에서 콩우유를 가루로 만들어 지방에 공급하는 방법이 알맞겠다고 판단했다. 영양관리연구소에 분무건조기를 설치해 생산을 지속했다. 지역에 알맞은 전달 방법을 여러모로 찾아보는 것이 협력을 현실화하는 길이 될 것이다.

콩우유를 먹는 평양 어린이들이 영양 상태가 좋아진 것을 확인하고, 설비와 원료 공급을 늘려 나갔다. 중국에서 콩과 함께 콩기름, 설탕, 덱스트린, 레시틴, 비타민종합첨가제 같은 원료를 사서 기차 '빵통(화물칸)'에 실어 보내면, 평양 가까이 '만포역'에서 북녘 관계자들이 트럭에 실어 영양관리연구소로 날랐다.

영양관리연구소에 세운 '평양 어깨동무 콩우유공장'에서는 하루에 콩우유를 이 톤씩 만들었다. 젖먹이부터 세 살까지 어린이 삼천오백 명이 날마다 먹을 수 있는 양이다. 평양육아원과 그 가까이 다섯 구역(만경대구역, 동대원구역, 선교구역, 락랑구역, 대동강구역)에 사는 어린이와 산모들이 주요 급식 대상이었다.

어깨동무 일꾼들이 평양육아원에 가서 직접 젖처럼 물리기도 했고, 그전에 찾았던 평양 제1고등중학교 인민반 어린이들에게 시범 급식을 하

어깨동무 일꾼들이 아이에게 젖처럼 물리기도 하면서 콩우유 급식의 보람을 직접 확인했다.

면서 맛본 소감을 묻기도 했다. 분말 콩우유는 한 해에 이백오십 톤을 만들어 평양에서 멀리 떨어진 산간 지역 어린이 이천 명에게 제공했다.

영양관리연구소 분배정형에서 '애기젖에 대한 연구 및 효과 자료'로 쓰인 내용을 보니 "젖이 없거나 부족한 어린이들에게 먹인 결과 모유영양아와 성장 발육에서 차이가 없었다"는 평가가 뚜렷하다. 콩우유 급식의 보람이 확인되고 있으니 평양 밖 지역으로 사업을 넓히자고 북측에 요구했다. 귀담아듣는 듯 보여 기분이 좋았다.

2001년 3월 콩우유 급식과 연관된 세 번째 방북은 2000년 6월부터 2001년 1월까지 내가 중국 베이징에서 북측 관계자를 일곱 번 만나 이루어진 일이다. 2000년 3월에 했던 두 번째 방북 또한 1999년 4월부터 2000년 2월까지 여덟 번이나 협의를 거쳐 일궈 낸 결실이었다. 방북을 꾸준히 이어 가기 힘겹던 때였지만 베이징에 머물면서 일하는 북녘 사람들이 있기에 그나마 가능한 일이었다. 그때는 거의 아태 사람들을 만났다.

베이징 출장은 경비를 줄이기 위해 나 혼자 가는 때가 많았다. 그 시간은 외로운 시간이다. 지난 일을 정리하고, 만나서 의논할 일을 가늠하면서 지낸다. 다른 단체 사람들을 만나서 정보를 교환하기도 한다. 그 뒤로는 지루한 시간이 이어진다. 약속 시간은 정해져 있지만 불시에 바뀔지 모르니 숙소에 무조건 머물러 있어야 한다. 이처럼 끈질기게 찾아가서 어깨동무가 해야 할 일을 줄기차게 설명하니 북측 사람들이 좀 질리기도 했을 것이다.

한번은 이틀을 기다려서 몇 분밖에 만나지 못하고 돌아온 때도 있었다. 그 자리에서 북측 관계자가 나에게 물었다.

"교수 선생이라던데 강의를 해야지 여기 이렇게 자꾸 오면 되갔습네까?"

내심 서운했지만 나는 애써 웃는 얼굴로 대답했다.

"우리는 어린이들에게 미쳐서 이렇습니다."

나중에는 오히려 어깨동무를 잘 모르는 자기 쪽 사람들에게 "어깨동무 사람들은 어린이에게 미친 사람들"이라고 소개하는 것을 들었다.

내가 한 말이 전해졌나 보다. 아무래도 오해가 생길 듯해서 조금 나중에 그 말을 한 북녘 사람에게 내 이야기에 담긴 뜻을 전했다. 그랬더니 얼굴이 시뻘게지면서 어찌나 어쩔 줄 몰라 하던지 말하는 내가 더 미안해질 지경이었다. 가끔은 헛되게 느껴질 만큼 힘든 시간도 있었지만 분명히 서로 간에 쌓이는 것이 있다고 생각한다.

끊일 듯 이어지던 북녘 방문이 세 번째까지 연결되고 실제로 효과가 있는 사업을 정하고

방북을 위해 베이징에 있는 북측 사람들을 끈질기게 찾아간 덕에 내 여권에는 중국 방문 기록이 가득하다.

부터는 방북이 순조로웠다. 해야 할 일을 할 수 있도록 초청장도 제때 전달되었다. 2001년에만 3월, 9월, 11월, 12월에 거듭 북으로 갔다. 1998년부터 2017년까지 135번 이루어진 어깨동무의 방북에 그런 사연이 있다.

세 번째로 북에 갔을 때는 도착한 다음 날 긴장이 풀려 그런지 하루 종일 방에 혼자 남아 몸살을 앓았다. 저녁부터는 일정에 합류했지만 수십 번 방북 길에 처음이자 마지막으로 아팠던 날이다. 출장이 중국으로 북으로 참 잦았던 시절이다. 나로선 좋아하는 일을 하느라 그랬지만 잦은 출장을 받아들여 준 학교와 가끔 생기는 휴강을 이해해 준 학생들이 새삼 고맙고도 미안하다.

원산에 가기까지 절절한 사연

우리는 원산을 콩우유 급식의 첫 확대 대상지로 내세웠다. 원산은 2001년 큰 수해를 겪을 때 북쪽 요청으로 어깨동무에서 분유를 전달한 인연이 있는 곳이다. 그 뒤로 원산에 직접 가서 피해 상황도 알아보고 더 도울 일이 있는지 의논하자고 북측에 몇 번이나 제안했다. 하지만 수해 복구가 더뎌서 왕래가 어렵다는 답만 계속 들었다.

2004년부터 '부산어린이어깨동무'가 활동을 시작하면서 서울, 평양을 오가는 중앙 연결을 넘어 부산과 원산을 잇는 지역 연계가 필요하겠다고 판단했다. 또 남북 청소년 교류를 추진하기에 송도원 국제소년단야영소(아래부터 원산 야영소)가 있는 원산이 가장 알맞기도 했다. 원산 야영소는 만경대학생소년궁전 공연에도 나올 정도로 북 인민들이 자랑스러워하는 곳이다. 원산을 가야 한다는 뜻이 더 굳어졌다.

이에 더해 그동안 북녘과 협력 사업을 하는 데 큰 힘을 보탠, 한화그룹 창립자 김종회 회장이 다니던 원산도립상고를 취재해야 한다는 명분도 북측에 내세울 수 있었다. 김 회장은 일제강점기에 서울에서 고교 재학

생산된 콩우유를 옮기는 공장 노동자들. 우리는 원산을 콩우유 급식의 첫 확대 대상지로 내세웠다.

중 못된 짓을 하는 일본 학생을 응징하고 원산으로 피했다고 한다.

북녘과 오랜 협의 끝에 원산으로 가는 길이 열렸다. 권근술 이사장, 김민남 동아대 교수, 한화 유덕종 부장과 함께 방문단을 꾸렸다. 김 교수는 부산어린이어깨동무 공동대표를 맡게 되어 부산과 협력 가능성을 알아보기 위해 같이 발걸음을 했다. 우리는 2004년 5월 4일 평양에 짐을 풀었다. 다음 날 영양관리연구소와 건재공장, 학용품 공장에 들러 사업 협의를 마치고 오후 늦게 원산으로 떠났다.

원산으로 나서는 길에 감격이 밀려왔다. 지방으로 사업을 넓히고자 끈질기게 설득한 노력이 몇 년 만에 결실을 맺어 남측 민간단체로는 처음으로 원산에 가기 때문이었다. 황해도 쪽은 몇 차례 갈 기회가 있었지만 원산 길은 처음이기에 스치는 풍경 하나하나를 놓치지 않으려 애썼다.

중화, 상원, 곡산, 신평을 거쳐 원산까지 고속도로를 달리면서 상원에

병원 공사에 쓸 수 있는 시멘트 공장이 있는 것을 눈으로 확인한다. 고속도로는 왕복 2차선 콘크리트 길이라 그런지 작업면 이음새가 튀어나와 울퉁불퉁했다. 차가 너무 자주 튀어서 궁둥이가 아플 정도였지만 그것도 서로 쳐다보며 웃을 수 있었다. 도로변에 집들이 이삼십 채 보이는 마을이 드문드문 있었다. 그보다 규모가 큰 마을에는 혁명사적지가 조성된 것이 보였다. 차가 많지 않으니 길가에 걷거나 작업하는 주민이 꽤 있었다. 학생들도 삼삼오오 귀가하고 있었다.

곡산군을 지나 신평 저수지에 있는 찻집(휴게소)에서 오후 간식을 먹었다. 아름다운 풍경에 고즈넉한 곳이다. 겨울에 눈이라도 내리면 북녘 사람들이 좋아한다는 조용필 노래 '그 겨울의 찻집'에 어울릴 법한 분위기다. 휴게소에는 식당, 당구장, 노래방, 숙소 같은 시설이 있는데 마침 버스로 온 중국 관광객들이 모여들고 있었다.

휴게소를 나온 차는 마식령을 지난다. 이 고갯길을 뚫은 4킬로미터 무지개 동굴(터널) 안에 조명이 없어서 컴컴했다. 그런데도 여기저기 일하는 군인들이 보였다. 우리를 안내하던 참사가 들려준 일화가 있다. 이 굴을 지나던 김정일 위원장이 캄캄한 데서 식사하는 군인들을 보고는 다 먹을 때까지 차 등을 비춰 주었다는 이야기다. 이 미담을 들은 북녘 사람들은 감동할 것이다. 이른바 북의 '감동의 정치'다. 감동은 머리로 이해하는 것이 아니라 마음에 오래 새겨지는 것 같다.

나중에 일본에 있는 조선학교와 교류하면서 교사들과 원산 이야기를 나눌 기회가 있었다. 일본의 재일본조선인총연합회(조총련) 동포들은 남녘을 '고향'이라 부르고 북녘을 '조국'이라고 한다.[3] 조선학교 학생들은 고교 졸업반 때 조국으로 여기는 북녘에 수학여행을 가는데 일본 니가 타 항에서 출발해 원산에 이르면 버스를 타고 평양으로 들어간다. 그때 타는 배가 '만경봉호'로 1959년부터 시작한 '재일동포 귀국사업(북송)'에 쓰던 배다. 1984년 북송 사업을 멈춘 뒤에는 일본과 교역할 때, 그리고 재일동포들이 북을 방문할 때 쓰이고 있다. 하지만 2006년 북이 1차 핵실험을 한 뒤로 일본이 만경봉호 입항을 금지하면서 이제 조선학교 학생들은 중국을 거쳐 평양으로 가야 한다.

학생들에게는 감격 어린 수학여행이지만 인솔하는 조선학교 선생들은 원산과 평양을 오가는 길이 때로는 불안하다고 속내를 털어놓았다. 재일 상공인들이 오래전 기증한 '청년호'라는 버스를 타는데, 오래되고 바퀴도 닳아서 걱정된다는 것이다. 이 버스는 우리가 단체로 방북해 평양 시내를 다닐 때 타기도 했다.

원산은 인구 삼십만 명이 넘는 큰 도시다. 한때 일본과 교역이 있던 곳이라 그런지 활기가 느껴졌다. '연유소'라고 하는 북녘의 주유소도 이곳에서 처음 보았다. 원산에서는 명사십리와 송도원이 가장 유명한 휴양지다. '정선아리랑'의 수심편 가사는 "명사십리가 아니라며는 해당화는 왜 피며" 하고 그 명성을 노래하고 있다. 일제강점기에는 일본 사람과 외국 선교사들이 별장을 지어 철조망까지 치고는 사람들이 드나들지 못하게 했던 곳이기도 하다.

송도원 가까이에 있는 갈마반도에서 갈마휴양소를 보았다.[4] 19층에 달하는 본관에 체육관, 도서실, 식당, 오락장, 한증탕, 이발실, 미용실 들을 갖춘 대규모 휴양소다. 직장에서 분기별로 두세 명씩 쓸 수 있게 하거나 모범노동자에게 포상으로 주어 식구들과 같이 즐길 수 있다고 한다.

원산은 6·25전쟁 때 평양과 더불어 피해가 가장 심했던 곳이다. 전략적 요충지였기 때문에 전쟁 초기부터 휴전까지 긴 시간 동안 폭격이 끊이지 않았다. 평양에는 비행기 폭격만 있었지만 원산에는 군함 포격까지 더해져 인명 피해도 아주 컸다. 미 공군이 촬영한 1952년 원산 항공사진에는 주거지 흔적이 조금도 남아 있지 않고 폭격으로 생긴 큰 구덩이(크레이터)들만 보인다. 군대 생활을 오래전에 한 사람들은 '원산폭격'이라는 가혹한 얼차려를 기억할지도 모르겠다. 머리를 땅에 박고 손을 등에 얹은 자세로 엎드리면 등이 휘어지는데, 마치 폭격기에서 쏜 폭탄이 떨어지는 모습과 비슷해서 원산폭격이라는 이름이 붙었다고 한다.[5]

전쟁 뒤에 남은 집이 한 채도 없었으니 원산에 있는 모든 건물은 1953년 뒤에 신축한 것들이다. 전쟁 복구 후 1961년부터 원산을 다시 개발하면서 많은 시설을 새로 지었다고 한다. 매우 빠르게 재개발을 이룬 것이다.[6]

폭격에 따른 초토화는 북녘 사람들에게 아직 악몽처럼 남아 있는 것으로 보인다. 평양 지하철을 에스컬레이터 타고 한참 내려가야 하는 백오십 미터 안팎 깊이에 만든 것은, 폭격에 대비해 지하 대피소를 겸하기 위해서라는 해석이 있다. 미군 폭격의 악몽 때문인지 나이 먹은 사람들이 북 형편이 어려운 것을 두고 "모두 미국 놈 때문에……" 하는 말로 가늠하는 것을 몇 번 들었다. 어떤 학자는 정전 뒤에도 북이 수십 년 넘는 동안, 언제든지 다시 폭격당할 수 있다는 걱정에서 방어 태세를 강화하는 '상시 포위 심리'가 생겼다고 풀이한다. 물론 북은 미국을 상대로 전쟁하면서 동등하게 겨루었다는 자부심도 크다. '상시 포위 심리'와 '자부심'은 북이 왜 미국을 경계하는 동시에 대등한 대결 상대가 될 수 있다고 자신만만한지 이해하는 열쇳말일 수 있다.

"장군님은 전선으로 아이들은 야영소로"

5월 5일은 남녘 어린이날이다. 처음에는 1923년 5월 1일, 방정환 선생과 어린이 문화 운동 단체 '색동회' 사람들이 '어린이선언'을 세상에 선포하며 5월 1일을 어린이날로 정했다. 그러다 해방 뒤에 5월 5일로 바뀌었는데, 5월 1일이 국제노동절과 겹치는 것을 꺼린 까닭이 있다고 한다.

북녘의 어린이날은 6월 1일이다. 사회주의권 국가들이 1949년 9월에 '국제아동절'로 지정한 날과 같다. 어린이들이 부모와 함께 소풍이나 다양한 행사와 공연을 즐기는 날이지만 공휴일은 아니다.

인민학교(초등학교) 학생들에게는 소년단 창립일인 6월 6일이 어린이날보다 더 큰 기념일로, 이날 전국에서 소년단 입단식이 열린다. 2학년부터 소년단원에 가입할 수 있는데, 간혹 심사에 불합격해 들어가지 못하는 어린이들은 대성통곡할 정도로 서러워한다고 들었다. 소년단에 입단해야 붉은 넥타이를 맬 수 있다.

남녘의 어린이날인 2004년 5월 5일, 원산에 있는 평화유치원과 원산애육원에서 어린이들을 만났다.[7] '평화유치원'이라는 이름이 반가워 내

북녘 어린이들은 소년단에 들어가야 붉은 넥타이를 맬 수 있다. 인민학교(초등학교) 2학년부터 소년단에 가입할 수 있다.

단체 방북 때 남녘 어린이들이 소년단 동무들과 만나고 있다. 북녘은 어린이날(6월 1일)보다 소년단 창립일(6월 6일)을 더 큰 기념일로 여긴다.

전쟁이 아로새긴 상처를 딛고, 평화를 바라는 마음이 새겨진 '평화유치원'을 먹먹한 마음으로 둘러보았다.

1983년 문을 연 평화유치원에는 대여섯 살 어린이들이 400명 가까이 지내고 있었다.

력을 물으니, 그 동네 이름인 '평화동'에서 따왔다고 한다. 전쟁 때 원산에서도 가장 폭격이 심했던 곳이라 평화를 바라는 마음을 담았다는 원장설명을 들었다. 전쟁이 아로새긴 상처를 딛고 아이들과 함께 평화를 염원하는 그 마음에 먹먹해진다.

1983년 문을 연 평화유치원은 교직원 오십여 명이 대여섯 살 어린이 삼백팔십 명을 돌본다. 난방은 연탄아궁이로 하고 있었다. 이어서 찾아간 원산애육원은 우리가 방문하기 바로 전에 지금 자리로 이사했다고 한다. 어린이 삼백여 명을 교직원 오십 명이 삼교대로 돌보고 있었다.

유치원과 애육원 방문 현장에 '원산시 인민위원회' 대외사업부국장, 문화부 책임부장, 문화부 지도원이 함께하며 의견을 나누었다. 유치원이 있는 이 지역이 전기나 여러 시설 여건이 좋아서, 하루에 콩우유 이 톤을 생산할 수 있는 원료를 공급하기로 인민위원회와 합의했다.

이와 함께 육아원, 애육원, 초등학원, 중등학원 어린이 이천오백 명에게 옷, 신발, 모포, 비누, 치약 같은 생필품을 부산과 원산을 오가는 대련 선박 편에 전달하기로 했다.[8] 일이 계속 진행되면 금강산을 통해 어깨동무에서 직접 물품을 전달할 수 있도록 하자는 제안도 들었다. 2015년에 김정은 위원장이 원산육아원과 애육원을 찾아 준공식을 지시했다는 보도 내용으로 봐서 최근에 크게 손보았거나 새로 지었을 것으로 보인다.

원산 소아병원에도 잠시 들렀다. 돌로 된 삼 층 건물로, 일제강점기에 원산도립상고가 있던 자리와 가까운 곳에 있었다.[9] 안에 들어가 보지는 못하고 밖에서 사진만 찍었다. 소아병원 현대화 요청이 있어서 김민남 교수와 부산에 단체를 만들어 일을 꾸리자는 계획을 나누었다.

점심 무렵 송흥동에 있는 원산 야영소를 찾아갔다.[10] 이곳은 강계에 있는 장자산 소년단야영소, 묘향산에 자리한 소년단야영소와 함께 북을 대표하는 청소년 휴양 시설이다. 전에 묘향산에 갔을 때 야영소에서 지내는 청소년들을 몇 번 본 적이 있다. 장자산과 묘향산에 있는 소년단야영소보다 원산 야영소 규모가 가장 커서 천이백여 명이 먹고 잘 수 있다. 기숙사처럼 지은 야영각(야영을 할 수 있게 만든 집) 여덟 곳과 실내 수영장, 생일식당, 천이백 석 극장 겸 공연장, 해양지식보급실, 노래방, 전자오락장, 강의실을 갖추고 있다.

어린이들이 야영소에 많이들 가고 싶어 해서 "장군님은 전선으로 아이들은 야영소로"라는 구호도 있다고 한다. 아마 야영소에서 맘껏 뛰놀 수 있는 '복(福)'은 전선에서 외세 침입을 막는 김정일 장군(위원장) 덕분이라는 뜻을 일깨우고자 하는 구호인 듯했다. 북녘 곳곳에서 '수령복' '장군복' 글귀를 새긴 비를 볼 수 있다.

원산 야영소에 머물고 있던 학생들에게 어디서 왔는지 물었다. 평안북도 룡천에서 온 중학생들이라고 해서 조금 놀랐다. 그해 4월 22일 룡천군 룡천역에서 질산암모늄을 실은 화차가 폭발해 큰 인명 피해가 일어났고, 북은 이례적으로 참사를 외부에 공개하면서 지원을 요청했기 때문이다. 남녘과 국제사회 협조로 복구가 한창 진행 중인 때였다.

어깨동무도 이 참사 복구에 참여해 구호 물품을 전달했다. 그러던 때에 학생들을 보호하기 위해 평소에 가장 가 보고 싶어 하던 원산 야영소에서 쉬도록 한 것이다. 어떤 이는 우리에게 보이고 싶어 그랬을 거라 여길 수도 있겠지만, 고작 남녘에서 온 몇 사람에게 선전할 목적으로 그렇게 많은 학생들을 움직이지는 않았을 것이다. 해주 제1중학교 학생들도 머물고 있던 원산 야영소 방문을 마치고 오후 두 시에 원산을 떠났다.

원산의 숙박 시설로는 송도원려관, 송도원관광호텔, 동명려관이 있는데 우리는 동명려관에 머물렀다. 송도원 바닷가에 있는 칠 층 건물로 원산시가 운영한다. 바로 옆에 있는 송도원려관은 평양시에서 관리한다고 들었다.

동명려관은 모든 방에서 바다가 보인다. 하루 묵을 때 값이 삼등실은 60유로(약 8만 원), 이등실이 80유로 정도다.[11] 우리는 삼등실에서 묵었는데 투숙객은 거의 없었다. 평양 호텔의 같은 급 방보다 좁고 침대도 작았다. 방에 평양 락원회사에서 공급하는 병 생수가 있었다.

여관 칠 층에 세계식량계획 사무실이 객실 둘을 내어 머물고 있었다. 그쪽 외국인 담당자와 가볍게 인사했다. 원산 사무실은 지역 연락소로 강원도를 비롯한 북녘 동남부 쪽 식량 급식을 총괄하고 있다고 한다. 평양에 있으면서 한 달에 몇 번씩 온다고 설명한다. 어깨동무도 원산에 사무실을 내는 날이 속히 왔으면 좋겠다는 이야기를 나누었다.

여관 식당에서 남녘의 철도 기술자도 만났다. 철도 연결 준비를 위해 혼자 몇 달째 머물고 있다며 우리를 반겼다. 오랜 기간 혼자 있으면 퍽 외로움을 탈 텐데 그 사람은 괜찮은지 궁금했다.

원산은 해산물이 풍부한 곳이다. 마침 일본과 교역이 중단된 때라, 일본으로 보내지 못한 주요 수출품인 털게 같은 진기한 해물을 맛볼 수 있었다. 털게는 속초 위쪽으로만 잡혀서 남쪽에서는 쉽게 볼 수 없고 마리당 십만 원이 넘는다. 일본에서는 더 비싸게 팔린다.

남에서 가리비라고 부르는 밥조개가 엄청 커서 놀랐다. 북에서는 그 껍질을 밥주걱으로 써서 이름이 그렇다는데 껍질이 닿는 만큼 밥에 칼슘이 더해진다는 설명이다. 알고 보니 남쪽에서도 주걱조개라 부르기도 한

단다. 아는 사람이 북녘 청진 앞바다에서 가리비 양식업을 하다가 불시에 일어난 갈등으로 철수했다는 말을 들었는데, 혹시 거기서 온 조개인가 하는 엉뚱한 생각도 들었다.

동명려관 꼭대기 층에 노래방이 있는데 중국에서 보따리 장사하러 왔다는 동포 몇몇이 있을 뿐 한산했다. 모처럼 원산에 왔으니 제대로 회포를 풀자고 우리 일행이 북측 참사를 추동했다. 자꾸 졸라대자 평소에는 술을 입에 대지 않던 사람이 그럼 한번 마셔 보자고 한다. 커다란 잔에 사십 도짜리 술과 맥주를 섞어 한 잔씩 마시고 나니 참사가 이게 술이냐면서 다른 술을 잔에 한가득 부어 돌린다. 술 마시자고 조르던 사람은 노래 부르러 무대로 나가더니 돌아오지 않았다. 발동이 걸린 참사를 나 혼자 대작하느라 혼이 났다. 원산의 밤은 길었다. 야속한 사람들.

원산에서 협력 사업을 펼칠 수 있게 된 것은 그동안 어깨동무가 성실하고 세심하게 일을 꾸려 온 진심이 전달되어 믿음이 쌓인 덕분일 것이다. 문득 의유당 남씨가 쓴 '동명일기'가 떠오른다. 1772년 남편이 함흥 판관으로 부임할 때 함께 가서 동해 일출을 본 감동을 기록한 글이다. 동명려관에서 떠오르는 아침 해를 맞으며 분단의 어둠에 찬란한 일출이 시작되기를, 그 길에 감히 한 줄기 빛이라도 될 수 있기를 간절히 바랐다.

지금 원산은 관광단지로 대변신 중이라고 한다. 그곳에 가고 싶다.

무상교육의 꿈 키우는 수지연필공장

평양에 있는 학교를 자주 가다 보니 학생들 필기구가 거의 중국 제품인 것이 눈에 띄었다. 기념품 가게에서는 빨간 플라스틱 소재로 만든 수지연필(샤프펜슬)에 '첫의정'이라는 글자를 새겨 팔고 있었다. 같이 있는 참사에게 그 까닭을 물어보았다.

수지연필에 '첫의정'을 새긴 것은, 해방 뒤 처음으로 열린 '북조선 림시인민위원회'에서 첫 안건으로 연필 생산을 의결한 데서 유래한다는 이야기를 참사가 들려주었다. 1983년 8월 '평양수지연필공장(아래부터 수지연필공장)'을 세우고 필기구를 만들고 있지만 시설을 제때 바꾸지 못해 공급에 차질이 있다고 한다. 완전 무상교육이라는 방침은 있지만 기본이 되는 필기구, 공책, 교과서 배급이 어려운 실정이라는 설명이다. 이 또한 시급히 해결해야 할 일로 보였다.

2004년 2월 수지연필공장과 학용품 생산, 보급에 대한 합의서를 맺었다. 그에 앞서 공장을 몇 차례 가서 실정을 파악했다. 그동안 자주 묵던 고려호텔 바로 옆, 중구역 대흥동에 이 공장이 있다는 걸 알고는 '여기인

줄 몰랐다니······' 하며 조금은 허탈하기도 했다. 사회주의국가는 중국이나 러시아도 그렇고 나라가 운영하는 기관이 어떤 곳인지 모를 정도로 잘 표가 나지 않는다.

공장을 둘러보며 설명을 들으니 생산 시설 거의가 1970년대에 재일동포한테 기증받은 것이었다. 그 뒤 설비를 고치거나 새로 바꾸지 못해 하루에 최소량만 만들기도 하고 아예 기계를 멈추는 날마저 있는 형편이다. 수지연필, 중성과 유성 원주필(볼펜), 마지크(매직펜), 색연필을 생산할 수 있는 설비가 있다고 한다. 공장은 국가가 관리하는 기관답게 오천 평 터에 사 층 건물로 규모가 컸고, 사무동과 생산동이 디근(ㄷ) 자로 연결돼 있었다. 종업원은 대부분 여성으로 백팔십 명 정도 된다.

수지연필공장 책임자들과 이야기를 나누었다. 다들 필기구 생산을 제때 못 해서 학생들을 위한 사명을 다하지 못한다는 걱정을 털어놓는다. 공장 당 비서와 지배인 모두 중년 여성이었다. 당 비서는 꽤 활달해서 이야기를 많이 나눌 수 있었고, 지배인은 "국가의 배려로 인민경제대학을 졸업했다"는 자랑도 내비쳤다.

북의 사업 체계는 공장당위원회(공장에 조직된 노동당 위원회) 아래 당 사업을 이끄는 당 비서, 행정을 꾸리는 지배인, 기술을 맡은 기사장이 삼위일체로 공장을 운영한다. 2002년 경제관리 개선조치로 단위 기업마다 독립채산제가 강화되면서 당 비서와 지배인 능력이 매우 중요해졌다고 한다. 수익을 내야 하는 당면 과제가 있어서 대화에 더 적극 나선 듯했다. 그런 노력은 결실을 맺게 된다.

필기구 생산을 위해 우리 쪽 업체의 도움이 절실했는데 주식회사 '이마이크로' 윤창식 대표가 힘을 주었다. 이마이크로는 부도로 문 닫게 된

'첫의정'이 새겨진 샤프펜슬(왼쪽)과 어깨동무 협력으로 북에서 처음 만든 중성 볼펜(오른쪽).

회사를 윤 대표와 직원들이 힘을 합쳐 되살린 문구 회사다. 여유가 있어서가 아니라, 어려운 사정은 어려운 사람이 알기에 돕는다는 윤 대표 이야기가 고마웠다. 서둘러서 2004년 4월 원주필과 수지연필 디자인을 정했다.

그런데 남쪽 정부가 그해 7월 초 몇몇 민간단체의 김일성 주석 10주기 조문을 위한 방북을 막고, 베트남에 체류하던 탈북자 다수를 데려옴으로써 남북 관계가 얼어붙게 되었다. 2004년 12월까지 방북이 중단됐다.

이듬해인 2005년 3월이 돼서야 다시 수지연필공장에 갈 수 있었다. 설비와 원료를 보내고 생산 목표도 다시 세웠다. 내처서 다음 달에 설비를 설치하고 첫 기술이전을 마쳤다. 2005년 5월에는 두 번째 기술이전을 하면서 새로운 설비로 시제품을 만들 수 있게 되었다.

기술이전을 마치고 석 달 뒤, 북에서는 처음으로 중성 원주필 시제품을 만드는 데 성공했다. 그 과정에서 우여곡절이 몇 번 있었다. 역시 전기

평양수지연필공장에 기술이전과 설비 공급으로 북녘 어린이들에게 질 좋은 필기구를 보급할 수 있었다.

문제가 컸다. 새 설비를 돌려야 하므로 변압기에서 배전반까지 용량이 큰 전선으로 바꾸자는 우리 기술자들과, 지금 상태로도 문제없다는 공장 쪽 의견이 갈렸다. 결국 바꾸기로 했지만 지하 통로 바닥을 까내는 데 삼 일이나 걸려서 시간이 걱정이었다. 그러면 방문 기간 안에 기술이전을 끝낼 수 없게 된다.

아, 그런데…… 다음 날 아침에 가 보니 바닥 작업이 거의 끝나 가고 있었다. 공장의 거의 모든 사람이 밤새 일했다고 한다. 그 수고가 참 가슴 시리게 다가왔다.

그 뒤로 필요한 장비들을 차근차근 전달했다.[12] 금형은 남쪽에서 만들어야 했는데 시간이 오래 걸리고 무겁기 때문에 제작과 운반에 꼼꼼한 주의가 필요했다. 수지연필과 유성 원주필을 연 오백만 자루씩, 중성 원주필은 오십만 자루를 생산해서 전국에 보급하기로 계획했다.

가장 어려웠던 공정은 원주필에 들어갈 '볼'을 확보하고 잉크 성분을 알맞게 만드는 일이었다. 볼은 남녘도 수입에 의존하기에 새로 수입처를 뚫어야 했다. 잉크 조제는 사업 기밀이기 때문에 절대로 알려 주지 않는데, 윤 대표가 백방으로 노력해서 은퇴한 기술자의 힘을 빌릴 수 있었다.

금형과 사출도 따로 기술자를 찾아서 기술을 이전했다. 건물도 보수가 필요했기 때문에 타일, 내외장재, 배관 설비, 환풍 설비, 현관 자동 출입문 들을 제공하고 기술이전을 거쳐 새로 단장했다. 새로운 설비와 자재로 내용을 채우고 외관도 꾸몄다. 이정길 사장과 함승용 사장이 외장과 전기를 맡아 수고해 주었다.

기술이전 과정을 윤창식 대표가 어깨동무 소식지에 전했다.

6박 7일 동안 기술이전이 시작되었다. 공장에서는 기술이전을 받을 조를 편성하였고, 놀라운 것은 이미 조별로 자기가 전수할 기술을 우리가 제공한 매뉴얼을 놓고 꼼꼼히 학습한 상태였다는 점이다. 사출기에는 새로운 기술을 배우려는 일꾼들이 몰려들어 장사진을 이루었다. 서로 돌아가며 질문을 하는 바람에 함께 간 사출 기술자가 일일이 답변하느라 목이 쉴 정도였다.

시제품을 생산하여 일부를 가지고 나올 수 있었다. 새로운 기술을 배우기 위해서는 기본 기술과 열의가 필요한데 이 두 가지를 잘 갖추고 있었다. 지금도 볼펜심 조립기 공정에서 일하는 여성 일꾼이 매뉴얼을 가지고 와서 운전상의 문제점을 조심스럽게 물어보던 모습이 떠오른다.

_〈어깨동무〉(48호, 2005. 9)

2005년 평양 어깨동무학용품공장 현대화를 계기로 대북 협력을 교육 분야까지 넓힐 수 있었다.

기술 협력 과정에서 새 기술을 배우려는 북녘 노동자들의 열의와 수고를 절절히 느꼈다.

2005년 10월 17일 '평양 어깨동무학용품공장' 간판을 새로 걸고 준공식을 가졌다. 어린이 스무 명을 포함하여 후원자 125명이 참석했다. 훌륭하게 거듭난 학용품 공장을 통해 더 많은 북녘 어린이들에게 필기구를 공급할 수 있게 된 날이었다.

다음 해인 2006년 2월 북녘 교육성을 통해 학생 약 사백만 명에게 '어깨동무' 글자를 새긴 필기구를 나누어 주기로 했다. 북녘에서 교육을 주관하는 교육성과 관계를 맺었으니 앞으로 어린이 교류가 활발해지기를 내심 기대했다. 연말이 되면서 볼펜 수요가 더 많아졌다는 의견이 나와서 볼펜 생산을 늘리기로 했다.[13]

필기구 생산은 보건의료나 영양 증진과는 다른 방식으로 경제 협력을 시도해 북측이 자생력을 갖도록 했다. 북쪽 경제정책에 맞춰 독립채산제로 공장이 수익을 내게 하면서 점차로 지원을 줄이고자 한 것이다. 설비를 새것으로 바꿔 일정 기간 원료를 주고, 그다음에는 무상으로 공급할 것과 판매할 양을 나누기로 했다. 공장 수익으로 원료를 사게끔 하려는 구상이었다. 아울러 생산 설비를 활용해 외부에서 위탁한 물품도 만들기로 했다.

공장에서는 북녘에 묻혀 있는 좋은 흑연을 우리 쪽에 수출할 수 있다고 제안했다. 수지 색연필(크레용) 질이 좋으니 남녘으로 수입할 수 있는 길도 찾기로 했다. 어깨동무도 힘을 보태고자 생산한 학용품을 서울로 가져와서 샤프와 볼펜 한 세트를 이천 원에 팔았다. 한 세트를 사면 북녘 어린이 다섯 명한테 필기구를 나눌 수 있다는 설명도 곁들였다. 여러 학교와 단체에서 마음을 모아 주었다.

어깨동무는 평양 교구유치원 같은 보육 시설을 고쳐서 교육 환경이 나아지게 했다.

북은 고난의 행군을 마치면서 '강성대국 건설'을 국가 목표로 내세우고, '선군정치'를 통해 사회 일체화를 실현하고자 했다. 2000년에 내건 신년 공동사설에서는 강성대국 삼 대 기둥으로 '사상 중시, 총대 중시, 과학기술 중시'를 선언했다. 여기서 총대 중시가 바로 선군정치를 일컫는 말이다. 군이 도로 건설이나 아파트 건축처럼 인민을 위한 일에 앞장서서, 고난의 행군 동안 흐트러진 사회조직을 인민군대 모범을 따라 다시 결속한다는 뜻으로 이해된다. 군이 통치한다는 뜻은 아니다.

"총장 선생은 선군정치에 대하여 어떻게 생각하십니까?"

2002년경 민화협 참사가 진지하게 물은 적이 있다. 서로 정치 이야기는 가급적 안 하는데 군이 따로 확인하고 싶을 만큼 중요한 통치 이념인 것이다.

선군정치를 통한 강성대국 건설은 김정일 위원장 체제의 시대정신이다. 이 시기에 북은 개선과 개건이라는 말을 자주 쓴다. '개선'은 관리와 운영을 합리적으로 바꾸는 것이고 '개건'은 기술혁신과 생산 현대화를 뜻한다. 외세의 위협이 없도록 "사회생활의 모든 분야에서 모기장을 든든히 쳐야 한다"는 원칙을 굳건히 하면서 '개혁과 개방' 대신 '개선과 개건'을 추구하는 것이다.[14] 2001년 들어 어깨동무와 북녘 사이에 협력이 발빠르게 이루어졌는데 그 배경에는 이런 방침이 뒷받침하고 있었다. 또한 어깨동무가 하는 일이 인민들, 특히 어린이들 삶의 질을 높이는 데 기

대북 교육 협력의 정점에는 남북 어린이가 만나야 한다는 근본 목표가 늘 깔려 있었다. 2005년 열린 평양 어깨동무학용품공장 준공식에 남녘 어린이들이 참가해 함께 축하했다.

여하는 성과를 어느 정도 인정하는 것이기도 했다.

돌이켜 보면 어깨동무는 북녘 어린이들에게 다가서는 일을 세 단계로 진행했다. 첫 단계는 영양 증진 사업으로 콩우유 급식이 중심이었고, 두 번째로 보건의료 활동을 펼쳤다. 마지막으로 교육 지원이 이어졌다. 교육 관련 사업으로는 가장 먼저 보육 시설을 고쳤다. 겨울이면 난방이 제대로 되지 않아 많은 어린이들이 감기에 걸리고, 폐렴으로 악화된다는 걱정을 자주 들었기 때문이다.

보온이 잘되는 창호와 바닥재로 바꾸는 일을 평양에 있는 '경상유치원'부터 시작했다. 그 유명한 옥류관 건너에 있고 시설도 괜찮은 곳이지만 여기부터 효과를 보면 다른 시설로 넓히기 쉽다고 판단했다.

시설을 고친 뒤 겨울에 실내 온도가 5도 넘게 올라갔고 감기를 앓는 아이가 많이 줄었다고 교사들이 아주 좋아했다. 그 뒤로 평양 교구유치원, 원산 평화유치원과 원산육아원, 회령 유치원까지 이어서 교육환경이 나아지도록 힘썼다.

교육 기자재와 관련된 활동으로는 수지연필공장 시설과 건물을 현대화하고 생산 재료를 공급해서 북녘 어린이들에게 필기구를 폭넓게 보급했다. 북녘 말을 빌리자면 생산에서는 '개건'을, 운영에서는 '개선'을 실현한 셈이다. 물론 세 단계 모두의 정점에는 남북 어린이가 서로 만나야 한다는 근본 목표가 늘 밑바탕에 깔려 있었다.

어깨동무가 통일부에 필기구 생산 사업을 제안하면서 협력 기금을 요청했을 때 처음에는 환영받지 못했다. 인도적 지원이란 먹고 치료하는 것까지라며, 교육은 그 취지를 넘어선다는 주장이 있었기 때문이다.

우리는 북녘 어린이들이 미래를 꿈꿀 수 있도록 교육에도 도움을 주어야 평화가 앞당겨질 수 있다고 설득했다. 평양 어깨동무학용품공장 준공을 계기로 통일부는 협력 영역을 교육 분야까지 넓혔다. 민간단체의 사명 가운데 하나는 시범 사업으로 실효를 증명해서 꼭 필요한 협력 분야를 확대하는 일이라는 걸 확인한 소중한 계기였다.

모든 어린이는
생명이다

4장

설사 치료 전문 병원 '어린이영양증진센터'

콩우유 급식 덕분에 북녘 어린이들 영양 상태가 나아지고 있었지만 생명을 살리는 일도 무척 시급했다. 어깨동무 활동을 보건의료 쪽으로 넓히면서 2000년 3월에 영양관리연구소와 합의한 대로, 가장 먼저 구충제와 항생제를 북에 전달했다. 기생충이 있으면 영양 효과가 줄어든다는 남북 의사들의 공통된 걱정에서 생각해 낸 일이다. 우리도 어릴 때는 학교에 똥을 내고 검사 결과에 따라 구충제를 받아먹던 시절을 보냈다. 개똥으로 대신 낸 것을 들켜 야단맞는 아이도 꼭 있었다.

당시 북녘에선 기생충 검사나 약을 보급하는 일 모두 어려운 형편이었다. 그래서 구충제와 함께 영양제도 전달하기로 했다. 치료와 영양까지 함께 챙길 수 있으니 북측과 의논해서 우리가 제공하는 것을 '영양증진제'라 부르기로 했다. 구충제 공급을 협의한 첫 의향서에도 '영양증진제(구충제)'로 씌어 있다. 2000년 8월부터 한화의 후원으로 해마다 구충제 1천만 정을 영양제와 함께 북에 전달했다.[1] 2005년 4월 북녘 조선의학협회에서 스스로 해결할 수 있다는 의견을 듣기 전까지 꾸준한 공급이 이루어졌다.

구충제는 생산 가격은 낮지만 효과는 큰 약품이다. 요즘 말로 하자면 '가성비(가격 대비 성능 비율)'가 높은 약이었다. 북에서는 아직 구충제가 필요한 것으로 보인다. 어떤 남녘 의사는 기생충이 사라지면서 자기 몸을 공격하는 아토피 질환이 늘어났으니, 아토피 증세를 억제하는 성분을 기생충에서 추출하는 연구를 해 보자고 제안한 적도 있다.

북녘 어린이들의 생존과 성장을 제대로 도우려면 영양 급식과 보건의료 협력이 함께 이루어져야 한다. 1990년대 말부터 북녘 어린이들이 죽는 으뜸 원인은 폐렴이었고 그다음이 설사였다. 설사는 어린이들이 자주 걸려도 쉽게 낫는 증상이다. 하지만 북녘에서는 수액과 약품을 제때 쓰지 못해서 죽음에 이르는 경우가 많았다. 그래서 설사 치료 전문 병원을 세우는 일이 시급하다고 판단했다.

평양의 보건의료 실태를 알아보고 협력할 곳을 찾고자 남녘 의사들과 '평양산원, 평양의학대학병원, 평양 제1인민병원, 평양 제2인민병원, 김만유병원'을 방문했다. 그런데 이 병원들은 규모가 커서 설사 치료에 집중하기가 쉽지 않고, 우리가 제공하는 의료 기기와 약품을 목적에 맞게 관리하는 데도 어려움이 있겠다고 의견을 모았다.

그러던 차에 2001년 11월 영양관리연구소에서 영양 결핍으로 생기는 병의 치료와 연구를 함께 하고 싶다고 제안했다. 그쪽에서 계획하는 팔층 규모의 어린이영양보건센터 조감도를 보았지만 우리가 하려는 사업 취지와 범위를 넘어서는 것이었다. 영양관리연구소와 다시 의논하여 설사 치료를 하면서 영양 개선 방안을 같이 연구하는, 서른 병상 규모를 갖춘 병원을 세우기로 마음을 맞췄다. 남녘 정부와 민간단체를 통틀어 처

북이 어렵던 시절의 평양의대병원 약장. 약품이 부족해 설사같이 가벼운 병으로 죽는 어린이도 있었다.

음으로 북녘 땅에 병원 짓는 일을 시작하게 된 것이다.

2002년 2월, 영양관리연구소와 설사 치료 전문 병원을 짓고 그 이름을 '어린이영양증진센터(아래부터 영양증진센터)'로 하는 의향서를 맺었다.

처음에는 병원 이름이 남녘에서 전기구이 통닭집을 부르는 '영양센터'와 비슷하다는 우스갯소리를 듣기도 했다. 의향서를 맺고자 떠난 방북 길에 어깨동무 이사 홍창의 선생도 함께했다. 그때까지도 '영양증진센터'라는 이름이 어색해서 엉거주춤했는데 홍 이사가 병원 이름이 좋다고 힘을 주었다. 1923년 황해도 황주에서 태어난 홍 선생은 서울대학교병원 원장을 지낸 소아의학계의 큰 어른이다.[2] 특히 북녘 아이들에 대해 쓴 글이 내가 북녘 어린이를 돕는 활동을 결심하는 데 큰 영향을 미쳤다.

처음으로 병원 세우는 일에 합의했으니 저녁에 축하 자리를 갖기로 했다. 함께 호텔 지하에 있는 술집으로 내려가면서 엘리베이터 안내원에게 술집 영업을 몇 시까지 하는지 물었다. 대답이 매우 명료했다.

"아침은 빛나라."

조금 지나서야 깨닫고 웃었다. 북녘 국가 노랫말이 '아침은 빛나라 이 강산⋯⋯'으로 시작하기 때문이다. 새벽까지 문을 연다는 말을 그렇게 에둘러 이야기한 것이다.

의 향 서

《남북어린이어깨동무》(이하 《가측》)와 《어린이영양관리연구소》(이하 나측)는 어린이들의 성장을 위한 "어린이 영양증진 사업"을 계속하기 위하여 서로 협력하기로 하고 다음과 같이 의향을 표시하였다.

1. 콩우유 급식사업
가. 《가측》은 2002년 중 가루 콩 우유 생산에 필요한 분무건조기 등의 설비를 《나측》에 지원한다.
나. 《가측》은 2002년 중 일일 어린이 10,000명에게 급식할 수 있는 콩 우유 원료를 《나측》에 지원한다.
다. 《나측》은 콩 우유를 생산하여, 어린이 시설에 분배하고, 그 정형과 결과를 《가측》에 통보한다.
라. 《가측》은 《나측》이 요구하는 실험설비 관련 설비와 제재, 빵 생산 설비, 콩 우유의 생산에 관련된 설비(애기젖 성분분석용 설비, 야외저온보관시설, 상표인쇄기)의 지원을 적극적으로 검토하여 그 결과를 《나측》에 통보한다.

2. 어린이영양증진센터
가. 《가측》과 《나측》은 2002년 중 영양실조증, 설사병 등 어린이 영양 관련 질병의 치료와 예방에 대한 연구와 교육을 위해 연구소 내에 어린이영양증진센터를 설치하기로 한다.
나. 《가측》은 2002년 중 어린이영양증진센터에 필요한 치료 및 검사 설비와 의약품을 《나측》에 전달하고, 기술을 이전한다.
다. 《나측》은 어린이 영양증진센터 설치 및 운영에 필요한 공간과 인력(소아과 의사, 간호사, 기사, 영양사 등)을 제공한다.

3. 《나측》은 위 사업이 원활히 이루어질 수 있도록 《가측》 관계자들의 방문에 협조한다.

2002년 2월 22일

| 남북어린이어깨동무 | | 어린이영양관리연구소 | |
| 사무처장 | 이기범 | 소장 | 김영광 |

북녘 어린이를 제대로 도우려면 영양 급식과 보건의료 협력이 함께 이루어져야 한다. 어깨동무는 2002년 영양관리연구소와 설사 치료 전문 병원으로 '어린이영양증진센터'를 설치한다는 의향서를 작성했다.

축하 자리를 마치고도 설렘과 걱정이 뒤섞여 잠이 오지 않는 사람들과 호텔 이 층에 있는 조용한 술집을 찾았다. 우리가 내일 떠나는 것을 아는지 '지새지 말아 다오, 평양의 밤아'라는 노래가 흘러나왔다. 그러다 우리 중 누군가 김민기 노래 '아름다운 사람'을 나지막한 소리로 불렀다. 노랫소리를 따라 다가온 복무원이 소감을 말한다.

"어쩐지 노래가 쓸쓸합네다."

노래를 부른 사람이 내일 평양을 떠나는 마음이 쓸쓸해서 그렇다고 이야기했다.

"마음이 쓸쓸하면 개척해 가면서 씩씩한 노래를 불러야지, 그러면 되겠습네까?"

그 복무원은 타이르듯이 말을 건네고 뒤돌아선다. 정말 그럴까? 남과 북이 행복하게 만나는 길은, 아렴풋한 감상과 굳세고 씩씩한 마음이 어우러져 가야 하는 게 아닐까?

영양증진센터 의향서를 맺은 방문 기간에 황해남도 신천을 가게 되었다. 내려가는 길에 황주 이정표가 있다. 지척에 두고 보면서도 가지 못하는 홍 선생의 고향이다. "여기로 가면 황주네요" 했더니 빙긋이 웃기만 한다. 평양으로 돌아오는 길에 나는 북측 참사한테 성불사가 있는 정방산에 꼭 들러야 한다고 고집을 부렸다. 정방산은 황주군과 봉산군에 걸쳐 있다. 홍 선생이 고향 땅 내음을 조금이라도 느끼기를 바라며 우긴 일이다. 함께 성불사에 가서 가곡 '성불사의 밤'을 부르며 "왜 풍경이 없느냐, 어서 찾아오자"고 우스갯소리를 하며 애써 마음을 달랬다.

성불사를 찾고자 한 다른 까닭도 있다. 풍수지리로 유명한 최창조 선생이 1997년 성불사를 방문한 뒤에 쓴 글에서 확인하고 싶은 것이 있었

북녘 아이들을 살리는 일을 계획하며 막막했던 마음을 정방산 성불사에 들러 가다듬을 수 있었다.

다. 최 선생이 글로 남기길, 네모난 산지에 둘러싸인 분지 한가운데 성불사가 있는데 산에서 내려오는 물이 다 모이는 곳이라서 물에 잠길 수밖에 없는 자리란다. 관리인에게 물으니 실제로 장마철만 되면 법당 마당까지 물이 찬다고 한다. 최 선생은 '북녘산하 북녘풍수'라는 글에서 도선국사가 그런 곳에 절을 세운 이유는 어머니 같은 땅을 보듬고 사랑하며 살라는 뜻을 전해 주고자 한 것이라고 했다.

'결함이 있는 것을 아끼고 치유하는 것이 사랑이다.'

성불사 자리에 깃든 가르침을 되새기며 아프고 죽어 가는 아이들을 어떻게 살려 나갈지 막막했던 마음을 가다듬을 수 있었다. 대신 평양으로 돌아오는 차 안에서 앞으로는 어디를 꼭 가야 한다고 고집 부리지 말라는 타박을 참사에게 바가지로 들어야 했다.

'굶주린 아이는 정치를 모른다'

영양증진센터를 세우기 위한 구체적인 협의가 이루어졌다. 설계와 의료 장비 제공은 우리가 맡고, 건축자재 마련과 시공은 영양관리연구소가 책임지기로 했다. 그런데 자재가 제때 공급되지 못해서 건축이 자꾸 늦어지는 바람에 결국 건축자재도 우리가 공급하기로 결정했다. 2003년 8월 15일에 준공하려던 목표를 수정해야 했다.

여러 설비를 설치하는 과정에서 남녘 기술자들이 계속 머물기는 어려우므로 정기로 현장을 찾아가 상황을 점검하고, 다음 방문 때까지 북녘 작업자에게 숙제를 주는 식으로 진행했다.

그렇게 자주 만나다 보니 배관을 맡은 사람들끼리 익숙해지는 것처럼, 서로 낯이 익고 마음도 가까워졌다. 물탱크를 설치할 때는 공사하는 사람들이 몇 날 며칠이고 아침에 지하로 내려가면 퇴근할 때가 돼서야 올라오곤 했다. 도대체 하루 종일 뭘 하는지 궁금해서 내려가 본 적도 있다.

완공이 가까워져서 방마다 문을 달았다. 문은 영양관리연구소가 공작소에 맡겨서 짜 왔다. 어느 날 컴컴해지는 무렵에 어떤 방 문짝이 맞지 않아서 문을 열었다가 북녘의 청춘 남녀 두 사람이 꼭 껴안고 있는 모습을 보았다. 얼른 뒤돌아 나오는 길, 그이들을 놀라게 해서 미안했지만 마음만은 따스하게 차올랐다. 체제는 달라도 사랑이 영그는 길은 다를 수 없다는 따뜻한 진실 앞에, 쌀쌀한 날씨마저 포근하게 감싸는 듯 아슴아슴한 기분에 젖어 들었다. 남북 협력도 평화의 새 시대를 열어 가는 길도 모두 사랑의 눈높이를 지니는 것이 가장 먼저가 아닐까.

어떤 날은 공사장에 크레인이 들어왔는데 기사가 여성이었다. 남녘에서는 흔히 볼 수 없는 모습이라서 눈길이 갔다. 자재 창고를 책임지는 한 젊은 여성은 어찌나 야무지게 관리하는지 북녘 아저씨들이 물건 하나라도 받아 올 때면 쩔쩔매곤 했다. 영양관리연구소에서 대외협력을 맡은 여성도 회의를 할 때면 손을 번쩍 들고 다른 사람들을 대신해 시원시원하게 의견을 말하는 모습이 인상에 남았다.

한국전쟁 뒤로 북은 노동력 부족으로 여성의 노동 활동을 적극 북돋았다. 동독 건설기술자 레셀의 기록에 따르면, 1953년 북의 여성 노동 참여율은 26퍼센트에 달했고, 토목같이 험한 일도 마다하지 않고 해냈다고 한다. 또 많은 여성들이 늘 아이를 등에 업고 일하는 모습이 인상에 남았다고 말한다. 영양증진센터 건설 현장에도 여성 일꾼이 많았지만 탁아소가 잘 운영되고 있어서 아이를 업고 일하는 사람은 볼 수 없었다.

북녘은 사회에서 하는 일에는 성 구분이 크지 않지만 가정에서는 조금 다른 것 같다. 젊은 여성도 집안일은 남자가 하면 안 되는 일이라고 말한다. 한번은 호텔 여성 접대원에게 남녘에서는 남성들이 가사를 거들기도 하는데 어떻게 생각하는지 물어보았다.

"여성은 여성이 해야 할 일을 하고, 남성은 남성이 해야 할 일을 하는

어린이영양증진센터 골조 공사 모습. 건축 과정에서 남북의 문화 차이가 있다는 것을 서로 알게 되었다.

것이 좋지 않겠습니까."

이런 의견을 내놓는다. '녀성은 꽃이라네'라는 북녘 유행가에도 이런
정서가 녹아 있다.

녀성은 꽃이라네 생활의 꽃이라네/ 한가정 알뜰살뜰 돌보는 꽃이라네/
정다운 안해여 누나여 그대들 없다면 생활의 한자리가 비어 있으리/ 녀성
은 꽃이라네 생활의 꽃이라네.

이 노래는 남녘에서 여성을 꽃이라고 할 때와는 다른 뜻을 담고 있지
만 집안일은 여성 몫이라는 것을 당연시하며 칭송하고 있다. 가정 폭력
이 일어나면 이웃 여성들은 부인이 세대주(남편)에게 맞을 짓을 했을 거
라고 생각한단다. 세대주는 세대의 대표란 뜻이니 그 자체에서 가부장

문화의 흔적이 느껴진다.

하지만 고난의 행군 때 여성들이 장마당에서 장사를 하는 식으로 남성들이 못 하는 비공식 경제활동을 맡으면서 남녀 위상이 조금씩 바뀌어 가는 듯하다. 변변한 일도 못하는 주제에 집에서 큰소리만 치는 남편은 '멍멍이'로 부른다고 한다. 북녘 문화와 처지에 걸맞는 성평등이 조금씩 실현되기를 기대해 본다.

영양증진센터를 짓는 과정에서 남북 건축 문화에 차이가 꽤 있다는 것을 서로 알게 되었다. 건축에 쓰는 말을 보면 남녘은 일본 말이 많이 남아 있고, 새로운 기술과 자재는 영어로 부르는 경우도 많다. 그래서 북녘 실무자들과 소통하는 데 시간이 걸렸다.

자재나 시공 방식이 다르기도 했다. 북녘 기술자들이 처음 보는 자재와 부품을 이해하는 동안 서로 인내가 필요했다. 이를테면 건물 외벽 마감을 단열 성능이 있는 '드라이비트'를 쓰기로 했는데 북녘 사람들은 스티로폼이 들어간 이 자재가 내구성이 있는지 의문을 갖는다. 또 북녘은 벽체를 현장에서 공사하지 않고 공장에서 찍어 낸 것을 운반해 조립하는 사회주의식 건축으로 진행하는데, 우리는 벽체가 큰 구조물이다 보니 조립이 빈틈없이 될지 걱정한다.

건설 인력을 꾸리고 임금을 주는 일은 영양관리연구소가 맡았다. 영양증진센터 일을 마친 뒤 평양의학대학병원, 장교리인민병원, 남포시소아병원 일을 할 때는, 돈을 마련할 형편이 안 되는 장교리의 경우만 우리가 인건비를 냈다. 다른 곳은 모두 병원에서 임금을 책임졌다. 이때 임금은 돈이 아니라 건설 인력과 보건 서비스를 교환하는 '지역화폐' 방식으로 해결한다고 들었다. 일종의 물물교환 같은 거다. 스스로 맡아야 할 몫은

어린이영양증진센터를 세우기 위한 남북 관계자 실무협의를 북녘에서 여러 번 가졌다. 자주 만나다 보니 서로 낯이 익고 마음도 가까워졌다.

남북이 함께 만드는 어린이병원의 운영 방안을 의논하고자 남북 의료인들이 모여 여러 차례 학술회의를 열고, 서로의 몫을 확인했다.

기꺼이 감당하고자 하는 북녘 사람들의 의지를 엿볼 수 있다.

영양증진센터 건설 초기에는 영양관리연구소 기술직들이 현장에서 건축 노동을 했다. 그러다 보니 전담 건설 인력이 일하는 것과 다른 점이 눈에 들어왔다.

영양관리연구소 기술직들은 연구소에 출근해서 내부 회의를 먼저 한 뒤 아침 열 시쯤 공사장으로 나와 일을 시작한다. 한 시간 반 정도 지나면 정리하고 점심을 먹으러 간다. 도시락을 싸 오는 사람도 있지만 거의가 집에 가서 먹는 눈치다. 점심을 먹고 오후 두 시쯤 다시 나와서는 두 시간 정도 더 일하고 마무리한다. 실제 일하는 시간은 네 시간 안팎인 셈이다.

또한 공구가 귀해 한 번 쓴 뒤에 꼭 창고에 갖다 놓는데, 다른 사람이 그걸 쓸 때 창고 담당자에게 요청해서 받아 오는 데도 시간이 걸렸다. 아무래도 전문 건설 인력이 아니다 보니 조금은 느릿하게 느껴지는 모습이었다.

몸을 쓰는 일이라 허기가 지면 힘들 테니 북측 관계자와 의논해서 새참으로 떡을 두어 번 내기도 했다. 남녘 공사 현장에서도 배를 채우면서 잠시 쉴 수 있게끔 웬만하면 새참을 주기 마련이다. 그런데 그 돈을 우리가 내는 것이 부담스러웠는지 그만하자고 요청해서 더 이어 갈 수 없었다.

계획한 것보다 공사가 많이 늦어졌다. 완공까지 하염없이 시간이 걸릴 것 같아 마음이 타들어 갔다. 어깨동무 사무국 일꾼들은 현장에 갈 때마다 장갑을 끼고 일손을 보탰다. 이제는 전문 인력이 필요하다고 영양관리연구소에 거듭 요청했더니 얼마 뒤 평양시 소속 건설사업소 인력 구십

을밀대 아래 선 두 휴머니스트. '아이들을 위한 치료에 정치는 없다'는 소명을 일깨운 홍창의 선생(왼쪽)과 서울대어린이병원 최황 교수(오른쪽)는 꾸준히 북녘 의료 사업을 함께했다.

명이 현장에 들어왔다. 축조, 미장, 배관, 전기 분야 쪽 기술자들이어서 드디어 일에 속도가 붙었다. 같은 때에 연구소 쪽 사람들 칠십 명도 함께 참여하면서 일손이 늘어났다.

목표로 한 준공 날짜보다 한참 지난 2004년 3월, 아태의 실장과 면담을 하게 되었다. 베이징과 평양에서 여러 번 만나 어깨동무를 잘 이해하는 사람이다. 드물게도 문수초대소에서 저녁을 먹으면서 이야기를 나누었다. 현대아산이 북녘과 협력해 류경정주영체육관을 지을 때 주로 문수초대소에서 묵었다고 한다. 남쪽 텔레비전 방송도 볼 수 있는데 어깨동무 건설 일꾼들도 나중에 여기서 지낸 적이 있다.

북측 실장은 병원을 짓는 데 어떤 어려움이 있는지 물었다. 병원이 모습을 갖추기 시작하니 평양 사람들 관심이 크다는 말도 덧붙였다. 6·15 공동선언 4주년에 맞춰 2004년 6월에 병원 문을 열려면 야간작업을 해야 하는데 여의치 않다고 걱정을 털어놓았다. 이야기를 듣더니 작업 속도를 더 내야 하는 상황을 잘 알고 있다면서, 인력을 늘리고 주야 2교대로 작업할 수 있도록 돕겠다고 흔쾌히 약속했다. 고맙게도 바로 조치가 이루어져서 공사장에 기운이 넘쳐나고 작업도 원활해졌다. 이렇게 서로 배려하고 도우면서 병원 짓는 일을 꿋꿋하게 해 나갈 수 있었다.

치과 설비 제공이 시급하다는 것을 알게 된 일화도 있다. 방북 중에 어깨동무 사무국 일꾼이 치통이 몹시 심해서 평양 국제친선병원 구강과(치과)를 가야 했다. 이를 뽑아야 한다고 말은 해 놓고 막상 망설이기만 하는 의사한테 간호사가 말했다.

"뭐합니까? 정신 차리고 하십시오."

마취제와 설비가 부족한데 남쪽 사람 이를 뽑자니 얼마나 난감했을까. 악몽을 꾸듯 이를 뽑았지만 결국 제대로 안 되어 서울에 돌아와서 다시 치료했다고 한다.

북녘에서는 우리가 쓰는 '이빨'이라는 말 대신 '이발'로 부르는 걸 그때 알았다. 머리털을 깎는 '이발'은 '리발'이라고 한다. 아이들이 영양 섭취를 제대로 하기 위해서라도 치과 진료는 중요하다. 치과 장비와 소모품은 김재찬 선생이 전담해 주어 큰 힘이 되었다.

영양증진센터 설계와 감리를 맡은 아이지에이(IGA) 건축사무소 황영현 대표는 일곱 차례나 북을 오가면서 수고를 아끼지 않았다. 공사를 진행하다 보니 시공에도 기술지원이 필요해 황 대표가 소개한 양계열 소장이 현장 감독을 위한 방북을 수차례 했다.

평양에서 병원 짓는 일을 거들다가 서울에 오면 우리 의료인들과 함께 장비, 약품, 물품을 정하고 준비하는 일을 때맞춰 해야 했다. 북녘 의사들에게 새로운 의료 장비와 약을 제공하기 때문에 기술이전과 교육이 매우 중요했다. 이 일이 잘 이루어진 과정에는 2002년 7월에 서울대병원에서 열린 학술회의가 큰 몫을 하였다. 학술대회가 열린 뒤로 서울대학교 어린이병원 의료진을 중심으로 '평양 어깨동무 어린이영양증진센터 설립위원회'가 만들어져서 분야마다 자문하고 교육할 분들을 꾸준히 맞이할 수 있었다.[3]

학술회의 자리에서 홍창의 선생이 후배 의료인들에게 소명을 일깨워 주었다. 선생은 '굶주린 아이는 정치를 모른다'는 신념으로, 공산당 정부의 통치를 받던 에티오피아에 식량을 원조한 미국 레이건 대통령을 소개하며 힘주어 말했다.

"죽어 가는 설사 환자를 남과 북 의사들이 힘을 합쳐 도와줄 때 거기에는 정치고 뭐고, 나는 없다고 생각합니다."

남북이 함께 만든 '어깨동무어린이병원'

최신 의료 장비와 약을 들이면서 영양증진센터도 조금씩 제 모습을 갖추었다. 남북 의료인들은 저마다 죽어 가는 어린 생명을 살릴 수 있다는 기쁨에 들떠 있었다. 검사실을 맡은 선생은 평양에 있는 어느 병원보다 최첨단 장비라며 흥분을 감추지 못했다. 약을 담당하는 사람들끼리는 일일이 약을 확인하며 알맞게 나누고, 간호사들은 수액 세트와 나비주사바늘 쓰는 법을 서로 익히는 모습이 참으로 아름다웠다.

영양증진센터 운영 방안을 함께 만들어 가고자, 2003년 2월 21일부터 닷새 동안 남북 의료인 스물다섯 명이 두 차례 학술대회를 가졌다.[4] 진료와 교육에 대한 내용으로 진행한 이 회의는 남북 의료인 첫 공식 회의로 기록될 것이다. 대회를 마치고 헤어질 때 홍창의 선생은 자신이 쓰던 현미경과 슬라이드 프로젝터 그리고 손수 쓴 책을 선물하면서 뜻과 마음을 나누었다.

2차 학술회의와 기술이전 교육은 영양증진센터 개원을 앞둔 2004년 5월 22일부터 6월 1일까지 열렸다. 이 기간에 남녁 의료인과 의료 기술자 열여섯 명이 세 번에 나누어 북으로 갔다.

2차 학술회의에서는 의료인 양성과 진료 체계에 대해 더 깊은 정보를 나누었다. 북녘이 필요로 하는 분야와 남녘이 협력해야 할 몫에 대한 토의가 무르익었다. 영양증진센터는 영양관리연구소 부설이므로 연구도 함께 하지만 환자 치료가 최우선이라는 사실을 확인한 중요한 시간이었다.

영양증진센터 마무리 단계에서 의료 장비를 설치하는 일이 가장 힘든 과정이었다. 전기가 자주 끊기므로 의료 장비가 상하지 않도록 보조 장치를 설계하고 갖춰야 했다.[5] 서울대학교병원 주세익 선생과 손지영 선생이 세심한 정성과 전문성으로 이 일을 차질 없도록 마무리해 주었다. 진료 현장에서 의료 장비와 약을 활용하는 방안을 함께 마련하면서 개원을 준비했다.

영양증진센터는 한 건물 안에 어린이 병동과 콩우유 공장이 같이 들어서도록 건축했다.[6] 남과 북이 함께 힘을 모아 병원과 공장 설립에 이바지했다. 북은 병원 터와 노동력 그리고 건축 자재 일부를 제공했다. 가장 바쁘게 일이 진행된 1년 동안 남측의 건설, 의료 전문가들이 15차례 방북해서 필요한 기술을 이전했다. 놀이방과 장난감은 '공동육아와공동체교육'에서 마련해 주었다. 한화, 삼성, 에스케이(SK), 엘지(LG) 기업도 소리 없이 지원을 해 주었다. 남북교류협력기금도 투입되었다.

원래는 이름이 '어린이영양증진센터'였는데 건물 규모와 의료 시설로 보았을 때 병원으로서도 손색이 없기 때문에 '평양 어깨동무어린이병원(아래부터 어깨동무어린이병원)'으로 바꾸기로 했다. 병원 이름에 내가 활동하는 단체 이름이기도 한 '어깨동무'를 넣자는 남측 요구에 북측이 선선히 동의했다. 북은 동으로 만든 병원 간판을 마련했고, 후원한 개인과

남북이 힘을 모아 세운 어깨동무어린이병원은 분홍빛이 눈에 확 띄어 이야깃거리가 되었다.

남북 협력으로 세운 첫 어린이병원이 열리던 날, 낯익고 정이 든 병원 관계자들이 우리를 '열렬히' 환영해 주었다.

남과 북이 함께 설립한
평양 어깨동무 어린이병원

남북어린이어깨동무

2005년 펴낸 백서에 병원을 계획하고 문을
열기까지 세세한 이야기를 담았다.

단체 이름을 새긴 동판은 우리가 준비
했다.

2004년 6월 14일, 드디어 어깨동무
어린이병원 개원식이 열렸다. 남북이
협력해서 세운 첫 병원이자, 첫 어린이
병원이었다. 개원식을 축하하기 위해
어깨동무 회원들 96명이 전세기로 방
북했다. 병원 개원식이 열리는 입구에
서 영양관리연구소 연구원들과 직원
들이 손뼉을 치며 우리를 '열렬히' 환
영해 주었다. 2년 가까이 함께 애쓰면서 낯익고 정이 든 사이니 우리도
기쁘게 화답했다. 개원식은 경과보고, 축사, 시설 참관으로 이어졌다.

남녘 단체와 협력하여 북녘에서 가장 필요한 병원을 완공하게 되었으
니, 북쪽 주민들 사이에서도 관심이 매우 컸다고 들었다. 게다가 건물 색
깔이 분홍색으로 눈에 확 띄어 이야깃거리가 되었다고 한다.

처음에는 어깨동무어린이병원에 병상이 서른 개였는데 나중에 스무
개를 더했다. 큰 병원은 아니지만 설사, 영양장애, 폐렴을 치료하는 어린
이 전문 병원으로 자리 잡았다. 입소문이 나자 평양 바깥에서도 담당 의
사의 소견을 받은 어린이 환자들이 몰려든다고 했다. 당시로는 아마 북
을 통틀어 최첨단으로 의료 체계를 갖추고 있기 때문일 것이다. 또한 진
심과 실력을 갖춘 강대식 선생이 책임을 맡고, 우수한 의료진이 좋은 장
비와 약품을 잘 활용한 덕분도 컸으리라고 본다.

진료 기록은 우리 의료진이 방문할 때 볼 수 있었다. 정기로 진료 통계

어깨동무어린이병원 놀이방에서 아이들이 쉬고 있다. 치료를 잘한다는 입소문이 나자 평양 바깥에서도 어린이 환자들이 병원으로 몰려들었다.

를 받으면서 상황을 확인하고 필요한 물품을 알맞은 때에 공급하고자 했다.[7] 먼저 담당 의사와 병원 운영 방안을 협의하고 우리가 제공할 품목을 자세하게 기록했다. 정리한 목록을 바탕으로 서울에서 전문가와 협의해 보낼 물품을 정하면 정기항로편으로 전달하거나 다음 방북 때 들고 가기도 했다. 그러다 보니 북에 갈 때마다 가히 만물상 주인이 되어 갔다. 그렇게 정기로 방문해서 지원 품목을 정하고 앞으로 발전 방안도 서로 의논했다.[8]

어깨동무어린이병원이 문을 연 지 석 달 뒤, 중국 베이징에서 북측 관계자를 만났다. 그 관계자는 북의 전국 의료 관계자들이 어깨동무어린이병원을 참관하기로 결정했다는 이야기를 전했다. 아울러 참관을 준비하는 담당자들이 미리 병원을 세 번이나 찾아가 몇 가지 손봐야 할 문제점

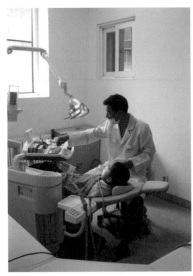

2004년 당시 북을 통틀어 최첨단 의료 체계를 갖춘 어깨동무어린이병원은 설사, 영양장애, 폐렴을 치료하는 어린이 전문 병원으로 자리 잡았다.

들을 짚어 냈다고 한다. 병원 쪽에서 미처 해결하지 못했다는 고압전기 문제는 나중에 남녘 기술자들이 방문해서 탈이 없도록 마무리 지었다.[9] 한 생명을 살리는 일의 뜻과 보람을 남북이 함께 깨달아 가는 시간이었다.

어떤 분들은 인도적 지원을 북녘에 일방으로 주는 것이라고 말하기도 한다. 하지만 이렇게 양측이 함께 힘을 모으기 때문에 '협력 사업'이라고 부르는 것이 타당하다. 어깨동무어린이병원을 계획하고 문을 열기까지 세세한 이야기는 2005년에 《남과 북이 함께 설립한 평양 어깨동무어린이병원》이라는 백서로 펴냈다.

분단을 넘어 평화를 만드는 아이들

2004년 어깨동무어린이병원 개원식에 남녘 어린이들 열한 명이 참가하면서 남북 어린이들이 만날 수 있는 기회가 만들어졌다. 분단 뒤로 반세기 만에 민간 차원에서 처음으로 이루어진 남북 어린이 교류였다.

방문단은 어린이를 포함해 모두 아흔여섯 명으로 꾸렸다. 참가자가 많아서 전세 비행기로 인천공항과 순안공항을 왕복했다.

방문 기간은 2004년 6월 12일부터 닷새 동안이었다. 첫날은 토요일이라 평양의 주요 시설을 둘러보았다. 다음 날에는 부흥역에서 영광역까지 지하철을 탔고 단군릉과 동명왕릉을 구경했다. 모란봉을 걸으면서 을밀대도 들렀다. 남녘 어린이들은 지하철이나 길, 그리고 모란봉에서 깜짝 만남을 가진 북녘 어린이들에게 마구 사진기를 들이대며 친밀감을 드러냈다.

셋째 날은 가장 중요한 일정으로 어깨동무어린이병원 개원식이다.[10] 권근술 이사장이 기념연설에서 깜짝 놀랄 만한 제안을 내놓았다.

"여러분들이 역사적인 6·15공동선언 네 돌을 맞아 남쪽 어린이들을 초청해 주신 것처럼 어린이어깨동무도 광복 59돌을 맞는 오는 8·15에 북쪽 어린이들을 서울로 초청하고자 합니다."

개원식이 끝난 뒤 평양 제4소학교와 만경대학생소년궁전을 찾아가 평양 어린이들과 만나고 그림을 교환했다. 북녘 어린이들은 반짝거리는 호기심과 뜨거운 마음으로 우리들을 맞이했다. 남북 아이들은 짝지어 손을 잡으며 시설 구경을 하고, 함께 춤추며 노래했다. 남녁 어린이들은 함께 찍은 사진, 자기 소개 엽서 같은 선물을 짝지에게 건넸다. 만경대학생소년궁전에서는 미술반 어린이들과 만나 직접 그림을 주고받았다. 1998년 첫 방북 뒤로 계속 북녘 어린이들 그림편지를 받아 왔지만 아이들끼리 만나 그림을 나누어 가지는 일은 이때가 처음이었다.

넷째 날에는 백두산에 올랐다. 이동 시간이 긴 날이어서 새벽 여섯 시에 숙소인 양각도국제호텔을 출발했다. 삼지연공항에 내려 버스로 백두산 꼭대기 가까이에 이르렀다. 산 정상의 날씨가 하도 변덕스러운지라 '전생에 좋은 일을 많이 했어야 천지를 본다'는 말을 들었는데 이날은 무척 화창해서 맘껏 천지를 볼 수 있었다. 나중에 중국 장백을 거쳐 천지에 올랐을 때는 안개가 심해서 아주 잠깐만 천지를 볼 수 있었으니 그날의 날씨는 큰 축복이었다.

천지에서 내려와 넓디넓은 고원에 이르렀다. 나무 한 그루 없이 탁 트인 이 들판은 '천리천평(千里千坪)'이라고 부른다. 여기서 도시락을 먹고 어린이들과 같이 신나게 연을 날렸다. 삼지연으로 가는 길에 갑자기 우박이 쏟아졌다. 북 치는 소리처럼 우렁찬 울림에 무슨 일인가 놀랐는데 웬만한 자두만큼 커다란 우박이 버스 지붕을 치는 소리였다. 삼지연에 도착하니 거짓말처럼 날이 갰다.

2004년 6월, 분단 뒤 처음으로 만난 남북의 어린이들. 남녘 아이들 열한 명의 작은 출발로 굳게 닫힌 평화의 문이 열렸다.

어깨동무어린이병원 개원식을 마치고 평양 제4소학교를 찾아갔다. 가는 곳마다 관심과 환대가 남달랐다.

노래로 하나 된 남북의 어린이들. 남녘 아이들은 방북에 앞서 '가보고 싶어, 우리는 하나' 같은 노래들을 설레고 긴장되는 마음으로 연습했다.

만경대학생소년궁전에서 만난 북녘 어린이들은 반짝거리는 호기심으로 남녘 동무들을 반갑게 맞이했다.

삼지연은 백두산에서 높이 1,300미터쯤 되는 곳에 있다. 호수 세 개가 나란히 있어 '삼지연'이라 부른다. 자작나무, 잎갈나무, 가문비나무 들이 우뚝우뚝 서 있는 숲에 둘러싸여 있고, 호수 한가운데에 섬이 보이면서 빼어난 경치를 자랑한다. 물은 따뜻하지만 그 둘레가 북녘에서도 가장 추운 곳이어서 특히 비가 온 뒤에는 물안개가 자욱하다. 비가 그은 직후 구름 같은 물안개가 서서히 걷히는 삼지연 풍경은 뭐라 표현하기 어려울 만큼 황홀하다.

호수 옆에는 항일유적기념비와 김일성 주석 동상이 있다. 함께 있던 《태백산맥》 저자 조정래 선생은 "만약 전진하는 유격대원들 부조 속에 김일성 주석이 함께하고 있었다면 방문하는 사람들이 매우 궁금해하면서 기어코 찾아볼 텐데" 하는 소감을 들려주었다. 조 선생은 1994년 국가보안법 위반 혐의로 고발된 재판이 끝나지 않아서 정부 허가를 받고 방북할 수 있었다.

마지막 날, 방문단이 김일성종합대학에 가 있는 동안 나는 어깨동무 임원들과 함께 민화협 김영대 회장의 초대로 만수대의사당에서 면담했다.[11] 김 회장은 병원을 지을 수 있도록 힘써 준 것에 감사를 표했다.

어린이들과 천지에 오른 날이 마침 6·15공동선언 네 돌이었다. 내가 준비한 다음 글을 읽으며 그 뜻을 되새기는 시간을 함께 가졌다.

오늘 우리는 어린이들과 함께 새로운 반만년을 시작하고자 여기에 왔습니다. 모든 어린이는 생명이고, 모든 생명의 시작은 물이며, 모든 물의 시작은 천지입니다. 천지는 변하면서 변하지 않으며, 흘러내리나 결코 다함이 없고, 넘쳐흐름으로 모든 것을 살립니다. 남북, 북남의 어린이 사랑으로 천지가 가득 채워져 흘러넘치게 합시다. 천지의 생명수가 이 땅을 흠씬 적셔서 남북, 북남의 모든 어린이들이 건강하게 자라 통일을 이루고 새로운 반만년을 여는 주역이 될 것을 믿습니다.

이제 남북, 북남의 어린이들이 백두에서 한라까지 어깨동무할 그날이 곧 오도록 모두 노력하자고 약속합시다. 반만년 역사의 백두에서 우리의 새 역사를 약속합시다. 6·15공동선언 4주년을 맞아 백두에서 어린이들과 함께한 우리의 약속. 그 약속은 캄캄한 밤에 뿌려진 별처럼 선명하게 빛날 것입니다.

어린이들의 북녘 방문에 남북 어른들 모두 걱정이 많았다. 하지만 함께 간 사람들과 북측의 배려로 아무 탈 없이 다녀올 수 있었다.

공항 환영부터 환송까지 밤낮으로 함께 먹고 자며 어린이들을 자기 자식처럼 대해 준 안내원 선생들, 나라를 위해 열심히 공부하라고 일러 준 소학교 교장 선생, 암탉이 병아리를 품듯 안내해 준 만경대학생소년궁전 선생들, 아이들 입맛에 맞는 음식을 하나라도 더 챙겨 주려는 접대원 동무들까지. 가는 곳곳마다 남녀 어린이들에 대한 관심과 환대는 남달랐다.

백두산 산행 때는 민화협을 비롯한 다른 기관에서도 걱정이 됐는지 삼지연공항 도착과 평양공항으로 돌아가는 길까지 다 챙겼다고 한다. 보이지 않는 곳에서도 관심과 도움을 펼친 사람들이 참 많았다.

방문을 마치고 난 다음 달에 베이징에서 북측 담당자들을 만나니 어린이들 방문이 잘 진행됐고 뜻도 좋았다는 평가가 나왔단다. 남녘뿐 아니라 중국 언론에서도 잘 다루어 주어서 더 성과가 좋았다고 판단하는 것 같았다.

2004년 6월 15일, 6·15공동선언 네 돌을 맞아 천지에 오른 우리들은 남북 어린이들이 백두에서 한라까지 어깨동무할 수 있는 그날까지 모두 노력하자고 굳은 약속을 나누었다.

2004년 어린이 단체 방북에 앞서 1998년에 리틀앤젤스 예술단이 평양봉화예술극장과 만경대학생소년궁전에서 공연했고, 2003년에는 금강산에서 '남북 청소년 적십자 우정의 나무 심기' 행사가 열려 남북 청소년들이 참가한 적이 있다. 그러나 북녘에서는 '리틀앤젤스 예술단은 공연을 목적으로 왔고 금강산은 현대가 관할하는 지역이니, 남녘 어린이들의 이번 평양 방문은 전례가 없는 일'이라고 뜻을 새겼다. 그래서인지 북의 〈조선중앙통신〉과 〈로동신문〉이 어깨동무 어린이 방북을 보도했고 남에서도 수십 개의 언론이 관심을 보였다.

언론 보도에 얽힌 곡절도 있었다. 권 이사장이 '동아자유언론수호투쟁위원회' 동료인 사진작가 윤석봉 선생한테 촬영을 부탁해서 함께 북으로 갔는데, 귀경하자마자 인터넷 신문 판에 북녘 사진이 실렸다. 평양 어린이 세 명이 담 너머로 우리 일행을 호기심에 가득 찬 눈으로 바라보는 장면을 망원렌즈로 크게 잡은 사진이다. 참 좋은 사진이었지만 문제가 생겼다.

평양에 들어갈 때 공항에서 윤 선생 망원렌즈가 너무 고성능이라 들일 수 없다는 것을 민화협이 세관에 보증해서 겨우 가지고 들어갈 수 있었다. 그 망원렌즈가 아니었으면 촬영하지 못했을 사진을 신문에 크게 냈으니 우리가 약속을 깬 셈이 됐다. 나는 윤 선생을 찾아가 조심스럽게 양해를 구했고 다행히 사진을 내릴 수 있었다. 촬영을 업으로 하는 이에게 그런 부탁을 했으니 두고두고 죄송하다.

어깨동무 초청에도 불구하고 2004년 8월 15일에 북녘 어린이들은 서울에 오지 못했다. 남녘 어린이들의 첫 방북 이야기는 정성훈 감독이 〈평양에 간 아이들〉이라는 다큐멘터리로 만들었고, 2004년 9월 문화방송에서 두 번에 나누어 방영했다.

어깨동무는 1998년 첫 방북 때부터 그림 교환과 함께 남북 어린이 교류를 제안했다. 하지만 북측 관계자는 '어린이들을 만나게 하는 일은 달걀을 안는 일과 같아서 자칫 잘못하면 달걀이 깨진다'는 답을 했다. 예측할 수 없는 일이나 안전사고가 일어나면 감당하기 어렵다는 뜻으로 읽혔다. 그래도 포기하지 않고 남북 어린이 평화캠프, 학교 간 자매결연, 어린이 바둑대회 같은 여러 행사를 꾸준히 내밀었다.

1999년 9월 '어린이 네 명을 포함한 대표단이 다음 달에 방북한다'는 의향서를 맺을 때는 남북 어린이의 만남이 눈앞에 일로 보였으나 물거품이 되었다. 그해 12월에 다시금 '2000년 초에 어린이들이 북에 방문한다'는 합

남녘 어린이들은 지하철에서 깜짝 만남을 가진 북녘 어린이들에게 사진기를 마구 들이대며 친밀감을 표시했다.

어깨동무 어린이들은 즉석 사진기로 함께 찍은 사진과 자기를 소개하는 엽서를 북녘 동무에게 건넸다.

의서를 교환했으나 역시 이루어지지 않았다. 2002년에는 다음과 같은 제안서를 네 차례나 전달하면서 더욱 끈질기게 어린이 방북을 요구했다.

남북정상회담 이후 전례 없이 다양하고 광범위한 교류와 협력이 이루어지고 있는 이 역사적 시기에 정작 이 민족의 미래를 짊어지고 나아갈 주역인 어린이들이 아직도 만나지 못하고 있습니다. 어린이들이 만나 어깨동무하고 서로 마음을 나누는 친구가 된다면 지난 반세기 우리 민족이 겪었던 분단과 고통의 역사는 되풀이되지 않을 것입니다.

2003년까지 협의가 늘어지다가 그해 말에 비로소 2004년 6월로 예정된 어깨동무어린이병원 개원식에 어린이들도 함께하기로 결정됐다. 어깨동무 어린이 대표단은 초등학생 여섯 명, 중학생 다섯 명으로 꾸렸다. 이 가운데 몇몇은 어깨동무 관계자의 자녀나 친척으로 보호자가 함께 갔다. 나머지 어린이도 어깨동무 동아리 '평화지킴이' 회원으로 여러 해 동안 적극 활동하고 있었다. 또한 참여 어린이 거의가 일본 조선학교 어린이들과 교류 활동을 해 왔다.

오랜 시간 기다려 온 만남인 만큼 더 뜻깊은 만남이 될 수 있도록 어린이들과 여러 차례 만나서 준비했다. 평양 방문에 담긴 뜻, 북녘 어린이들 생활과 방문할 곳에 대한 토의, 북녘 동무에게 할 자기소개 연습, 전해 줄 명함 만들기, 함께 부를 노래 연습까지 설레고 긴장되는 마음으로 많은 준비 시간을 가졌다. 노래는 '가보고 싶어, 우리는 하나, 반갑습니다, 고향의 봄' 들을 연습했다. 북녘에 머물 때도 아이들 마음을 살피고 돌보기 위해 저녁마다 만나서 하루를 지낸 소감을 나누었다. 북녘 방문을 현장

1998년 첫 방북 때부터 끈질기게 남북 어린이 교류를 제안한 결과, 2004년 어깨동무어린이병원 개원식을 맞아 드디어 남녘 어린이들이 북녘 땅에 첫발을 내디딜 수 있었다.

학습으로 인정하지 못하겠다는 학교도 있어서 결석을 감수하고 참가한 어린이도 있었다.

긴 기다림 끝에 북녘에 간 어깨동무 어린이들은 그곳에서 무엇을 보았고 또 느꼈을까.

버스를 타고 가면서 북녘 어린이에게 손 인사를 하자 얼른 내게도 손을 흔들어 답해 주어서 정말 행복했습니다. 아주 비싼 보물을 캐낸 것처럼 좋았습니다. 내일은 이곳의 더 많은 사람들에게 인사말을 건네고 미소 짓겠다고 생각하며 잠이 들었습니다.

아침을 먹은 후 우리는 지하철을 타 보았습니다. 지하철을 타고 나오는 길에 지나가던 소학교 친구를 만났는데 너무 반가워서 사진을 찍자고 하고 그냥 막 찍어 버렸습니다. 얼마나 당황했을까? 알지도 못하는 사람들이 와서 사진을 찍자고 하면서 카메라를 막 들이대니.

제4소학교를 갔던 것이 가장 기억에 남습니다. 그곳에서 산별이라는 북녘의 친구를 사귀었습니다. 그 친구와 손을 잡고 동그랗게 모여 춤도 추었습니다. 손을 꼭 잡고 사진도 찍었습니다. 그 친구가 제 이름을 기억하건 못 하건 그냥 남측 친구가 생겼다고 기억해 주면 좋겠습니다. 지금 제가 그 친구의 수줍게 웃는 얼굴을 생생히 기억하는 것처럼 말입니다.

40분이면 충분히 갈 수 있는 거리였습니다. 우리는 거리 말고 마음으로 북녘을 먼 곳이라고 생각했을지 모릅니다. 너무 오랫동안 떨어져 있어서, 한반도에 너무 진하게 선이 그어져 있어서, 우리는 자기도 모르게 먼 곳이라고만 생각했는지도 모릅니다. 우리 열한 명의 작은 출발로 굳게 닫힌 평화의 문이 아주 조금 열린 것 같습니다. 앞으로 많은 어려운 일들을 해 나가야 되지만 그 문이 활짝 열려 우리 모두가 환한 빛을 볼 수 있을 것이라 생각했습니다. 그리고 8월 15일, 북녘에서 만났던 친구들이 꼭 서울에 놀러 왔으면 좋겠습니다.

_〈어린이어깨동무의 15년 1996~2011〉

아이들이 남긴 소감을 곱씹으며, 한 시간이면 충분히 갈 수 있는 북녘 땅에 더 많은 어린이들과 함께 찾아갈 그날을 한없이 그린다.

5장

진심과 끈기로
남북을 잇다

일반자리표
ECONOMY CLASS BOARDING PASS

JS 156

PYONGYANG

AIR KORY

'얼음보숭이' 말고 '아이수쿠림'

북녘과 모자복지사업을 협의하던 2005년 가을 어느 날, 이른 아침에 화가 류재수 선생과 함께 평양 보통강에 '개미 아저씨'의 유골을 뿌렸다. 개미 아저씨는 숙명여중고에서 오십 년 넘게 전속 사진사처럼 지내다가 2004년 여든 셋으로 삶을 마친 조중범 선생의 별명이다. 아주 마른 체구와 가는 허리에 개미 눈처럼 큰 안경을 써서 학생들이 붙인 별명이라고 한다.

류 선생은《노란 우산》《백두산 이야기》같은 그림책을 펴낸 작가로 숙명여중 미술 교사로 일하면서 개미 아저씨와 가까이 지냈다. 류 선생과 나는 '해송어린이걱정모임'을 같이하면서 인연을 맺었는데, 류 선생은 어깨동무 운영위원으로도 활동하고 있다.

개미 아저씨는 함흥고등보통학교를 졸업하고 전쟁이 터지자 카메라하나 달랑 들고 남쪽으로 피난을 왔다. 곧 돌아오게 될 길이라 여겨 부인과 갓난쟁이 딸을 남겨 두고 내려온 뒤로 오십 년 넘게 홀로 지냈다. 남의 집 귀한 딸을 데려와서 제대로 살아 보지도 못하고, 어린 딸까지 남

전쟁 통에 카메라만 지니고 남으로 온 실향민 조중범 선생의 유골을 2005년 가을, 류재수 선생(맨 왼쪽)과 함께 보통강에 뿌렸다.

기고 온 미안함에 혼자 살았다고 한다. 식비까지 아껴 산 필름으로 여학생들 사진을 찍으면서 두고 온 딸에 대한 사무치는 그리움을 달랬으려나……

"부인과 따님이 그리우시지요."

임종 직전 류 선생이 물었을 때 개미 아저씨는 이렇게 대답했다.

"그리운 정도가 아니지요, 말로는 못 합니다."

남녘에 친척 한 사람이 없어서 지인들이 유골을 모셨는데 그때 류 선생이 그 일부를 필름 통에 담아 두었다. 이 필름 통은 개미 아저씨가 생전에 가장 소중하게 여기던 것이니, 그 통에 담은 유골을 북녘 땅에 조금이라도 뿌려서 아저씨의 그리움을 달래고 싶은 마음이었다.

아침 일찍 류 선생과 같이 묵고 있던 보통강호텔을 빠져나와 느릿느릿 보통강으로 걷는 길. 인적 없는 곳에 간간이 새소리만 들렸다. 애틋한 마음으로 떠난 분을 떠올리며 필름 통에 고이 담긴 유골을 천천히 강에 뿌렸다. 개미 아저씨의 그리움도 강물과 하나 되어 흘러갔다.

북녘과 협력 물꼬가 트이던 2004년 무렵부터 어린이들을 조금이라도 더 빨리, 제대로 돕는 길을 찾기 위해 힘을 기울였다. 그 방법으로 도시보다 형편이 어려운 농촌과 교류하는 사례를 만들고 그것을 본보기로 협력 지역을 넓히자는 전망을 세웠다.

먼저 산모의 건강과 영양을 출산 앞뒤로 계속 돌볼 수 있는 모자보건 센터를 생각했다. 특히 세 살까지 어린이들의 질병과 사망률을 낮추는 데 도움이 되고자 했다. 이곳을 근거로 지역의 탁아소, 유치원, 학교를 고치거나 다시 짓고 영양, 공중위생, 식수의 질을 높인다는 방향이었다.

이런 뜻으로 농촌 지역 종합사업을 시작하자고 남북 모두를 설득했으나 쉽지 않았다. 북에서는 농업이나 축산을 지원하는 민간단체 말고는 농촌을 개방한 적이 없었다. 남에서는 소규모로 일을 꾸려서 효율을 떨어뜨린다는 지적이 있었다.

2004년 9월에 '대북지원 민관정책협의회'가 생기면서 모자복지를 본격으로 의논할 수 있었다. 특별 보호가 필요한 계층을 지원하고자 협의회 안에 차별성과 전문성을 갖춘 특수분과를 만들었는데 나중에는 복지분과로 이름을 바꾸었다. 어깨동무는 이 분과에서 2년 동안 책임을 맡고 기틀을 다졌다. 2005년 들어 복지분과 사업으로 '모자복지종합사업'이 가장 시급하다고 강하게 제안한 끝에, 민관 합동사업 가운데 '북한 영유아 지원 사업'의 하나로 뽑혔고 어깨동무가 주관 단체 역할을 하게 되었다.

2005년 5월 북쪽 민화협과 모자복지종합사업에 대한 1차 합의서를 맺었으나 지역 선정이 계속 늦어지고 있었다.

연고가 있는 곳에서 일을 시작한다는 명분으로 1990년대 말 어깨동무가 어린이 용품을 공급하던 평안남도 평성을 내세웠다. 그러자 북이 다른 곳으로 하자고 요청해서 다시 상원군을 후보지로 내밀었다. 그 당시 우리와 협력하고 있던 식료품 공장에서 생산한 콩우유를 공급하는 지역이었다.

아울러 력포구역과 그 가까이에 있는 중화군도 후보지로 꼽았다. 두 곳모두 평양에서 가까운 농촌이고 특히 력포구역에는 남녘 기업 도움으로 창호를 만드는 건재공장이 있기도 했다. 우리 단체 예산에 정부 지원까지 더해졌으니 군이 발전되고 군민들 삶도 좋아질 수 있다고 설득했다.

김정일 위원장이 도시와 농촌을 연결하는 군의 중요성을 강조한다는 걸 알게 되면서 북측에 사업 필요성을 더 북돋았다.[1] 실리 보장을 강조하는 북의 경제 개선 방침에 발맞춰 몇 달 동안 지겨울 정도로 세심하게 의견을 나누었다. 드디어 북측은 사업 현장으로 평양 남서부에 있는 강남군을 제시했고, 군청이 있는 곳에서 합동 사업 전체를 운영하자는 수정안을 내놓았다. 강남군은 대동강 남쪽에 있어서 '강남군'이라 부르는데, 한강 이남에 있는 곳을 '강남'이라고 하는 것과 같은 방식이다.[2] 신심(진심)과 끈기로 이끌어 낸 결실이었다.

남과 북이 협력하기 위해서는 소통이 가장 중요하다. 남북 사이에 다른 말이 꽤 많지만 상대의 관점과 처지를 이해하면 뜻을 나누는 데 별 문제가 없다. 물론 차이는 있다. 많이 알려져 있듯이 남녘의 낙지와 오징어를 북에서는 반대로 바꿔서 부른다. '방조하다'는 말을 북에서는 '돕는다'는 뜻으로 쓰기에 합창단을 '방창단'이라고 부르지만, 남에서는 범죄를

들어온말 – 2000년도 교재용

북한말	들어온말	북한말	들어온말
가락지빵	도넛	번호판	전화다이얼
얼음보숭이	아이스크림	계단승강기	에스컬레이터
댕기	리본	건발기	헤어드라이어
손기척	노크	지짐판	프라이팬
소리판	레코드	문지기	골키퍼
굴개	롤러스케이트	무선신호기	삐삐
직승기	헬리콥터	차넣기	슛
뜰주머니	튜브	차굴	터널
단졸임	잼	창가림막	커튼

어깨동무가 펴낸 평화교육 교재의 한 부분. 남북의 말이 조금 달라도 서로 이해하려는 마음이 있으면 소통에 별 문제가 없다.

돕는 일을 가리키는 것처럼 같은 말이 다르게 쓰이기도 한다.

북에서는 외래어를 조선말로 바꿔 아이스크림을 '얼음보숭이', 헤어드라이어를 '건발기'로 부른다고 들었다. 한번은 북녘 호텔에서 종업원에게 건발기를 달라고 했다. 그러자 "헤어드라이어 말입니까?" 하며 내주어서 아주 머쓱했다. 또 얼음보숭이보다는 '아이수쿠림'이라는 말을 더 자주 들었다.

물론 보건의료처럼 남녘에서 외래어를 워낙 많이 쓰는 경우는 북에 전달할 때 번역과 설명이 필요하다. 그렇지만 북 의사도 "내가 메디칼 닥터입니다" 하면서 영어를 쓰기도 하니 보조를 맞추며 소통하는 데 별 문제가 없다.

남과 북이 말과 처지가 서로 다를지라도 먼저 이해하려고 애쓴다면 실무 협의는 물론이고 마음까지 스스럼없이 주고받을 수 있다.

농촌 마을에서 펼치는 장교리 모자복지사업

모자복지사업을 꾸리기 위해 농촌 현장부터 가 보기로 했다. 2005년 12월 말에 강남군 룡교리를 먼저 찾았고 다음 해 1월 장교리와 당곡리도 방문했다.[3] 농촌 마을로는 처음 둘러보는 곳들이었다. 그 결과 모자보건센터는 당곡리나 장교리 가운데 한 곳에 짓고, 룡교리 학교는 현대화하기로 북측과 이야기가 모아졌다.

룡교리를 찾아간 날은 몹시 추웠다. 의료인으로는 김유호 선생과 류원섭 선생(을지의대 예방의학과)이 함께했다. 룡교리는 평양에서 개성으로 가는 고속도로를 타고 반 시간쯤 가다가, 작은 길로 빠져 오 분 남짓 들어가는 곳에 있었다.

전형적인 농촌 마을로 진료소, 학교, 문화회관 같은 공공 시설물이 있다. 문화회관 앞에는 탈곡기가 돌아가고 우마차도 두 대 보였다. 리 관리위원회 위원장, 룡교리소학교 교감, 진료소 의사, 군청 관계자가 마중을 나왔다.

리 진료소를 방문했다. 의사가 네 명 있는데 그중 한 명은 준의(보조의

롱교리 진료소는 의사 네 명이 한 달에 천 명 가까운 사람들의 건강을 돌보고 있다.

사)이고 또 다른 한 명은 구강 담당이었다. 오전에는 진료소에서 치료하고, 오후에는 방문 진료로 하루에 사십여 명, 한 달에는 약 천 명 가까운 사람들의 건강을 돌보고 있다.

진료소 의사에 따르면 그해 마을에서 마흔일곱 명이 출산을 했는데 그중 스무 명 정도를 진료소 의사가 자연분만을 맡았고 나머지는 다른 병원에서 아이를 낳았다고 한다. 첫 분만과 쌍둥이 이상 그리고 제왕절개가 필요할 때만 병원으로 가고 보통은 진료소가 담당한다고 설명한다. 집에서 해산하는 과정을 조산원이 돕는 형태일 것으로 보였다.

산모는 임신부터 출산까지 스무 번 가까이 진료를 받을 수 있다. 신생아는 늘어나는 추세라고 한다. 고난의 행군이 끝나서 형편이 나아지고 있기 때문일 것이다.

우리를 안내한 의사는 진료소를 새로 지어 더 좋은 환경에서 진료하고 싶다는 바람을 내비쳤다. 진료소를 보고 싶었으나 민화협 참사가 별로 볼 만한 것이 없으니 들어가지 않는 게 좋겠다고 말했다. 얼핏 안을 들여다보니 그냥 냉골방으로 보였다.

이어서 교감 선생의 안내를 따라 룡교리소학교로 갔다. 학교 담장은 군데군데 기울고 허물어져 있었다. 얼었다, 녹았다 하면서 여기저기 갈라진 운동장에 몇몇 어린이가 노는 모습이 눈에 들어왔다. 교감 선생은 학교 건물로 들어가기를 주저하다가 마지못해 교실 한 곳을 보여 주었다.

난방을 위해 높이 1미터, 폭 30센티미터 정도 되는 시멘트 페치카(벽난로)를 창문 쪽에 교실 길이를 따라 만들어 놓았다. 거기에 겨를 넣고 태우는 방식이었다. 벽난로는 그저 냉기만 면할 뿐이지 교실에 온기를 주기에는 힘겨워 보였다. 책상, 칠판, 풍금도 오래된 것으로 보였다.

학생은 백오십 명 남짓으로 한 교실에서 서른 명쯤 수업하는데, 교실 수가 모자라서 이부제 수업을 한다는 설명이다. 중학생들은 다른 마을로 등교하는 실정이다.

교감 선생은 건물을 이 층으로 높이고 교실을 예순 개쯤 만들어 소학교와 중학교를 한 건물에서 운영하고 싶다고 말한다. 건축 자재, 건설용 트럭과 함께 소학교는 텔레비전, 중학교에는 컴퓨터 같은 학습 기자재와 비품을 갖추면 좋겠다는 의견도 덧붙였다. 우리는 학교를 고치고 교육 기자재를 제공하겠다는 뜻을 밝혔다.

내처 리 관리위원회 사무실에 들어가 앉았다. 작은 건물의 한쪽에 있는 온돌방인데 책상 하나에 오래된 컴퓨터 한 대가 놓여 있었다. 관리위원장은 남측 민간단체가 협력하겠다고 찾아오니 처음에는 어떻게 말을

2005년 겨울은 몹시 추웠다. 군데군데 담장이 기운 롱교리소학교 운동장에 몇몇 아이들이 뛰놀고 있었다.

허름한 책걸상이 눈에 밟히던 롱교리소학교를 지원하기로 했으나, 나중에 사업 지역이 장교리로 바뀌면서 그 뜻을 펼치지 못해 아쉬움이 남는다.

섞어야 할지 갈피를 잡기 어려운 듯했다. 전기 사정은 도심보다 좋아서 학교를 늘려 짓고 진료소를 새로 짓는 데 문제가 없을 거라는 뜻밖에 말을 들었다. 멀지 않은 곳에 발전소가 보였는데 그래서일까?

평양으로 돌아와 민화협 관계자들과 협의를 이어 갔다. 우리는 군 단위가 아니라 리 단위 사업이 주민들에게 더 도움이 되고 의의가 크겠다고 설명했다.

처음 합의대로 남녘의 몇 단체가 강남군에 있는 열여덟 개 리 가운데 몇 곳을 골라 사업을 시작하기로 매듭을 지었다. 우리 역시 민화협 쪽 말처럼 모든 리에 혜택이 가지 못하는 것에 찜찜했다.

그러나 리를 하나의 단위로 해서 산모와 어린이의 영양상태, 질병 종류와 치료 효과를 추적 관리하면서 성과에 대한 자료를 확보해야 모자보건사업을 확대할 수 있는 계기가 마련될 것으로 판단했다.

민화협 관계자들은 지역 주민 요구를 모두 받아들이는 것은 바람직하지 못하다고 의견을 내놓았다. 주민 역할도 중요하니 할 수 있는 것은 스스로 하도록 이끌자는 이야기였다. 옳은 말이므로 동의했다. 건축은 지역 사람들이 담당하는 것을 원칙으로 해야 하지만 농번기가 끼어 올해 안에 완공을 못 할 수 있으므로 북쪽 건축회사에 맡기기로 했다.

돌이켜 생각해 보면 농촌 마을에 남녘 단체를 연결하는 일은 영양관리연구소 같은 국가 기관과 또 달라서 민화협 관계자들의 고심이 컸을 것으로 생각된다. 협력 사업을 하면서 상대 처지를 잘 헤아려야 하는데 그때 혹시라도 우리 생각만을 내세우지 않았는지 돌아보게 된다. 다시 초심을 되새긴다.

장교리인민병원 기술이전 모습. 해외 건설 경험이 있는 북측 전문회사가 시공을 맡았다.

모자복지사업 지역을 룡교리에서 장교리로 옮기게 되었다. 낡은 시설을 손보려던 우리 생각과는 달리 룡교리 주민들은 학교 신축을 원했는데 우리로선 받아들이기 어려운 처지였기 때문이다.

그 대신 장교리 소학교를 고치는 쪽으로 계획을 바꾸어 2006년 4월 민화협과 모자복지종합사업 2차 합의서를 맺었다.[4] 결국 사업 대상으로 꼽았던 룡교리, 장교리, 당곡리 가운데 가장 어린이 수가 많은 장교리를 사업 중심 현장으로 삼게 됐다. 일복이 터진다.

마음을 다잡고 모자복지위원회와 건축위원회를 꾸리면서 일을 추진했다. 모자복지센터는 장교리 산모들의 임신부터 출산, 그리고 다섯 살까지 어린이들의 영양과 건강을 보살피는 일을 주로 해야 한다. 아울러 둘레에 있는 리 서너 곳 진료까지 맡기로 했다. 따라서 산전산후 관리, 신생아와 영유아 건강, 주민들 기초 건강관리를 위한 의료장비와 소모품을 공급해야 했다.

모자복지센터 짓는 일은 어깨동무어린이병원을 설계했던 황영현 소장이 다시 수고해 주었다. 북녘을 오가는 사이에는 현장에 전달할 내용과 다음 방북 일정을 협의하는 문건이 중국 중개인을 통해 팩스로 분주하게 오갔다. 전달 내용에 차질이 있으면 공사가 중단되거나 기술이전이 틀어지기 때문에 팩스를 거쳐서라도 긴밀한 연락은 매우 중요했다. 작업과 진행 사항을 꼼꼼하게 정리한 문서를 숱하게 주고받았다.[5]

그때는 인천과 북녘 남포시를 정기로 오가는 배가 있었다. 자재와 설비를 배에 실어 송장을 북에 보내면 민화협 관계자들이 남포항에 도착한 물건들을 트럭으로 현장까지 나르곤 했다. 참 촘촘하게 계획해서 줄기차게 일하던 시기였다.

아울러 건축 자재와 생산설비를 보내 장교리와 룡교리 어린이들에게 콩우유를 급식할 공장을 세웠다. 하루에 이 톤 가량 생산을 예정했다. 생산한 콩우유를 가까운 곳 어린이들에게 나눌 수 있도록 냉장수송차량을 제공하기로 했다. 장교리의 모자복지종합사업에 쓰인 돈은 백육십만 달러에 달한다.

준공식은 2006년 11월에 열렸다. 모자복지센터라는 이름이 북녘에서는 낯설다고 해서 '장교리인민병원'으로 간판을 걸기로 했다. 보건의료 실무팀은 장교리인민병원에서 바로 환자를 돌볼 수 있도록 준공식 하루 전과 당일에 걸쳐 병원에서 기술을 이전하고 학술회의도 가졌다.[6]

그 무렵 북측은 미사일을 발사하고 핵실험을 했지만 정부는 민간 협력에 뒤따르는 방북을 막지 않았다. 그래도 어린이들은 빠지기로 하고 어깨동무 회원과 후원자 사십여 명이 방문해 축하했다. 북에서는 최성익 민화협 부회장과 그동안 고생했던 참사들이 자리에 함께했다.

완공된 장교리인민병원은 소아과, 산과, 내과, 기초외과로 운영한다. 2007년에는 남쪽 한의사들이 기술을 전수하고 물품을 기증해 한방 진료도 함께 할 수 있게 됐다. 먹는 물의 질을 높이고 물 때문에 생기는 질병을 줄이고자 지하수 설비도 제공했다.[7]

벽돌로 지은 장교리인민병원은 가운데 부분이 솟아 있어 멀리서 보면 마치 교회처럼 보인다.

남북의 사람들이 힘을 합쳐 팔 개월 동안 촘촘하게 계획하고 줄기차게 일한 결과, 연 오천 명 넘는 주민을 진료할 수 있는 병원을 세울 수 있었다.

장교리인민병원에서 연 오천 명 넘는 주민들이 진료를 받을 수 있을 것으로 예상했다. 또 장교리와 가까이 사는 천오백 명 넘는 어린이에게 날마다 따뜻한 콩우유를 급식할 수 있게 되었다. 병원 설계를 맡은 황 소장은 이런 인민병원이 북녘 곳곳에 세워지면 좋겠다면서, 표준설계도면을 무료로 제공하고 싶다고 했다.

벽돌로 지은 장교리인민병원은 가운데 부분이 솟아 있어 멀리서 보면 마치 교회처럼 보인다. 준공식을 마치고 떠나는 길에 멀어져 가는 병원을 바라보면서 장교리에 사랑과 은혜가 넘쳐 나기를 기원했다.

어깨동무와 민화협이 주고받은 장교리 모자복지사업 팩스

수 신 : 민족화해협의회 협력부 앞
발 신 : 어린이어깨동무
2006년 8월 10일

(줄임)

○○대외건설사업소 전달 사항

1. 방수관련
   지난 방문 시 현장 지배인 선생이 방수액 부족을 제기했습니다. 정○○ 부장에게 확인한 결과 1층 위생실, 샤워실, 주방에만 우레탄 방수(경화제 함께 사용)를 하고, 옥상 방수는 Sheet 방수로 마감합니다. 8월 9일 정기항로로 방수액을 추가로 공급했고, 8월 16일 경화제도 추가로 공급할 예정입니다. 공급한 양으로 충분히 마감처리가 가능합니다. 아래에 방수 방법을 설명하니 그대로 처리해 주기 바랍니다.
   ① 우레탄 방수 : 방수액(20kg)과 경화제(18kg)를 각 1통씩 섞은 후 사용합니다. 섞으면 걸죽한 느낌이 납니다. 붓질이 안 될 정도라면 희석제(신나)를 조금씩 섞어 사용하면 됩니다.
   ② Sheet 방수 : 토치(가열기)로 시트를 조금씩 구우면서 바르면 더 잘 붙습니다. 그런데 너무 굽거나 잘못하면 망가지니 잘 사용하시기 바랍니다.
2. 뢴트겐실 바닥공사 : 바닥공사 후 뢴트겐을 설치해도 됩니다. 바닥공사를 진행해 주십시오.
3. 현관 출입구 케노피 설치용 C형강 : 30본을 8월 16일 정기항로로 공급하겠습니다.
4. 현관부 : 화강석 물갈기 처리도, 통돌 처리도 아닙니다. 콘크리트 작업으로 마무리 하십시오. 화강석 물갈기로 작업하지 않기 때문에 연마석은 공급하지 않습니다.
5. 수지천정판 : 8월 22일 기술이전팀이 방문할 예정입니다. 여유 있게 타산하여 공급하였기에 추가 공급은 필요 없습니다.
6. 합판 : 정○○ 부장에게 확인한 결과 내부공사에는 합판이 필요 없다고 합니다. 어떤 부분에서 필요하여 요청한 것인지 알려 주기 바랍니다.
7. 석고보드 : 요청한 양을 16일 정기항로로 공급하겠습니다.
8. 분전반 판넬 : 확인결과 20AT로 공급된 것이 맞습니다. 전기 기술이전 시 현장에서 수정이 가능한 부분이니 기술이전 시 처리하겠습니다.

9. 동판후레싱 : 8월 16일 정기항로로 폭 60cm 동판 후레싱을 공급하겠습니다.

10. 스터드와 런너, 천정용 행거볼트 : 9일 정기항로로 공급했습니다.

11. 원형세면대 받침 : 별도로 제작해야 하는 품목입니다. 제작되는 대로 공급하겠습니다.

12. 목문용 도어락 : 원형 도어락으로 사용하는 것으로 변경하겠습니다. 기존에 공급한 물자로 사용하십시오.

13. 배관자재 : 이번 방문 시 박 사장님이 파악한 자재를 16일 정기항로를 통해 공급하겠습니다.

장교리 콩우유 공장 전달사항

1. 문틀 : 출입구 문틀 제작이 우리 측에서 전달한 대로 작업되지 않았습니다. 이후 문제가 발생할 수 있으니 현재 설치한 콩우유 공장 문틀 중 하단면 문틀은 제거해 주십시오. 장교리 콩우유 공장에서 부족한 문틀과 룡교리 문틀, C형강은 8월 16일 정기항로로 공급하겠습니다.

2. 바닥처리 : 지난 7월 방문 시 임○○ 사장이 배관방법을 구두로 전달했다고 합니다. 그대로 마무리 바닥공사를 진행하기 바랍니다. 전달이 정확하게 되지 않았을 수 있으니 다음 주 초에 문서로 작성해서 보내겠습니다.

3. 기술이전 시기 : 분전반 공급시기가 늦어진 관계로 기술이전 시기가 9월 말에야 가능합니다. 기술이전 전에 물과 전기 문제가 해결될 수 있도록 현장에서도 협조 바랍니다.

(줄임)

이후 방문 일정을 첨부합니다.

어린이어깨동무 8~9월 방문 일정

시기	방문 목적	방문 인원
8월 22일(화) ~ 26일(토)	1. 장교리 병원 기술이전 2. 협력사업 협의	4명
9월 2일(토) ~ 16일(토)	평양어린이식료품공장 콩우유 생산설비 및 냉장창고 설치 및 기술이전	9/2~16 : 콩우유설비팀 7명 9/9~16 : 냉장창고팀 4명
9월 19일(화) ~ 23일(토)	장교리 병원 건축 및 전기 기술이전	9명
9월 27일(수) ~ 10월 3일(화)	장교리 콩우유 생산설비 설치 및 기술이전	9명

여맹 일군의 "강냉이 막걸리 개져오라"

지역에서 하는 일은 서로의 숨결이 느껴지고 헤어지면 안부가 궁금하다. 사람들과 같이하는 일이니 힘들어도 힘내서 할 수 있었다.

장교리인민병원을 지을 때 공사 기간이 팔 개월쯤 걸렸다. 현장에 나갈 때면 공사장에만 내내 있을 수 없어서 동네 마실을 다니다 보니 주민들 살림살이가 차츰 눈에 들어왔다. 농촌이어도 젊은이들이 많았는데, 체육대회라도 하는 날엔 한자리 끼고 싶다가도 주책이라는 소리를 들을까봐 애써 참기도 했다.

한여름 어느 날에는 동네 여맹 일군이 점심으로 닭백숙을 내왔다. 게다가 백숙을 어찌 맨입으로 먹느냐며 따라 온 젊은 처자에게 냉큼 가서 "강냉이(옥수수) 막걸리 개져오라" 하니 황감하기까지 했다. "인차(금방) 옵네다" 하더니 정말 금세 받아온 막걸리 한 사발을 내밀어 무척 달게 마셨다. 구수한 강냉이 내음에 실린 푸근한 정이 마음 깊은 곳까지 촉촉하게 적셔 왔다.

시공을 총괄했던 양계열 소장은 한 달에 반 정도를 장교리에 살다시피

했다. 식사를 마을에서 하다 보니 주민들과 자주 만나게 되고, 동네 산책도 하면서 본의 아니게 '호구조사'를 하게 된 셈이 됐다. 어느 집에 누가 살고, 어느 집 딸은 외지로 시집갔는데 산달이 가까워지니 우리가 짓는 병원이 열리기만을 기다린다는 것처럼 사연도 가지각색이다.

식수를 마련하고 콩우유 생산에 쓸 물을 확보하기 위해 지하수를 팠으나 물이 나오지 않아 애를 태운 적이 있다. 장교리 주민 한 사람이 물구멍을 찾기로 했는데 "물 걱정은 하지 말라"고 큰소리를 펑펑 쳐서 더 불안했다. 그러다 온종일 물이 콸콸 나오는 물구멍을 발견한 날은 다 같이 환호성을 질렀다.

시공회사와 실랑이를 벌이는 날도 있었다. 공사가 늘어지는 탓에 인력을 다른 공사장으로 보내기에 싫은 소리를 한마디 했다. 애초 계획보다 공정에서 빠진 작업이 있어 공사비를 깎자고 신경전을 벌이다가 서로 계면쩍게 웃기도 했다. 이렇게 남과 북의 사람들이 만나 서로 부대끼면서 정을 주고받는 일이 남북 협력이다.

새로 지은 장교리인민병원은 어린이 사백 명을 포함해서 사천 명 가까운 마을 주민을 담당 의사들이 어린이부터 늙은이까지 호(가구) 단위로 맡는다. 북에서는 '어린이, 젊은이, 늙은이' 이렇게 부르니 노인이 아니라 '늙은이'가 된다. 그러니 그쪽에 가서 늙은이라는 호칭을 들어도 거북해하지 말기를. 환자의 진료 기록은 출생부터 사망까지 한 권으로 남긴다고 한다. 다양한 기록 양식이 있다고 하지만 종이가 필요하다는 요청으로 보아 어느 정도로 유지하는지는 알 수 없었다.

진료에서는 고려의학과 양의학이 칠 대 삼 비중으로 이루어진다. 고려의학 처방에서는 모든 의사가 서로 다른 다섯 가지 약재를 한 사람당 달

어깨동무에서 자재와 설비를 배에 실어 보내면, 북녘 관계자들이 항구에 도착한 물건들을 트럭으로 공사 현장까지 나르곤 했다.

지역에서 하는 일은 서로의 숨결이 느껴지고 헤어지면 안부가 궁금하다. 사진은 남쪽 기술진이 북녘 사람들에게 콩우유 공장을 위한 기술이전을 하는 모습.

마다 십오 킬로그램을 채집하는 책임량이 있다고 한다. 약품과 물품도 군 병원에 신청하면 공급받는다고 말하지만 그전에는 꽤 모자랐을 것으로 보였다.

어린이 예방 접종은 대상자를 달에 한 번 군 위생방역소에 신청해서 백신을 받고, 이를 냉장고에 보관하면서 접종한다고 설명한다. 그전에는 냉장고가 없어서 잘 보관하기가 어려웠을 테지만 앞으로는 가능할 테니 안심이다. 인민병원 원장이 "좋은 환경에 의료 설비와 약품을 갖추었으니 주민들이 몰려들 것이 걱정"이라고 푸념하는데, 도리어 자랑이 더 섞인 듯이 들렸다.

장교리인민병원에 정기로 약품과 소모품을 보내면서 2007년 12월 다시 장교리를 찾았다. 벌써 인근에 소문이 자자해서 환자들이 몰리는 바람에 군 병원처럼 바쁘다고 한다. 장교리와 룡교리 그리고 당곡리 주민까지 더하면 만 명 정도를 진료하는 셈이 된다. 분만 숫자만 해도 그해에 서른 건 넘게 훌쩍 늘어났다. 더불어 쌀과 딸기를 팔면서 마을 수익도 늘었다고 한다. 경남통일농업협력회가 북녘 협동농장에 벼농사를 위한 모종, 기술, 영농기기를 보내는 한편 통일딸기 재배를 협력 사업으로 펼친 효과가 보였다. 마을에 활기가 넘쳐나니 뿌듯하기 이를 데 없다.

2011년 8월 오랜만에 다시 장교리를 찾은 김유호 선생이 어깨동무 소식지에 그곳 이야기를 전했다.

장교리인민병원 원장님은 우리를 반갑게 맞아 주셨다. 2006년 개원 당시부터 근무하는 4명의 의사와 약제사, 간호사 분들이 그대로 근무하고 계셨다. 엑스(X)-선 촬영을 하고 있던 외과 의사는 깜짝 놀라며 반가워하는

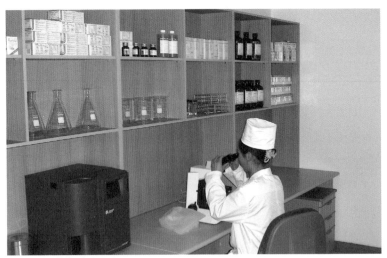

2011년, 오랜만에 찾은 장교리인민병원에는 처음 병원 문을 열었을 때 일하던 의사와 간호사들을 그대로 만날 수 있었다. 사진은 검사실 풍경.

심전도 기계와 방사선 필름이 있어 의사로서 환자 볼 맛이 난다던 젊은 의사를 다시 만나 진한 감동을 나누었다.

기색이 역력했다. 우리는 다시 만나게 된 감격에 서로를 껴안고 말았다. 최근에 촬영한 사진이 있으면 보자고 제안을 하자, 현상기가 고장 나서 손으로 현상액에 담가서 보고 있다며 소아 흉부 엑스선 필름을 보여 주었다. 필름 화질이 좋지 않아 제대로 볼 수는 없었다.

2006년 개원 당시 의과대학을 졸업하고 5년 동안 현장에서 의사로 일하면서 심전도 기계와 방사선 사진을 볼 기회가 없었는데, 장비를 사용할 수 있다는 기대로 순진하게 기뻐하며 의사로서 환자 볼 맛이 날 것 같다던 젊은 의사를 다시 보게 되니 가슴이 짠했다. 조금만 더 시간이 있었다면, 그리고 지금까지도 근무하고 있는지 알았더라면 가지고 있던 청진기라도 선물로 주고 올 것을……. 숙소로 돌아와서 잠들 때까지 내내 그 친구의 얼굴이 어른거렸다.

_〈어깨동무〉(88호, 2011. 8)

우리는 그 뒤로 몇 년 동안 장교리에 가지 못했다. 새 병원을 짓기 전 진료소 상태를 보았기에 더 불안하다. 약품은 얼마나 모자란지, 고장 난 설비는 고쳐 쓰고 있는지 걱정이 이만저만이 아니다.

2017년 말 강남군 일대를 '강남경제개발구'로 지정했다는 소식을 들었다. 경제개발구는 다른 나라 투자를 끌어들이고자 기업들에게 유리한 환경을 보장해 주는 특정 지역이다. 새로운 환경 속에 강남군 일대가 어떻게 바뀌고 있을까? 우리가 펼친 사업은 또 어떤 영향을 받을까? 뜻 모를 안타까움이 슬며시 고개를 드니 "옥수수 막걸리 개져오라" 하던 여맹 일꾼도, 장교리에서 만난 그 모든 사람들이 사뭇 그리워진다.

어린이식료품공장 현대화 "일 없습네다"

북녘에서는 어린이들을 위한 콩우유 급식차를 '왕차'라고 부른다. 콩우유를 신선하게 공급할 수 있도록 길을 가장 먼저 다닐 수 있게 보장해주기 때문이라고 한다. 그렇게 어린이 영양 급식에 최선을 다하고 있지만 공장 시설을 좋게 바꿔야 급식에 지장이 없겠다는 사정을 북측 관계자한테 들었다. 어깨동무와 협력해서 운영하는 콩우유 생산과 급식이 효과가 있다고 검증된 2005년 초에 알게 된 이야기다.

평양 평천구역 새마을 2동에 있는 평양어린이식료품공장(아래부터 어린이식료품공장)은 국가가 담당하는 시설인데 설비를 개선하면 좋겠다고 의논이 되었다.[8]

2005년 4월 어린이식료품공장에 처음으로 가 보았다. 공장을 드나들 때면 군복을 입고 소총을 든 여성 경비를 지나쳐야 한다. 다른 사업장에서는 보지 못한 풍경인데 국가 주요 시설이기 때문에 그런 듯하다.

그만큼 위상이 높은 공장이니 초기에 공장 지배인과 기술자들이 우리를 대하는 태도가 다소 뻣뻣하고 퉁명스러웠다. 남녘 민간단체한테 도움

콩우유를 신선하게 나를 수 있도록 길을 먼저 다닐 수 있게 해서 콩우유 급식차를 '왕차'라고 부른다.

을 받는 것이 내키지 않기도 하고 도와야 뭘 얼마나 돕겠나 하는 생각도 있었던 것 같다.

이 공장은 한 재일동포 사업가가 보낸 성금으로 1970년대에 최신 생산 설비를 수입해 마련했다고 한다. 1977년에 남새(야채) 가공 공장을 식료품공장으로 확대해 지금에 이르렀고, 전국에서 평양에만 있는 식료연합기업소에 속해 있기도 하다. 성금을 보낸 사업가가 훈장을 달고 있는 사진을 유심히 보고 있으니, 이 일이 잘되면 우리도 훈장을 받을 수 있겠다고 옆에서 실없는 농담을 건넨다.

어린이식료품공장의 주된 몫은 평양 시내 유치원부터 중학교까지 어린이들에게 콩우유를 날마다 급식하는 것이다. 그리고 산유(유산균우유)를 비롯해 애기젖가루, 영양 암가루, 남새 암가루처럼 물에 타서 젖 대신

먹일 수 있는 가루 제품을 만든다. 이 제품들은 쌀, 명태, 사탕가루, 밀가루, 다시마 같은 친환경 원료를 쓴다.

먼저 공장을 둘러보기로 했다. 직원 팔백 명이 여섯 개 직장(개별 생산 단위)과 스무 개 작업반에서 일하고 있다. 공장 넓이는 이만 제곱미터라는데 정문 옆에 아주 큰 저장고가 있어서 인상에 남았다. 규모는 크지만 일부 건물과 설비는 현대화가 필요해 보였다.

사무실 건너편에 분유와 이유식 직장이 보이고 가운데에 콩우유 만드는 곳이 있다. 제품, 자재, 원료 창고와 연결된 이 중심부가 우리가 일해야 하는 곳이다. 주차된 콩우유 급식차를 보니 평양 시내 학교와 탁아소를 다 끌어안기에는 버거워 보였다.

공장에서 회의를 하며 사업 내용을 의논했다. 공장 지배인은 현재 콩우유를 평양에 있는 스물네 구역에 공급하고 있다고 설명한다. 삼교대로 24시간 공장을 돌려서 하루 백 톤 생산이 목표지만 실제로는 육십 톤 정도 만드는 데 그친다고 한다. 가까운 군까지 공급을 넓히려면 시설을 늘리거나 바꿔야 한다고 밝혔다. 평양에서 꽤 떨어져 있는 곳에도 보내기 위해 이틀 넘게 품질을 유지할 수 있는 포장 설비도 필요하다고 한다. 만일 콩우유 공장을 새로 짓는다면 철근과 페인트도 마련해야 할 듯했다.

생산 공정을 둘러본 유진테크 김성무 기술고문은 설비들이 청소하기 어렵게 놓여 있어서 위생이 걱정이라고 했다. 살균, 착즙, 균질, 혼합 조정기처럼 콩우유 생산에서 가장 중요한 조제 설비를 갖추지 못했다. 원료 대비 추출물 비율을 말하는 '수율'이 콩 십삼 킬로그램당 콩우유 일 톤으로 많이 낮았고 품질도 떨어졌다.[9] 기쁜 소식은 전기 주파수와 전압이 다른 현장보다 좋다는 것이다.

콩우유 공장 현대화 과정에서 남북 기술자 사이에 긴밀한 협력이 이루어졌다.

우리는 콩우유 공장 설비를 현대화하고 건물을 고쳐 짓는 데 협력하겠다고 밝혔다. 국가 시설이므로 원료는 스스로 마련할 수 있다기에 정말 그런지 걱정스럽게 되물으니 확실하다고 한다. 생산량이 많아지면 원료 공급도 늘려야 하는데 괜찮은지 다시 또 확인하니 간단명료하게 대답한다.

"일 없습네다."

콩우유 생산량이 넉넉해지면 평양 밖에 있는 농촌으로 급식을 넓히자고 서로 다짐했다.

남녘 기술자들이 공장 현장에서 건물을 고치는 일과 생산 설비 설치를 도왔다. 북녘 말로 어린이들을 위한 생산 시설을 '현대화' 또는 '개건'하기 시작한 것이다.[10] 이 또한 삶의 질을 높이는 데 이바지해야 한다는 북

2007년 평양어린이식료품공장 콩우유 공장동 설비 기증식 모습. 북녘을 대표하는 식품 공장을 협력의 근거지로 삼게 된 뜻깊은 날이었다.

어린이식료품공장이 현대화를 마치면서 어린이 오만 명이 날마다 신선한 콩우유를 먹을 수 있게 되었다.

의 경제관리개선 조치에 들어맞는 일이다.

어린이식료품공장에 새 설비가 설치되는 과정에서 남북 기술자들끼리 긴밀한 협력이 이루어졌다.

북녘 기술자들은 자기가 맡은 일에 책임감과 긍지가 높아서 새로운 지식과 기술을 열의 있게 배운다. 컴퓨터에 통달한 어느 기술자에게 어떻게 배웠는지 물으니, 컴퓨터가 없어서 교본을 통째로 외웠다는 답을 듣고 놀란 적도 있다. 남녘 기술자들은 자기들이 가르쳐 준 기술을 밤새 익혀 다음 날 익숙한 솜씨로 해내는 북녘 노동자들을 보면서 보람을 많이 느낀다고 이구동성으로 말한다. 물론 가끔 지나친 의욕을 보여 혼자 해 보다가 부품을 망가트리는 경우가 있기도 하다.

기술이전으로 공장을 일 년 넘게 드나들다 보니 처음엔 무뚝뚝하던 여성 경비도 우리 버스가 들어가면 재빨리 차단기를 치우면서 환하게 웃는다. 어느덧 많은 직원들과 서로 식구 이야기를 하고 간식을 나눠 먹는 사이가 되었다. 소소한 이야기도 나눈다.

한번은 스위스 식품 회사 사람들이 찾아와 중고 설비를 공짜로 준다고 했다며 자랑 비슷이 하기에 '잠깐만!' 하고는, 그 설비에만 맞는 비싼 포장지와 소모품을 팔려는 영업방식이라고 알려 주기도 했다. 어느 방문 때는 체육대회가 열렸는데 함께 경기를 보면서 응원을 보냈다.

이런 날도 있었다. 출발하는 날 아침까지도 어린이식료품공장에 들를 일이 있어 빛의 속도로 일을 마치고 공항으로 달렸다. 얼마쯤 가더니 갑자기 담당 참사가 외쳤다.

"아바이가 안 탔다!"

함께 있던 최용 이사가 버스에 타지 않은 것을 알아채고는 황급히 공장으로 돌아갔다.

"내 돌아올 줄 알았지."

최 이사는 회의하던 자리에 예의 그 잔잔한 미소를 머금고 고요히 앉아 있었다.

두 번에 걸쳐 설비 설치를 마치고 기계에서 콩우유가 콸콸 쏟아지던 날, 남과 북 가릴 것 없이 그동안 수고한 '우리'는 모두 하나가 되어 만세를 불렀다.

어린이식료품공장 콩우유 설비 기증식이 2007년 10월 19일에 열렸다. 남녘 어린이 여섯 명과 후원해 준 사람들 백여 명이 참가해 그 결실을 확인했다.

현대화를 마친 공장은 하루에 콩우유 오십 톤을 더 만들 수 있게 되었다. 농촌 지역인 강남군, 상원군, 중화군, 강동군, 그리고 평안남도 평성에 사는 오만 명 넘는 어린이들이 날마다 신선한 콩우유를 먹을 수 있게 되었으니 참으로 뿌듯한 일이다.

그동안 세계 여러 나라에서 보내온 분유를 먹었던 북녘 어린이들은 제품이 바뀔 때마다 배앓이를 자주 했다고 한다. 더는 그런 일이 없기를 바랐다. 아울러 남북이 협력해서 급식 생산과 분배 체계가 회복되고, 지속 가능한 기반을 만들었으니 이 또한 의미가 크다.

앞으로는 우리가 제공한 분석 장비로 공장 쪽과 같이 개발한 지표에 따라, 분석 결과를 전달받기로 했다. 이로써 남녘에서도 콩우유의 영양 증진 효과를 꾸준히 알아볼 수 있게 됐다. 협력은 이렇게 한 걸음 한 걸음 함께 나아가는 것이다.

북이 어린이식료품공장을 전면으로 현대화해서 생산품 종류를 늘리고

'꽃망울을 피우는 뿌리가 되여'라는 평양어린이식료품공장 홍보 동영상에 김정은 국무위원장 모습이 나온다.

연구 수준도 높다는 2008년 〈조선신보〉 보도가 있었다. 아울러 김정은 국무위원장이 최근까지 여러 해에 걸쳐 공장 '현지지도'를 하면서 설비의 현대화와 국산화를 칭찬했다고 한다.

그런 성과에 힘입어 유튜브에 '꽃망울을 피우는 뿌리가 되여'라는 제목으로 공장 홍보 동영상도 내보내고 있다. 이 영상을 보면 공장에서 만드는 어린이 식품 종류가 많이 늘어난 것이 눈에 띈다. 2011년 유럽연합 의회대표단, 2017년에는 유엔 펠트만 사무차장이 어린이식료품공장을 방문했다고 한다. 북녘이 자랑하는 대표 어린이 식품 공장으로 발전한 것이다.

협력 사업을 할 때 여러 번 비슷한 일을 겪으며 느낀 점이 있다. 먼저 조급하지 말아야 한다. 보지 않고 믿으면 더 복되다고 하지만, 약속한 물건이 제때 도착하고 남쪽 기술자한테 배울 것이 있는지도 확인해야 우리를 믿게 된다. 무엇보다 믿어 달라는 말보다 믿게끔 행동하는 것이 중요하다.

알려진 것과 달리 북측 당국이 절대 권력으로 모든 것을 할 수 있지는 않다. 협력할 곳을 정한 뒤에는 현장 책임자들의 동의를 얻어야 한다. 일이 약속대로 이루어지지 않으면 현장에서 민화협에 항의가 이어지고, 상부 당국에도 문제를 제기한다. 그러므로 협력하는 사람들끼리 마음을 맞추고 서로 힘을 모아야 한다.

현지 사정에 맞는 설비를 갖추는 것도 중요하다. 누구나 최신 설비를 원한다. 그러나 평양의 전기 사정과 기술 수준을 헤아려 전기가 끊겨도 돌아갈 수 있는 반자동 설비를 마련해야 한다. 의료 설비도 마찬가지다. 최첨단이 늘 좋은 것만은 아니다. 남북 협력 사업은 이렇듯 서로 주고받는 관계와 책임감이 중요하다. 때로는 그 과정에서 오해가 생기기도 하지만 인내와 진심으로 대하면 서로 마음을 나누면서 일을 꾸려 나갈 수 있다.

우유 생산 설비 역사의 산증인인 유진테크 김성무 고문, 그리고 대를 이어 김 고문의 아들인 김정기 대표가 어린이식료품공장 현대화에 참여했다. 오로지 북녘에서 태어났다는 까닭으로 어린이들이 고통받는 일은 옳지 않다는 생각으로 모든 기술정보를 기꺼이 내주었다. 학용품 생산, 보건의료와 건설 협력에서도 그런 사람들을 무수히 만났다.

남북이 제대로 교류하고 협력하려면 삶의 질을 높이는 데 도움이 될 전문가와 실무자들의 만남이 늘어나야 한다. 남북 전문가들이 만나 힘을 모아 공동 과제를 해결하는 가운데, 다투기도 하고 의기투합하면서 뜻있는 성과를 만들며 보람을 나누는 일이 진정한 교류라고 생각한다. 함께 사업을 하면서 실제 교류가 이루어지는 것이다. 교류가 회의나 행사에 그쳐서는 안 될 일이다. 더불어 민간단체는 남과 북의 전문가들이 만나서 협력 방법을 찾고 이끌어 갈 수 있도록 징검다리 몫을 잘 해야 할 것이다.

6장

소아병동 짓고
10년 젊어지고

일반자리표
ECONOMY CLASS BOARDING PASS

JS 156
PYONGYANG

AIR KORY

SEAT

GATE

평양의학대학병원과 고난의 행군

평양의학대학병원(아래부터 평양의대병원)은 북녘에서 가장 역사가 오래되고 규모도 제일 큰 의료 기관이다. 북에 있는 종합병원 가운데 이곳에만 소아과가 있다고 한다.[1]

2005년 11월에 평양의대병원을 방문했다. 류환수 부원장(흉부외과 의사)이 현관에서 맞아 주었고, 문상민 원장(정형외과 의사)을 비롯한 소아과 의사들과 이야기를 나누었다. 남쪽 민간단체와 만나는 일에 원장, 부원장, 후방부원장(시설관리 담당), 소아과 과장들이 모두 나올 만큼 비중을 두는 것이 느껴졌다. 그동안 어깨동무가 북녘에 세운 병원들을 보면서 우리에게 믿음이 생긴 것으로 보였다.

병원에 대한 설명을 듣고 협의에 들어갔다. 이미 운영되고 있는 어깨동무어린이병원과 연계해 환자를 진료하는 방안을 이야기하니 관할 부처가 달라 쉽지 않다고 한다. 어깨동무어린이병원은 조선의학과학원이 상급 기관이고, 평양의대병원은 보건성에서 관할한다는 것이다. 다시금 장교리에 세운 모자보건센터의 기능을 확대한 병동을 만들면 어떨지 제안하니, 평양에 산모 전담 병원인 평양산원이 있어서 적합하지 않다는 답을 들었다.

북측의 최우선 관심사는 평양의대병원에 소아병동을 새로 짓는 일이었다. 우리가 그 일에 협력할 수 있는지 알아보는 것이 중요한 듯했다. 어깨동무어린이병원을 세우기 전까지는 어깨동무 활동에 딱히 반응을 보이지 않았는데 이제는 북측에서 먼저 제안을 하게 되었다.

우리는 소아 입원동부터 먼저 보고 싶다고 했다. 그래야 새로 지을지 아니면 개보수가 필요할지 검토할 수 있다고 이야기했다. 그랬더니 평양의대병원 쪽에서는 우리에게 이 사업에 협력할지 여부를 먼저 정해 달라고 한다. 그런 뒤에야 소아 입원동을 보여 줄 수 있다는 말이었다.

현장을 직접 봐야만 필요성을 확인하고 예산도 가늠할 수 있기 때문에 우리로서는 그전에 먼저 결정을 내릴 수 없다고 전했다. 협력 사업을 의논하는 상대 쪽에게 실태를 가리려는 태도가 조금 씁쓸했다. 북녘 최고 병원의 열악한 형편을 보이기 싫은 마음이었을까?

소아 입원동 방문 여부를 매듭짓지 못하고 쓴 점심을 먹게 되었다. 식사 뒤에 다시 병원에 가니 점심시간에 이야기가 정리됐는지 그쪽으로 가자고 한다. 우리 일행은 여러 명이었지만 직접 관련이 있는 최용, 신희영 의사 그리고 나만 가는 것으로 양해해 달라고 부탁했다.

꼭 4년 전인 2001년 11월 25일 처음으로 평양의대병원을 방문한 적이 있다. 의사로는 서울대어린이병원의 최용 이사와 김인원 선생이 같이 발걸음을 했다. 그때는 소아 입원동이 아닌 다른 입원실에 있는 어린이 환자들을 보았고, 그 뒤로 몇 번 더 찾았을 때도 같은 방식이 되풀이되었다.

무상치료 비용은 한 해에 세대당 446원, 한 사람당 106원이 제공된다. 이 안내판을 보았던 2001년 기준으로 북녘 사람들 보통 월급이 100원이었으니 무상혜택 정도를 짐작할 수 있다.

그때 상황을 짚어 보면 약품이 별로 없고 수액은 노란 고무줄을 통해 투여하는 실정이었다. 우리를 안내하던 병원 관계자는 "약품이 긴장돼서 (부족해서) 고려의학(한방) 치료제를 일정 비율로 써야 하는데 의사들이 지침을 잘 지키지 않는다"고 걱정했다.

입원실에서 특이하게 본 것은 벽에 걸린 '일과표와 입원환자 내부질서' 목록이다. 일과표에는 기상, 청소, 식사, 투약과 주사, 회진, 치료, 낮잠, 산보 시간이 적혀 있다. 아침 여섯 시에 일어나고 밤 아홉 시에 잠드는 시간표를 모두 지켜야 하는 듯했다.

"입원환자는 반드시 식량정지증명을 가져와야 하며 접수과에서 위생 통과(이발, 내의소독, 목욕)를 하여야 한다."

내부질서 사항으로 여덟 가지가 있는데 그중 첫 번째가 눈길을 끌었다. 아마 사는 곳에서 식량 배급을 일시 정지한다는 증명이 있어야 병원에서 급식을 받을 수 있는 모양이다. 실제로는 급식이 원활하지 못한 나머지 집에서 음식을 가져다가 병원에서 끼니를 만들어 먹기도 하는 것으로 알고 있다.

평양의대병원에는 예방의학 홍보판이 많다. '암과 식사료법'에 '동물성 단백질을 먹지 않는다, 자연 숙성 된장, 간장을 먹는다, 부식물은 남새, 바다나물, 물고기가 좋다'는 내용이 있다.

어린이가 입원하면 열 살 정도까지는 거의 어머니가 숙식을 같이하고, 보호자가 직장을 다니는 경우 결근을 인정해 준다고 한다. 저녁 여덟 시에 '위생선전'이 있는데 아마도 환자와 보호자들이 치료를 위해 지켜야 할 일이나 병원에서 중요하게 알릴 내용을 전달하는 시간으로 보인다. 내부질서가 엄한 편인지 병원 관계자들과 같이 입원실에 들어가면 어린 환자들도 침대 끝에서 삼십 센티미터 되는 자리에 가지런히 앉아 있다.

병원 복도에는 예방의학과 무상의료 혜택을 강조하는 홍보판이 많았다. '국가로부터 모르고 받는 혜택'이라는 안내판에는 무상치료 비용으로 한 해에 세대당 446원, 한 사람당 106원을 준다고 적혀 있다. 즉 정해진 돈 안에서만 무상치료가 가능한 것이다.[2] 그때 북녘 사람들 월급은 보통 100원이었고 공식 환율은 미화 1달러였다고 하니, 의료비와 무상혜택 정도를 짐작할 수 있다. 공식 환율과 시장 환율에 차이가 있는 것은 감안

해야 한다.

북에서는 무상교육 같은 사회보장제도와 함께 보건의료 분야는 무상의료, 예방의학, 집집마다 의사담당구역제도를 꾸려 왔다. 그러나 고난의 행군 시기에 예산이 줄고 약품과 소모품 공급이 어려워지면서 무상의료 운영에 어려움이 있는 것으로 파악된다.[3] 어떤 경우에는 환자가 약을 사서 의사에게 가져가야 치료를 받을 수 있기도 했다.

1990년대에는 호텔 매점에서 약을 팔았고 2000년대 중반에는 평양의 대병원 앞에 약국이 문을 열었다. 환자들이 술과 담배 같은 물건으로 치료 대가를 비공식 지불하는 현상도 나타났다고 한다. 그런 돈마저 치를 수 없는 사람들이 아플 때, 특히 자녀들이 병에 걸리면 서럽고 고통스러운 경험을 하게 될 것이다. 다른 분야에서 벌어지는 빈부 차이보다 질병에 따른 고통은 더욱 감당하기 어려울 것이기에 특히 더 마음이 쓰이는 일이었다.

남녘은 한의대와 의대가 따로 있지만 북녘에서는 한의학과 서양 의술이 의학 대학 내에 통합돼 있다. 그래서 임상의학과 한의술을 치료에 함께 활용한다. 약품과 의료 기기가 부족한 형편에서 약초를 쓰는 고려의학의 몫이 컸을 것이다. 북녘 의사들이 일주일에 한 번은 산과 들로 나가 약초를 채취한다는 설명을 들었다. 그 실적을 진료과마다 집계한 막대그래프 현황판도 보였다.

북녘 의사들은 진료할 때 흰색 가운에 하얀 모자를 꼭 쓰고, 왼쪽 가슴에는 적십자 표지와 그 아래 '정성'이라는 글자를 새긴 이름표를 단다. 진료 과목과 자기 이름은 그 밑에 적혀 있다.

약품과 설비가 모자란 처지에서 의술은 정성으로 해야 한다는 마음가

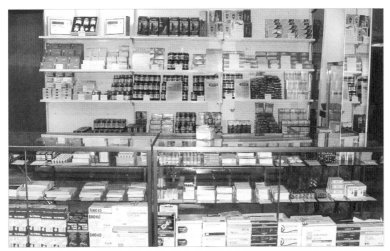

고난의 행군 시기인 90년대 후반 호텔에 있는 약국. 무상의료가 잘 운영되지 못하면서 환자가 약을 사서 의사에게 가져가야 치료를 받을 수 있기도 했다.

짐이 더 절실했을 것이다. 북녘 의사들을 여러 번 만나면서 그런 진심을 느꼈다. 북이 강조하는 '정성의학'은 고난의 행군 시기에 더욱 빛을 발하는 것으로 보인다.[4]

4년 전 기억을 떠올리며 어린이들이 있는 입원실을 둘러보았다. 간호원 한 사람이 머물며 일곱 명 정도 되는 환자를 돌보고 있었다.[5] 어린이들 상태가 위중할 경우가 꽤 있을 텐데 수액을 맞는 환자는 별로 없었다. 한쪽에서 남녘 수액 제품이 보이기도 했는데 보호자가 사 온 것이라고 들었다.

소아 입원동은 시설이 낡고 환기와 난방이 제대로 되지 않아서 오히려 병을 더 키우지 않을까 걱정이 들었다.

"이 공간에서 아이들을 탈출시키는 것만으로도 의료 효과가 있을 것 같다."

최용 선생은 답답한 마음을 털어놓았다.

이날 백혈병 진단을 받았다는 다섯 살쯤 된 정희(가명)를 만났다. 함께 간 백혈병 전문의 신희영 선생도 백혈병이 맞다고 확인한다. 변변한 치료약을 구할 수 없는 실정에서 서울대병원에서 온 의사라는 말을 들은 아이 엄마의 눈빛이 간절했다. 그 뒤로 우리는 병실에 찾아갈 때마다 신 선생이 처방한 약을 냉장 통에 가져가서 전달했다. 북녘 의사에게 들은 정희 증세를 전해 주면 그에 맞는 약을 신 선생이 준비해 주었다. 상태가 좋아지고 있다는 반가운 소식도 들었다.

그러다가 2006년에 두어 달 방북이 중단되면서 약을 보내지 못해 애를 끓였다. 다시 병원을 찾았을 때 정희가 세상을 떠났다는 걸 알았다. 약이 끊이지 않았다면 더 살 수 있었을지도 모르는데……. 자책감에 우리 모두 참 괴로웠다.

소중하고도 모진 것이 생명인데 그렇게 쉽게 가 버리기도 한다. 안타까운 어린 생명이 마음에서 지워지지 않는다. 정희의 가녀린 어깨와 얼굴이 아직도 기억에 남아 있다.

평양의대병원 관계자가 소아병동 신축을 계획하는 땅을 우리에게 보여 주었다. 병원 구석에 있는 차량 정비소를 철거하고 그 자리에 새로 지을 생각이라고 한다. 하지만 정문에서 너무 떨어져 있어 촌각을 다투는 응급환자를 옮기는 데 어려움이 있을 듯했다. 또 난방이 어려운 실정인 만큼 채광을 신경 써야 하는데, 그곳은 응달이어서 병동 자리로 알맞지 않다고 의견을 냈다.

병실에 있는 아이들 모습을 실제로 보고 나니, 평양의대병원에 소아병동 짓는 일을 진지하게 고민하지 않을 수 없었다. 앞으로 얼마나 엄청난 일을 시작해야만 하는가……. 그날 밤 우리는 끝없는 고민으로 잠을 설쳤다.

다음 날 아침, 빛의 속도로 어린이식료품공장 협의를 마치고 부석부석한 얼굴로 비행기에 올랐다. 소아병동과 이어진 숙제를 마음에 한 짐 싸 안고 뒷자리에 혼자 앉아 가는데, 나어린 승무원이 옆 빈자리에 앉아도 되느냐고 묻는다. 무슨 일로 평양을 다녀가는지 궁금해하기에 대략 이야기를 들려주니 노래를 하나 불러 주고 싶단다. 조금 당황했지만 성의를 보아 마다할 수 없었다. 나지막이 귓가에 번지는 노랫소리에 젖어들면서 눈이 스르르 감겼다.

그날을 떠올리자니 나도 문득 궁금해진다. 처음 보는 낯선 이에게 노래로 위로를 건넨 북녘의 그 사람은 지금쯤 어디서 무얼 하고 있을까.

인민의 소중한 공원을 훌륭한 병원으로

평양의대병원에 소아병동을 새로 짓는 문제로 오랫동안 고심했다. 평양에 어린이 전문 병원이 필요하다는 것은 2001년 3차 방북 때 처음 알게 되었다. 그때 보건성 국장이 우리 의향을 물었으나 긴급구호가 시급한 상황이라 따로 겨를을 낼 수가 없었다.

북측은 2004년 7월 중국 베이징 협의에서 우리에게 다시 소아병동 신축을 제안했다. 어깨동무어린이병원 개원식이 열린 뒤로 얼마 지나지 않은 때였다. 이때 북측 관계자가 설명한 바에 따르면, 다른 도청 소재지에는 아동병원이 있는데 평양에만 없다고 한다.

평양에 아동병원이 생기면 평양 어린이들만 혜택을 보는 것이 아니라 지방에 사는 아이들도 이쪽에서 치료를 받을 수 있다는 이야기가 이어졌다. 2004년 4월에 벌어진 '룡천 사고'를 예로 들면서, 그때 중상을 입은 어린이들이 평양의대병원과 평양 적십자병원에서 치료를 받았다는 것이다. 그러니 평양에도 어린이를 위한 전문 병원이 꼭 필요하다고 강조했다. 오래전에 땅만 정해 놓고 추진을 못하고 있다고 아쉬움을 털어놓

모든 북녘 어린이들의 건강을 바라며 오랜 고심 끝에 평양의대병원에 소아병동을 짓기로 결정했다.

왔다.

6·15공동선언 뒤로 남녘의 많은 민간단체와 협력 사업을 했지만 어깨동무어린이병원으로 최초 결실을 맺은 우리 단체가 이 일에 가장 알맞다고 평가한다는 이야기도 들었다. 필요성은 공감했으나 그때는 어깨동무어린이병원 진료 체계를 다지는 데 힘을 쏟아야 했으므로 확답을 주기 어려웠다.

다음 해인 2005년 7월 권근술 이사장과 함께 방북했을 때 북측이 소아병동 신축 건을 다시금 이야기했다. 평양에 종합병원 규모로 어린이 의료 시설을 만드는 일은 이십 년 넘게 이어진 국가의 숙원 사업이라는 설명도 들었다. 하지만 이때는 장교리에 모자복지사업을 추진하는 중이었으므로 새로운 일을 시작할 만한 여건이 되지 못했다.

양계열 소장(오른쪽에서 두 번째)은 어깨동무어린이병원, 평양 어깨동무학용품공장, 장교리인민병원에 이어 네 번째로 평양의대병원에 소아병동을 짓는 공사를 맡았다.

우리가 소아병동 세우는 일을 망설인 까닭은 크게 두 가지였다. 하나는 다른 곳보다 여건이 나은 평양에 의료 시설을 또 세울 타당성이 있는가 하는 점이었다. 다른 까닭은 그렇게 규모가 큰 병원을 꾸려 갈 힘이 우리에게 있는가, 또 북녘은 스스로 준비가 되어 있는지에 대한 것이었다. 그런 사항들을 점검하던 차에 2005년 11월 평양의대병원 소아 입원동을 직접 보고 나서는 신축이 시급하다는 걸 절실히 느끼게 되었다.

평양의대병원이 평양 어린이뿐만 아니라 북녘 아이들 모두의 건강을 돌볼 것이라는 병원장의 이야기를 듣고 첫 번째 걱정을 덜었다.[6] 또 어깨동무어린이병원을 운영하면서 느낀 북녘 의료인들의 잠재력과 책임감이 새로 짓게 될 소아병동에도 이어지리라고 기대할 수 있었다.

소아병동 신축을 결정하고, 건축위원회와 의료인 중심으로 된 설립위원회를 구성해 일을 챙겨 나갔다. 건축 전문가 32명, 의료인 32명, 의료장비 전문가 19명이 참여한 큰일이었다.

2006년 초 방북에서 평양의대병원에 소아병동을 짓겠다는 결정을 전했다. 민화협과 병원 관계자 모두 기뻐했다. 소아 입원동을 보이는 데 인색했던 속사정도 그제야 알 수 있었다. 병동 짓는 일에 관심을 보인 남녘 단체와 국제단체에 여러 번 보여 주었지만 일은 진행되지 않고 언론에 나쁘게만 나와서 아주 난처했다고 한다.

그러나 일은 일! 병원 쪽은 지금 있는 소아 입원동을 허물고 그 자리에 새로 짓겠다고 하는데 너무 외져서 바람직하지 않은 듯했다. 철거 비용도 꽤 든다고 하니 쓸데없이 돈 쓰지 말자고 설득했다. 그러자 병동이 들어설 자리 선정부터 견해 차이가 불거졌다.

우리는 평양의대병원 바로 오른쪽에 있는 공원 자리를 제안했으나 거두절미하고 안 된다고 한다. 국가 도시계획 전망설계에 따라 지정된 공원으로서, 인민들의 휴식 공간이므로 없앨 수 없다는 이야기였다. 상황은 이해했지만 우리는 그 자리가 가장 알맞다고 확신했다. 미루어 짐작해 보면 평양 중심부에서 건축을 하다가 혹시라도 중단되어 을씨년스러운 공터로 남으면 그 뒷감당이 난감해질 걱정도 있었을 듯하다.

우리 요구가 받아들여질 것을 전제로 설계를 시작했다. 이준상 소장이 만든 설계도를 평양에 가져가 보건성의 설비실장인 설계사와 협의하면서 다듬어 나갔다. 현장 총괄은 어깨동무어린이병원, 평양 어깨동무학용품공장, 장교리인민병원을 지을 때 수고한 양계열 소장한테 또다시 부탁했다.

2006년 3월, 어깨동무와 민화협은 평양의대병원에 소아병동을 신축하는 합의서를 맺었다.[7] 북측에서 땅과 건설 인력을 제공하고, 남측에서 의료진 간담회와 기술이전을 정기로 꾸린다는 내용이었다.

다음 달 우리가 요청한 땅이 병원 자리로 확정됐다는 소식을 들었다. 인민들을 위한 소중한 공원을 없애는 일이니 훌륭한 병원으로 보답해야 겠다고 굳게 마음먹었다.

땅을 정리하는 데 두 달은 걸리겠지 예상했는데 웬걸, 한 달 만에 말끔하게 정리를 끝냈다. 건설사업소가 솜씨를 발휘한 것이다. 게다가 소아과 의사와 간호사들도 힘을 보태야 한다면서 팔을 걷어붙였다고 한다. 어린이의 생명을 살리고자 힘쓰는 분들은 세상 어디서나 선한 사람들일 거라는 믿음을 되새겨 볼 수 있었다.

일이 진행되면서 어깨동무와 평양의대병원은 역할을 더 또렷하게 정리했다. 자재와 전문 인력은 우리가 제공하고 건설 인력, 장비, 모래와 시멘트, 변전소에서 병동까지 전기공사는 병원 쪽이 맡기로 했다.

평양의대병원에서도 할 수 있는 일을 최대한 하려고 노력했다. 집중치료실을 만들어 달라는 요청도 있었지만 우리가 할 수 없는 일로 판단했다. 나중에라도 이 시설을 설치할 수 있도록 배선 같은 공사는 해 놓되, 지금은 그에 준하는 기능을 어느 정도 실현할 수 있는 병실을 만들기로 합의했다.

모든 요청을 받아들일 수는 없었으므로 우리가 할 수 있는 일과 할 수 없는 일을 신중하게 판단해서 확실하게 정했다.

합의서를 맺은 지 석 달 만인 2006년 6월 14일에 착공식을 했다. 권 이 사장과 평양의대병원 문상민 원장이 기념연설을 하고 서울대학교 어린이병원 황승용 원장이 축하연설을 했다. 이 소장이 설계도를 설명할 때는 소아 의료진들이 코앞까지 바짝 다가와 들을 정도로 관심과 열의가 높았다.

2006년 7월 설계 세부안에 합의하고 내처 터파기 작업을 시작해 두 달 만인 9월에 마쳤다. 의논해야 할 일은 계속 생겼다. 병동에서 나오는 오수와 폐수 처리 시설을 만든 일도 그 가운데 하나다. 북녘이 경제 형편이 어려운 가운데서도 건축을 할 때 나름대로 확실한 기준과 방침이 있다는 것을 확인했다.

안전을 담보하고 먼지가 휘날리지 않도록 안전망과 울타리를 설치하는 규정도 지켜야 했다. 야간작업을 위해 건설 노동자 숙소를 짓기로 하고 벽체는 평양의대병원이, 지붕은 우리가 맡기로 했다. 남녘 건축 기술자들이 보름에서 한 달씩 길게 머물기로 의견을 모아 갔다. 이제 본격으로 공사가 시작된 것이다.

난치병 치료하는 '평양의대 소아병동' 건축 이야기

　평양의대병원에 소아병동 공사를 진행하던 2006년 7월, 북이 대포동 2호와 중장거리 미사일을 쏘았다. 몇 달 뒤 1차 핵실험도 강행했다. 의료인과 후원인 가운데 실망과 걱정으로 참여를 포기하는 사람들이 하나둘 생겨났다. 게다가 7월경에는 개성에 말라리아가 퍼져 그쪽에서 하던 협의를 이어 갈 수 없었다. 걸림돌이 툭툭 불거졌지만 나아가야 했다.

　2006년 가을에 지하 바닥 공사를 시작했지만 곧 겨울이 닥쳐 멈출 수밖에 없었다. 평양은 서울보다 겨울이 길어 땅이 녹아야만 공사를 할 수 있다. 하지만 서둘러야 했으므로 이듬해 2월에 철골 공사부터 다시 시작했다. 그 뒤로 두 달은 바닥 공사 기한을 지키기 위해 삼교대로 일했다. 그런데 용접기 하나를 돌려도 전기가 끊기는 문제가 생겼다. 그래서 의료 장비 설치 때 쓰려던 수배전반(발전소에서 전력을 받아 나눠 주는 전력 시스템)을 앞당겨 공급하고 고압선까지 끌어와 문제를 해결했다.

　벽돌은 사십오만 장이 필요했는데 중국에서 완제품을 사서 나르면 벽돌값보다 수송비가 더 드는 형편이었다. 평양의대병원과 의논해서 시멘트와 제작 틀은 우리가 제공하고 모래 공급은 병원 측이 맡아 벽돌을 직

평양은 땅이 녹는 3월에야 공사를 할 수 있지만 마음 급한 우리는 2월에 철골 공사부터 다시 시작했다.

접 만들기로 했다. 북녘 사람들이 쉴 새 없이 찍어 내면서 세워 놓은 벽돌 행렬은 장관이었다.

2007년 7월, 드디어 창호를 제작해야 하는 때가 왔다. 우리 쪽에서 기술을 이전하면, 이미 관계를 맺고 있는 평양건재공장에서 완제품을 만들어 시공하기로 했다. 이 공장은 력포구역 소심동에 있는데 이탈리아에서 설비를 들여와 타일, 위생도기, 인조대리석, 외장재를 생산하고 있었다. 평양에 주택 건설이 아직 활발하지 않던 차에 우리 주문으로 공장에 활력이 생겼다.

2007년 12월쯤 공사가 마감 단계로 들어갔는데, 북녘 노동자들에게 자재가 낯설고 공법도 익숙하지 않아서 공사가 지연되기 시작했다. 마음은 급하지만 추위까지 닥쳐 일을 중단해야 했다.

2008년이 되어 공사를 다시 시작하면서 오는 9월 말에는 공사를 마칠

2008년 10월에 열린 '평양의학대학병원 어깨동무소아병동' 준공식은 어깨동무가 방북한 지 백 번째 되는 날이어서 더욱 뜻깊었다. 어깨동무 사무국 일꾼들과 새 병동 앞에서 기쁨을 나누었다.

평양의대 소아병동 준공식에 참여한 남녘 어린이들은 병원을 둘러보며 기쁜 마음을 북녘 사람들과 함께 나누었다.

수 있겠다는 판단이 섰다. 준공 일정
보다 완성도와 안전이 더 중요하다고
강조하며, 기준을 맞추지 못하면 준공
을 연기해야 한다고 서로 단단히 다
짐했다. 소아병동 이름은 북측과 마음
을 맞춰 '평양의학대학병원 어깨동무
소아병동(아래부터 평양의대 소아병동)'
으로 정했다. 간판은 동판 재질로 병
원에서 만들기로 했다.

평양의대 소아병동 건립에 관한 상세한 내용
을 2010년에 백서로 펴냈다.

그즈음 어깨동무는 국제연합 경제
사회이사회에서 협의 지위를 갖는 엔
지오(NGO) 자격을 부여받았다. 국제 수준에서 공신력을 갖게 되어 큰
힘이 되었다. 공사에 속도가 붙으면서 모금에도 힘을 실어야 했다.

초기부터 계획했다가 여러 까닭으로 이루지 못한 모금 음악회에 어깨
동무 공동대표 정명훈 지휘자가 나서 주었다. 마에스트로 정명훈과 함께
하는 '평양의대 소아병동 기금 마련 희망음악회'가 국립박물관 극장 '용'
에서 열렸다. 팔백여 석이 꽉 차는 성황을 이뤘고 숙원 사업을 해결한 느
낌이었다.

2008년 9월이 다가오면서 장비를 설치해야 하는데 전기가 불안정해
골칫거리였다. 의료 장비가 무척 많아서 더 난감했다. 방문할 때마다 전
력 사정을 확인해서 그에 맞는 의료 장비를 제작했는데도 미리 측정한 것
보다 전압과 주파수가 자주 낮게 떨어졌다. 장비별로 보조 장비를 설치해
서 가까스로 해결했다. 또한 서울대병원 오병희 부원장이 큰 몫을 해서

이동종합병원버스를 개성에서 육로를 거쳐 병원에 기증할 수 있었다.[8]

양계열 소장은 한 달에 이삼 주는 평양에서 지내며 공사를 총괄했고, 해외 건축 경험이 많은 평양시 소속 건설사업소가 공사를 맡았다.

평양의대병원 쪽에서 크게 고생한 사람은 리윤일 후방부원장(건설, 관리 담당)이다. 우리에게 싫은 소리도 도맡아 하고, 일에 문제가 있을 때는 우리한테 타박도 싸잡아 들었다. 미운 정, 고운 정 다 들었는데 지금은 건강이 나빠져서 퇴임했다고 한다.

2008년 10월 드디어 평양의대 소아병동 공사를 마치고 준공식을 가졌다. 시작부터 완공까지 2년 4개월이 걸렸다. 평양의대 소아병동을 짓는 동안 건축 관계자들이 56차례, 의료 전문가들은 15차례에 걸쳐 연인원 481명이 398일 동안 평양에서 머물렀다. 나만 해도 이 일로 열다섯 번이나 북을 오갔다. 통일부의 남북협력기금 10억 원과 후원금을 합쳐 50억 원 넘는 돈이 들어갔다.[9]

평양의대 소아병동은 약 1,200여 평 면적에 지하 1층, 지상 5층 건물로 병상 220개를 갖추었다. 의료 장비는 물론이고 세탁기, 냉장고, 냉동고, 전자레인지, 전기밥솥 같은 주방 기기까지 일일이 품목을 세기 어려울 정도로 병동 구석구석을 세심하게 챙겼다. 난방 부담을 덜고자 병동 한가운데부터 옥상까지 확 트인 마당을 만들어 햇볕이 잘 들도록 신경 썼다.

새 병동이 문을 열면 외래환자와 입원 환자 모두 두 배 넘게 늘어날 것으로 내다봤다. 어린이들이 흔히 앓는 중이염, 충치 같은 질병부터 난치병인 백혈병, 심장질환 환자까지 진료할 수 있게 되었다. 특히 체계 있는 관리와 최신 검사 설비로 세균성 질환 예방과 치료도 기대할 수 있었다.

남녘에서는 아흔네 명이 평양의대 소아병동 준공식에 참석했다.[10] 어린이 대표단 방북은 이번이 네 번째로 모두 다섯 명이 함께했다.

준공식 날은 어깨동무가 방북한 지 딱 백 번째 되는 날이라 더 뜻깊었다. 한 어린이는 "어린이들을 위해 깨끗하고 좋은 병원이 생겨 기쁘다"면서 "북녘 어린이들이 이 병원

구분		월/년 평균 검사는 월 건수
진료	외래환자: 설사, 호흡기질환, 신장병, 천식 등	7,500명/90,000명
	입원환자: 폐렴, 중독성 설사, 백혈병, 재생불량빈혈 등	5,000명/60,000명
검사	초음파	1,000건
	심전도	750건
	내시경	150건
	엑스레이	1,000건
	전해질검사	1,250건
	생화학검사	1,500건

2009년 평양의대 소아병동 진료 현황

에서 치료받아 건강하고 밝은 모습으로 만나게 되면 좋겠다"는 바람을 밝혔다.

서울대병원 성상철 원장은 "남과 북의 어린이들을 위한 우리의 원대한 꿈이 피어날 터전이기에 병동의 준공은 마무리가 아니라 또 다른 시작"이라는 말을 건넸다. 서울대병원 원장과 평양의대병원 원장 두 사람 모두 정형외과 의사인지라 "남이나 북이나 역시 뼈대 있는 집안 사람들이 병원장을 한다"는 우스개 섞인 덕담도 오갔다.

준공식 뒤에 어린이들 손을 잡고 병원을 둘러보았다. 일 층에서 가장 눈에 띄는 곳에 후원자 이름을 박은 동판을 두었다. 거기에 새겨진 자기 이름을 쓰다듬는 사람도 보이고 자녀 이름으로 기증한 침대에 붙은 이름표를 사진으로 찍는 분도 있었다. 남녘 기업 아모레퍼시픽 후원으로 마련한 교육센터에서 펼쳐질 의료교육도 크게 기대됐다. 한 사람 한 사람의 정성이 모여 소아병동을 세울 수 있었다. 하지만 기쁨에 넘치던 그날이 마지막 단체 방북이 될 줄은 상상조차 할 수 없었다.

북녘으로 간 '최고로 용한 의사들'

어깨동무는 북에 병원을 세울 때마다 남북 의료인들이 자주 만나 서로 더 깊이 이해하는 자리를 만들고자 애썼다. 1차 남북 의료인 학술회의는 2003년 2월, 2차는 2004년 5월에 어깨동무어린이병원 운영을 위해 열렸다. 3차 학술회의는 2006년 11월 장교리인민병원에서 가졌다.

평양의대병원과 일을 하면서부터는 '의료인 교육 사업'으로 이름을 바꾸어 진행했다. 병원 쪽에서도 '교육'이라는 목적을 확실하게 드러내는 것이 누구에게나 필요성을 인정받을 수 있겠다는 판단이었다. 서로 공감하는 교육을 꾸리기 위해서는 가장 먼저 북쪽의 보건의료 실정을 제대로 알아야 했다.

평양의대병원 의사들은 북에서 최고 수준을 자랑한다. 이론이 풍부하고 열의와 사명감이 높아서 장비와 약제가 뒷받침되면 진료 수준이 빠르게 올라간다. 그러나 약품과 설비가 모자란 환경에 놓여 있기 때문에 재교육이 필요했다. 이런 사정을 이해하고 있는 남녘 의사들은 온갖 불편을 다 감수하고 평양으로 달려가 주었다.

북녘 현실을 있는 그대로 받아들이고 북 의료인 말에 귀 기울이는 것이 서로의 마음을 여는 첫걸음이었다.(사진 아래 왼쪽은 조명식 평양의대 소아병동 병동장. 오른쪽이 최용 교수.)

최용 교수는 수영장에 다녀온 뒤부터 아프기 시작한 여덟 살 소년을 북쪽 의사와 같이 진료했다. 아이는 신증후군과 급성신부전증에 걸린 상태로 심장 박동 수가 빨라지면서 심장 고통을 호소했다. 우리가 제공하기로 한 심전도 검사기는 아직 설치되기 전이었고 평양의대병원도 검사를 할 만한 장비가 마땅치 않았다. 다행히 최 교수가 심장 박동 수를 세서 진료한 결과 크게 걱정할 정도는 아니었다.

"내 이름이 최용인데, 최고로 용한 의사라는 뜻이야."

최 교수가 이야기하니 소년은 수줍게 웃으며 안심하고 돌아갔다.

한 평양의대병원 의사가 문진수 교수한테 소화기 증세별로 손 따는 비법을 전수했다. 그러면서 서울에서 그대로 시술하면 환자가 몰려들 테니 꼭 해 보길 권했는데 정작 문 교수는 아직 시도해 보지 못했다고 한다. 박현진 교수는 백혈병과 재생불량빈혈에 걸린 어린이 다섯 명을 진료한

남북 의료인 교육에서는 진단과 치료가 어려운 환자들을 합동 진료하면서 함께 해결 방안을 찾는 과정이 가장 효과가 컸고, 서로 믿음을 쌓는 좋은 기회도 되었다.

것이 기억에 남는다고 전한다.

또 어느 남녘 의사가 길에서 파는 군밤을 먹어 보고 싶은데 기회가 없다고 하자, 어느 날 북녘 의사 한 사람이 슬며시 군밤을 건네 주기도 했다. 모든 교육 과정은 정성훈 감독이 촬영해서 〈평양으로 간 의사들〉이란 제목으로 문화방송에서 방영되었다.

남북 의료인 교육에서는 합동 진료가 가장 효과가 컸고 서로 믿음을 쌓는 좋은 기회가 됐다. 평양의대병원 의사들이 진단하거나 치료하기 어려운 환자들을 남녘 의사들이 함께 살펴보면서 해결 방안을 찾은 사례가 여러 번 있었다. 합동 진료 때 갑자기 들어온 응급 어린이 환자를 얼떨결에 남녘 의사가 치료해서 함께 기뻐하기도 했다.

평양의대병원 의사들은 세균 배양, 혈액, 내시경, 초음파, 심전도 검사 같은 진단 기기와 시약을 책으로는 배웠으나 실제 써 본 적은 거의 없었다. 또 엑스레이 필름이 달마다 천 장 넘게 필요하지만 백여 장 정도만 공급돼서 나머지는 엑스선 투시진단법으로 판독하고 있었다.

간호사들은 혈당 측정기를 처음 보았다고 한다. 의사에 따라 조혈모세포(골수) 이식처럼 첨단 치료와 약제를 알고 싶어 하는 욕구도 강했다. 진단부터 치료까지 이어 나갈 수 있도록 의료 장비와 약품을 함께 다루고 설명서도 만들어 주면서 숙달할 수 있도록 같이 노력했다.

남북 의료인 교육은 새로운 의료장비의 해독 기술을 알려 주고, 소아과 전공별로 진료에 필요한 내용을 교육하는 것으로 꾸렸다. 1차 교육은 2007년 11월 25일부터 나흘 동안 열렸다. 2차 교육은 평양의대 소아병동 개원을 앞둔 2008년 9월 16일부터 10월 13일까지 1차보다 큰 규모로 네 차례에 나누어 진행했다.[11] 분야마다 자주 걸리는 병의 진료 방법과 최근에 발전한 의료 기술을 중심으로 남북이 반반씩 이론 강의를 하고, 그에 연관된 임상 사례 발표와 토의가 이어졌다.[12] 합동진료에 이어 병동 운영 방안을 의논하는 시간도 가졌다. 서로 준비한 주제를 미리 주고받으면서 적극 참여할 수 있는 분위기를 만들었다.

교육을 진행한 어깨동무 최혜경 사무국장의 소감이 인상적이다.

서로에 대한 존중과 이해지요. 북측의 의료 상황을 있는 그대로 받아들이고, 그들이 하는 말에 귀 기울이고 공감해 주는 것이 북측 의료진의 마음을 여는 첫걸음이었습니다. 의료진들은 새로운 의료 기술을 교육할 때도 "이 질환의 경우 이렇게 한번 처치해 보시는 것이 어떨까요?"라고 조심스럽게 권유하는 태도를 취했습니다. 나중에 의료진의 진단과 처치가 옳다는 것이 밝혀지자 그때부터 북측 의료진들이 교육을 받고자 하는 태도

교육에 관계된 의료인 모두가 참여하는 이론 강의에서 남북의 진료 내용을 반반씩으로 구성해 서로 이해를 높일 수 있게 했다.

의료장비를 설치하고 해독 기술을 알려 주는 것도 중요한 교육 과정이었다.

로 바뀌었습니다. 우리가 교육하려 들지 않아도 그들 스스로의 필요에 따라 변화한 것이지요.

_〈평양의학대학병원 어깨동무소아병동 백서〉(2010)

2009년 4월 8일부터 29일까지 중국 옌볜대학 부속병원(아래부터 옌볜대학병원)에서 3차 남북 의료인 교육이 열렸다.[13] 남북 관계가 막힌 때인지라 평양이나 서울에서 할 수가 없었기에 동포 의사들이 많은 옌볜대학병원으로 장소를 정했다. 북의 실정을 잘 알고 있는 그쪽 의사들이 돕겠다는 마음을 내주어서 가능한 일이었다. 무엇보다도 말이 통하는 게 큰 장점이었다. 국제기구에서 북측 의사 연수를 독일, 인도 같은 데서 했을 때는 통역이 아무리 유능해도 그 효과가 덜했다고 한다.

옌볜대학병원의 실정을 확인하고자 사전 답사와 협의를 몇 차례 거쳤다. 교육에 알맞은 수준과 조건임을 북녘 실무자와 의료진들이 안심하도록 잘 설명했지만 처음에는 반신반의하는 듯 보였다. 하지만 막상 옌볜대학병원을 둘러보고는 기대보다 더 만족해했다. 교육과 숙식 그리고 작은 편의까지 한 달 가까이 챙겨 준 동포 의사들의 세심한 배려와 노고가 고마웠다. 서울대병원에서도 도움에 답하기 위해 옌볜대학병원 의사들 연수와 의대생들 유학을 적극 받아 주었다.

2014년에도 4차 남북 의료인 교육을 옌볜대학병원에서 진행했다. 남북 관계가 꽁꽁 얼어붙은 상황이었기에 정말 조심하면서 아주 조용하게 치렀다. 2003년부터 시작한 남북 의료인 학술회의와 교육은 통틀어 일곱 번에 멈춰 있다. 교육은 물자가 오갈 필요가 없으니 언제든 가능한 일이다. 빨리 다시 시작해야 한다.

길목 항구 남포시의 소아병원과 만나다

2007년 겨울, 평안남도 항구 도시인 남포시로 떠났다.[14] 나는 남포가 두 번째 길이었다. 처음에는 인천에서 보낸 물자가 도착하는 남포항을 둘러본 뒤, 돌아오는 길에 평화자동차회사를 보는 정도로 그쳤다.

두 번째 방문 길은 일에 시달려 피곤했지만, 새로운 곳에서 새 일을 시작한다는 설렘이 있었다. 더욱이 남포로 가는 고속도로가 아버지 고향인 용강을 지나가기 때문에 느낌이 각별했다.

평양과 남포를 잇는 고속도로는 '청년영웅도로'다. 고난의 행군 시기에 오만 명 넘는 청년과 군인들이 1998년부터 만들기 시작해 북의 노동당 창건 쉰다섯 돌을 맞는 2000년 10월에 완공한 길이어서 붙은 이름이다.[15] 12차선 도로가 정말 넓어서 비행기 활주로로 쓰려나 싶었다. 설명을 들으니 수십만 세대로 이루어진 커다란 문화주택단지를 만들 계획이 있어서 길을 넓게 뚫었다고 한다.

남포는 한때 해외로 수출했던 '신덕샘물'과 탄산약수인 '강서약수'로 유명한 곳이다. 또 대동강 하구에 있는 서해갑문 또한 대역사를 이룬 관광 명소로 알려져 있다.

남포시소아병원 가까이에는
십만 평에 달하는 와우도유원
지가 있는데, 나중에 남녘 기술
자들이 이 강변에서 조개구이
를 먹기도 했다. 널리 알려진 것
처럼 남포의 강서구역과 용강

평안남도 남서부를 관할하는 남포시소아병원의 입원병
동은 1972년에 지은 것으로 많이 낡아 있었다.

군 일대는 고구려 시대 고분과 성터가 많이 남아 있다.

남포 시내에 들어서니 길과 집들은 오랜 세월을 겪은 듯 보였지만 사
람들 왕래도 많고 활기찬 느낌이었다. 평양으로 물자가 오갈 때 반드시
거치는 길목 항구다운 모습이었다.

남포시소아병원은 와우도구역 용수동에 있다. 추운 겨울인데도 병원
앞 골목길에 많은 아이들이 씩씩하게 놀고 있었다. 북녘 어린이들은 무
척 추운 날에도 밖에서 잘 뛰논다고 한다. 병원 가까이에는 육아원이 있
었다.

남포시소아병원 신경내과 의사인 전기송 원장, 남포시 건설사업소 설
계실장, 남포시 인민위원회 적십자 담당 직원이 우리를 맞이했다. 남포시
소아병원은 1972년에 지은 것으로 외래병동과 입원병동으로 나뉘어 있
다. 1978년 일반 병원에서 소아병원으로 바뀌었으며 외래병동은 2000년
에 새로 지었다고 한다.[16] 이 병원은 남포시에 속한 네 개 군과 한 구역
그리고 서해갑문으로 이어진 황해도 은율군의 아이들 삼십오만 명 정도
를 진료한다. 공민증을 받기 전 열여덟 살까지 어린이가 대상이다. 남포
시 인구는 구십만 명 안팎이다.

남포시 인민위원회 건설책임자, 건설사업소 설계실장 들이 남포시소아병원 기술이전 과정에 함께했다.

평안남도 도청이 있는 평성에도 아동병원이 있으나 멀기 때문에 남포시소아병원이 평안남도 남서부 전체를 책임진다. 한여름, 한겨울에는 입원이 몰려서 병상이 모자란다고 한다.

입원 환자 가운데 다섯 살 아래는 설사, 뇌막염, 폐렴, 빈혈 같은 혈액 질환이 많고 그 위로는 류마티스성 질환과 관절염이 주를 이룬다. 예방백신은 집집마다 담당의사 책임이어서 병원에서는 따로 하지 않는다. 수술은 한 달에 서른 건쯤이고 거의가 충수염(맹장염)이다. 큰 병에 걸렸거나 대수술이 필요한 환자는 평양의대병원으로 보낸다.

약은 고려약제를 가장 많이 쓰고 소화제, 설사약, 영양제가 그다음이다. 제재실에서 약을 만들어 쓰는데 일부 신약은 공급받는다. 수액도 직접 생산해서 동물 실험을 거쳐 치료에 쓴다고 설명한다. 홍창의 선생이 1970년대까지는 서울대병원도 수액을 만들어 썼다고 한 말이 생각났다.

집중치료실은 없고 재제실, 실험실, 수술실은 상태가 그리 좋지 않았다.

남포시소아병원을 갔을 때는 마침 어깨동무가 평양의대 소아병동 공사를 한창 진행하던 중이었다. 그 내용을 아는지 물었다. 답을 얼버무렸지만 아마도 가 보았거나, 아는 사람을 통해 우리와 어디까지 협력할 수 있는지 가늠했을 것으로 짐작됐다. 2000년대 뒤로 유니세프 지원이 끊겼다고 한다. 따로 도움받는 곳도 없는 듯했다.

4차 진료 기관
평양의학대학병원 소아병동 신축, 운영

3차 진료 기관
- 남포시소아병원 현대화
- 직할시, 도청 소재지 아동병원 현대화

2차 진료 기관에 해당하는
평양 어깨동무어린이병원 신축, 운영

1차 진료 기관
- 장교리인민병원(모자보건센터) 신축, 운영
- 군 단위로 모자복지사업 확산

어깨동무의 보건의료, 모자보건 사업 구상

입원병동도 같이 둘러보았다. 무엇이 필요한지 원장한테 물었다. 먼저 입원병동이 낡아서 지붕에 물이 새고 바깥벽, 창호, 출입문도 모두 낡아서 바꿔야 했다. 오래된 나무 침대도 마찬가지였다. 구급차, 화물차, 뢴트겐과 복부초음파 장비, 검사 장비와 시약, 마취소독기, 수술실용 무영등(수술할 때 그림자가 생기지 않도록 만든 조명)처럼 많은 것들이 필요했다. 난방은 외래병동에서는 방마다 페치카로 덥히고, 입원병동은 석탄 라디에이터를 쓰고 있었다. 자체발전 시설이 없고 전기는 가끔 끊긴다고 했다.

결국 병동을 신축하기로 결정했다. 입원병동을 사 층으로 새로 짓고 새 병상 백여 개를 들여놓기로 계획을 세웠다. 준공은 2009년 8월까지로 정하고 그다음 달 문을 여는 것으로 일정을 잡았다. 남포시소아병원의 진료 수준과 입원 환경을 좋게 만든 뒤에 남포산원, 대안군병원과 연계해 어린이 영양사업도 함께 할 생각이었다.[17]

2007년 즈음 어깨동무는 평양의대 소아병동 건축을 진행하면서 개성, 남포 같은 직할시와 도청에 있는 아동병원 열한 곳을 현대화하는 일도 함께 구상하고 있었다. 그러면서 부산어깨동무를 원산 아동병원과 연결하는 식으로 남쪽 지역과 북쪽 병원을 한 해에 두세 곳 정도 이어 주는 사업을 꾸리고자 했다.

첫 출발로 남포시소아병원 현대화 사업을 맡았다. 남포시소아병원이 완공되면 어깨동무는 리 단위인 장교리인민병원부터 어깨동무어린이병원, 남포시소아병원, 평양의대 소아병동에 이르기까지 북녘 의료 체계 각 단계마다 병원 하나씩을 고루 갖추게 된다. 북녘의 1차 진료 기관부터 4차 진료 기관까지 의료 체계를 현대화하는 큰 흐름이 실현되는 것이다. 이 과정에서 경험과 역량을 쌓아 다른 지역 병원과도 협력 사업을 이어 갈 수 있는 밑거름으로 삼고자 했다.

남포시소아병원 일을 북측과 합의하는 데만 2007년 앞뒤로 1년 정도가 걸렸다. 어깨동무는 2009년 3월까지 남포에 열 번을 넘나들면서 남포시소아병원의 입원병동 현대화 사업을 꾸리게 되었다.

이렇게 북녘 곳곳에 사업 현장이 하나둘 늘어나면서 공사 기간이 서로 겹치게 되었다. 이 기간은 어깨동무 사무국 일꾼들과 모든 건축을 총괄한 양계열 소장까지 함께한 모두의 체력과 인내를 시험하는 시간이었다.

남포시소아병원 공사는 해외 경험이 있는 남포 건설사업소에 맡기고 양 소장이 감독했다. 공사가 시작되면서 필요에 따라 시공을 담당하는 사업소 각 부문 반장들이 협의에 합류했다. 2008년 4월부터 공사를 시작했고, 일반 치료에 먼저 쓸 수 있도록 의료 장비, 검사 장비, 의료 기자재, 검사 시약, 그리고 구급차 들을 제공했다.[18]

2008년 뒤로 남북관계가 얼어붙으면서, 남포시소아병원 공사를 중단하고 3년이 지나서야 병동을 찾을 수 있었다.

그러나 거기까지였다. 2008년 7월에 일어난 금강산 관광객 피격 사망 사건으로 남북관계가 식어 갔다. 2009년에는 북의 장거리 로켓 발사와 2차 핵실험이 이어지면서 관계는 더욱 꽁꽁 얼어붙었다. 물품 공급과 방북에 차질이 컸다. 우선 개원을 2010년으로 늦추고 짬을 봐야 했다.

건축 노동자들의 '브리콜라주' 정신

북녘 사람들과 같이 집을 지으려면 그네들의 특성을 먼저 이해하고 그에 맞게 준비해야 한다.

예를 들면, 건설사업소 일꾼이 일을 할 때 설계에 나온 창문 위치를 예고 없이 바꾸는 경우가 생긴다. 창문 너머로 보이는 길과 건물을 보여 주고 싶지 않거나, 햇볕이 잘 들도록 하겠다며 창문 자리와 크기도 자기 뜻대로 바꾸는 것이다. 예술 작품이라면 창조 과정으로 받아들일 수 있겠으나, 창문을 새로 만들어야 하니 시간과 돈이 예상보다 더 들어 곤란한 일이 생기기도 한다.

서로 문화가 다르면 집 짓는 방법에도 차이가 나기 마련이다. 독일이나 일본처럼 설계도와 작업 공정에 한 치의 어긋남 없이 건축 일정, 자재, 인력을 체계 있게 꾸리는 방식이 있다. 이와는 달리 쓸 수 있는 재료와 도구를 대충 어림잡아서 그때그때 상황에 맞춰 집을 짓기도 한다. 없으면 없는 대로 볏짚이든 흙이든 지붕 얹고 담 쌓아 초가삼간 짓고 살아온 우리 민족이 그러했다.

북과 건설 협력을 할 땐 북녘 사람들의 재치 있고 창의로운 브리콜라주 정신을 이해하고, 그 장점을 이롭게 쓰는 길을 찾아야 한다. 사진은 어깨동무어린이병원 외벽 공사 모습.

프랑스 문화인류학자 레비스트로스는 앞엣것을 '공학' 방식, 뒤엣것을 '브리콜라주(bricolage)' 방식으로 나누어 이름 붙였다. 브리콜라주는 말 그대로 풀이하면 '잡동사니 이어 붙이기'쯤 되지만, 그 본뜻을 살피면 손에 닿는 재료들을 재치 있게 조합해서 새로운 작품을 만들어 내는 기술이라고 할 수 있다.

남녘은 이제 공학 방식 건축이 널리 퍼져 있지만 북녘에서는 아직도 브리콜라주 방식이 꽤 남아 있다. 계획대로 일을 하지 않아서 어쩌다 차질이 생기기도 하지만 자재가 모자라거나 규격에 맞지 않을 때는 번뜩이는 해결 방안을 찾아내기도 한다.

우리는 대체로 공학 방식이 우월하다고 여기는 듯하지만, 남북이 하나로 만날 새로운 평화 시대에는 브리콜라주가 더 값진 기술로 자리매김할 수도 있다. 집에 사람을 맞추는 것이 아니라 사람에 집을 맞추어

점심을 먹은 뒤 족구를 즐기는 남북 노동자. 일하는 과정에서 북녘 노동자들과 긴밀하게 소통하며 믿음을 쌓는 것이 중요하다.

짓는 것처럼, 평화는 여러 사람들의 다양한 요구를 상황에 따라 유연하게 끌어안아야 하는 과정이기 때문이다. 어느 하나가 더 낫다, 못하다 가리기보다는 저마다 지닌 장점을 한데 모아 이롭게 쓰는 길을 찾아야 할 것이다.

북녘 노동자들의 브리콜라주 정신과 발맞추려면 여러 모로 마음을 써야 한다. 가장 먼저 관계를 잘 만들어 긴밀하게 소통하는 것이 중요하다. 장교리인민병원과 평양의대 소아병동은 처음부터 해외 공사 경험이 있는 '대외건설사업소'가 시공했다.[19] 기술과 해외 경험을 갖추었다 해도 남과 북의 공법과 자재에 차이가 있으므로 충분히 의논해서 공사를 꾸려야 했다.

북의 건설 인력은 직장장(소장), 공정별 반장과 노동자로 짜여 있고 남녘과 비슷하게 그 위계를 빈틈없이 따른다. 처음에 직장장하고만 의논하면서 일을 했더니, 사람은 참 좋은데 정작 자기 방식대로 일하는 '소신'이 강해서 차질이 생겼다. 그래서 공정별로 반장도 같이 협의하는 방식으로 바꿨다. 그랬더니, 이해가 어려운 부분은 자기들끼리 말을 맞추기도 하고 서로 도움말을 주고받는 모습도 보였다.

기술이전을 하면서는 그 작업 과정에 속한 노동자 가운데 솜씨 좋은 '재간둥이' 두세 사람을 꼽아 반장과 함께 전수하니까 효과가 좋았다. 뭐니 뭐니 해도 서로 존중하면서 믿음을 쌓는 것이 중요하다. 같이 담배 피우며 농담을 주고받고, 초코파이로 고마움을 전하면서 힘을 북돋으면 같은 배를 탔다는 느낌을 서로 나눌 수 있다.

설계도면 확정에 앞서 현장 실사와 사전 협의를 잘해야 한다. 물이나 전기 사정이 여의치 않고 건설 규정도 남녘과 다르기 때문이다. 전력 사정은 하루에도 오전 오후가 다르니 시간별로 전압과 주파수를 재야 한다. 또 자재 가운데 북측이 마련할 수 있는 게 무언지, 아울러 현장에서 살 수 있는 형편인지도 알아 두어야 한다. 실제로 평양 시내에서 자잘한 자재를 몇 번 산 적이 있다.

북의 표준 사용 전압은 220볼트이고 주파수는 60헤르츠다. 전력이 모자라 하루에도 전압이 160~180볼트로 떨어지거나 주파수도 45헤르츠에 못 미치는 때가 허다하다. 그렇지만 같은 평양에 있는 식료품 공장이나 거기서 한참 떨어진 농촌인 장교리의 전기 사정은 그리 나쁘지 않았으니 현장 상황을 먼저 잘 파악해야 한다.

어깨동무어린이병원 공사에서는 전기에 따른 문제점을 대비해서 의료 장비와 구역별로 보조 장비를 설치했고, 평양의대 소아병동 때는 꼭 필요한 곳에만 보조 장비를 두어서 경비를 적정하게 운영했다. 이처럼 시

창호 분야 기술 협의 모습. 정전이 잦고, 자재가 부족한 북녘 실정에 맞춰 건설 과정을 챙겨야 한다.

작부터 마무리까지 전기 쓰는 데 차질이 없도록 잘 준비해야 한다.

북측은 모래, 시멘트, 목재처럼 스스로 해결할 수 있는 자재를 책임지려는 의지가 강하다. 그러므로 그쪽 실정에 맞는 것을 쓰도록 배려하는 게 좋다. 설비 쪽에서는 특히 더 그렇다.

한번은 배관 공사에 동관을 쓴 적이 있다. 이 설비에는 산소, 용접장비, 부속 자재가 필요했으나 북녘에서는 산소 충전이 어려웠고 용접 경험도 많지 않았다. 그래서 백관이 더 적합한 자재로 판명되었다. 자재가 모자라거나 설계 변동이 있을 때 변형 또는 용접으로 대처할 수 있는 여지가 많기 때문이다. 이른바 브리콜라주 정신으로 북녘 노동자들이 창의성과 응용력을 발휘할 수 있었다.

설비 자재는 분실과 손상이 잦기 때문에 두 배로 공급했다. 볼트 하나만 없어져도 현지에서 구하지 못해 발을 동동거리니 재고관리 책임자를

평양 중심가에 우뚝 서 있는 평양의대 소아병동에는 남북 노동자들의 땀과 보람이 오롯이 스며 있다.

정해서 꾸준히 점검했다. 북녘에서 공사를 많이 해 본 양계열 소장은 날마다 공사 앞뒤로 떨어진 못과 자재를 손수 주워 두었다가 썼다. 그걸 본 북녘 사람들도 자연스레 따라 하면서 자재를 알뜰하게 쓸 수 있었다.

평양에서는 발전소에서 보내는 뜨거운 물로 방열기(라디에이터)를 돌리는 건물이 많은데 전력이 모자라 난방에 문제가 생길 수 있다. 아픈 어린이들, 특히 출산 바로 뒤 산모와 신생아는 보온이 중요하므로 북녘 사정에 맞는 난방을 하도록 신경 써야 한다. 원료 공급이 그나마 괜찮은 석탄보일러나 화목보일러가 알맞을 것으로 보인다.

남의 공학 건축과 북의 브리콜라주 정신이 만나서 같은 목표를 향해 나아가려면 서로 다른 점을 이해하고 존중하면서 해결 방안을 찾아야 한다. 그런 마음으로 병원을 짓는다면 협력을 나누는 의미와 생명을 살리는 보람을 함께 얻을 수 있다. 남북이 힘모아 일군 새 건물에 북의 정성의학이 더해진다면 그 보람과 의미는 더욱 커질 것이다.

'병원'을 말하는 영어 호스피탈(hospital)은 라틴어에서 비롯하는데 그 으뜸 뜻은 손님이다. 여기서 접대하는 사람인 호스트(host), 죽음을 앞둔 환자의 평안한 임종을 돕는 호스피스(hospice), 그리고 호스텔(hostel)이나 호텔(hotel) 같은 말이 나왔다고 한다. 결국 병원은 의료인이 환자를 친절하게 맞이하고, 돌보고, 위로하는 인간관계의 터전이다. 오롯이 사람을 위해 사람이 만들고 치료하는 공간인 것이다.

'집 한 채 지으면 십 년은 늙는다'는 옛말이 있다. 어깨동무어린이병원과 장교리인민병원을 지을 때는 이 말을 생각해 본 적이 없는데 평양의대 소아병동을 세울 때는 여러 번 되새기게 되었다. 뜻과 규모가 워낙 큰 일이라 나도 부담을 적잖이 느꼈나 보다.

평양의 중심가에 의젓하게 서 있는 평양의대 소아병동을 천천히 올려다본다. 함께한 얼굴과 더불어 나눈 시간들이 주마등처럼 눈앞을 스친다. 이제 여기서 아픈 아이들은 새 생명을 얻고, 부모들도 마음 내려놓고 마음껏 기뻐할 수 있겠지. 그네들의 기쁨이 내 것처럼 다가오니 늙기는커녕 십 년쯤 훌쩍 젊어진 기분이다. "건축은 우리들의 기쁨을 위한 것"이라는 어느 건축가의 말이 떠오른다.

"아픈 아이들아, 이리 오렴. 내가 고쳐 줄게."

평온한 모습으로 넌지시 말을 건네는 커다랗게 하얀 집. 병원은 살아 있다, 우리 모두의 마음속에.

어둠을 지나 싹트는
평화의 씨앗

7장

남북 협력의 시계가 멈췄다

이명박과 박근혜 정부는 남북 관계에 어둠의 장막을 드리웠다. 그 캄캄한 시간에서 북녘 어린이들을 걱정하는 마음도, 평화를 이루려는 바람도 죽어 갔다. 아프고 배고픈 아이들도 함께 스러져 갔다. 어깨동무는 긴 어둠의 터널을 지나야 했다.

정부 방침에 따라 인도적 협력이 '가다, 서다'를 되풀이하더니 어느 순간 아예 멈춰 서 버렸다. 그렇게 철저하고 길게 중단될 줄 몰랐다. 북녘이 원인을 제공하기도 했지만 남녘 정부는 마치 기다렸다는 듯이 냉전과 단절로 돌아섰다. 보통 사람들 사이도 그렇지만 특히 남북관계에서는 충돌과 오해가 불현듯 생기기 마련인데, 그것을 빌미 삼아 소통하고 해결하려는 모든 노력을 폐기해 버린 것이다.

단순히 인도적 협력을 하지 않겠다고 밝히면 그에 따른 이야기들이 펼쳐질 텐데, 방침도 그때마다 앞뒤가 달라서 더 크게 인도주의를 교란했다. 이명박 정부는 "인도적 대북협력은 정치군사 상황과 관계 없이 인도주의와 동포애 차원에서 조건 없이 추진한다"고 하면서도 도무지 따를

이명박 정부가 들어선 2008년부터 인도적 지원이 '가다, 서다'를 되풀이하다 아예 멈춰 버렸다.

수 없는 조건을 달아서 모든 노력을 무력화시켰다. 정부 출범 초기에 대북협력 민간단체 가운데 블랙리스트를 만들어 방북과 물자 반출을 막고 정부 기금도 내주지 않았다. 어깨동무가 그 블랙리스트에 들어간 사실은 나중에야 알게 되었다.

"수박은 쪼개 봐야 그 속이 빨간 것을 안다."

그때 나돌아 다닌 말이다. '빨갱이'를 솎아 내겠다는 말이다. 국가정보원은 기업들 후원 목록도 싸그리 조사해서 더는 지속하지 못하게끔 다그쳤다. 통일부는 민간단체와 소통을 닫고, 민간과 정책을 협의하는 '민관협의회' 운영을 멈춘 채 일방으로 지침을 내리꽂았다.

그나마 평양 바깥 취약 계층에는 물품을 보낼 수 있게 해 주겠다더니 식량으로 쌀은 안 되고 밀가루만 허용한다고 한다. 심지어는 콩우유와 영양빵을 만들기 위한 콩, 밀가루, 설탕, 식용유 같은 아동 급식 재료도

외면했다.[1]

민간단체들은 2007년에 남북협력기금 216억 원을 지원받았지만 2012년에는 한 푼도 없었다. 1990년 '남북협력기금법'에 따라 국민들 성의로 마련된 기금을 정부가 멋대로 처분하는 것을 막지 못한 무력함과 나약함에 쓰라린 나날들이 이어졌다.

어깨동무 회원들과 북녘 어린이들에게 미안한 마음을 가눌 수 없었다. 의약품과 시약, 콩우유에 쓸 콩과 설탕을 인천항과 중국 단동 창고에 쌓아 놓고 정부의 대북 방침이 풀리기만을 기다렸다. 그러다가 유효기간이 지난 약과 상한 콩을 버려야 했다.

평양의대 소아병동에 보낼 수액 생산 설비도 만들기만 해 놓고 정부 허가를 기다리다 끝내 폐기했다. 남포시 영유아와 임산부를 위한 영양의료 사업도 멈춰 섰다. 북녘 어린이들에게 가야 할 귀한 물자를 썩히고 버리면서 내 마음도 썩어 들어갔다.

안간힘을 쓰고 우겨서 2010년 2월과 4월에 평양의대 소아병동에 의학책, 영양제, 의약품, 의료 소모품, 검사 시약, 분유 들을 두 번에 나누어 보낼 수 있었다. 어깨동무어린이병원에는 같은 해 2월 설사치료용 특수 분유, 검사 시약 같은 의료품을 고작 한 번 내보냈다. 남포시소아병원에는 2010년 7월이 돼서야 의약품을 전했고, 그해 11월에 남포 육아원으로 밀가루 백여 톤을 전달했다. 북녘과 사업 협의는 2010년 2월과 4월 개성에서 고작 두 번 할 수 있었다.

2010년 10월에는 북 수해 지역 어린이들과 주민들을 위한 쌀을 개성 봉동역에서 전달했다. 그다음 달에 분배현황을 모니터링하려고 어깨동무 사무국과 이우영(북한대학원 대학교 교수) 운영위원이 신의주를 찾아갔

2011년 여름 북 수해 지역에 쌀을 보낸 뒤, 어깨동무 사무국은 신의주의 '해방식량공급소'를 찾아 분배현황을 살폈다.

다. 수재민 돕기 모금에 함께한 이백 명 넘는 후원자가 있어 가능한 일이었다.

2011년 여름 들어 황해도에 수해가 크게 나서 긴급 구호에 나섰다. 사리원 쪽 보육시설에 밀가루 65톤과 내복을 보냈고, 그해 9월에 사리원애육원, 신양유치원, 영광소학교를 방문하여 어린이들을 만났다. 장교리와 룡교리에도 내복을 전달했다.

2011년 8월에는 어깨동무 김유호 운영위원, 황윤옥 사무총장 등이 남포와 장교리를 방문했다. 북녘을 마지막으로 들어간 게 2009년 9월이었으니 햇수로 삼 년 만에 가는 길이었다. 김유호 선생은 그때 소식을 이렇게 전했다.

남포 시내에서 골목으로 접어들면서 보이던 남포시소아병원은 구 건물

삼 년 만에 찾아간 남포시소아병원은 오래된 침대와 사무용 가구를 옮겨 환자를 입원시키고 있었다.

모양은 그대로였고 새 건물의 시멘트 덩어리는 선명하게 눈에 들어왔다. 어찌 되었을까? 기존 건물 병실에 건축자재를 보관하면서까지 잘 지어 주겠다던 신축 병동을 뼈대만 두고 3년을 방치했으니 얼마나 섭섭했을까?

병원 마당으로 들어섰는데 회색 시멘트 건물에 나무로 짠 정문 출입문, 창문들이 눈에 들어왔다. 비가 많이 들이쳐서 남에서 협력받기 전까지 임시로 문을 달았다고 한다. 그리고 2개월 전부터 덜 완성되기는 했지만 병동을 운영하기로 하고 기존에 쓰던 오래된 침대와 사무용 가구를 옮겨 환자를 입원시키고 있다고 했다.

소식을 들으니 마음이 짠했다. 브리콜라주 정신으로 입원병동을 움직인다니 내심 다행이었지만 답답한 마음이 더 컸다. 2012년 5월 남포시소아병원에 의약품, 의료 소모품, 검사 시약을 다시 보냈다. 일 년에 한두 차례, 가뭄에 콩 씨 나는 것만도 못하게 돕는 흉내만 내는 신세가 처량했다. 남포에 못 가 타들어 가는 마음을 남포면옥 국숫집 차가운 국물로 애써 달래야 했다.

애써 보낸 이유식 재료들이 다행히 남포 육아원과 소아병원에 잘 도착한 걸 확인했다.

박근혜 정부가 들어서면서 잠깐이나마 북으로 물품을 보낼 수 있게 해주었다. 2013년 2월에 열여덟 개 단체가 함께 방북해 모니터링한다는 조건이었다. 어깨동무는 그해 8월 남포시 소아병원과 남포 육아원 어린이들에게 밀가루 120톤, 설탕 10톤, 분유 300캔을 보냈다.

그러나 황해남북도와 평안남북도에 있는 탁아소, 애육원, 육아원 같은 백팔십여 곳 어린이들에게 밀가루, 옥수수, 전지분유를 보내겠다는 대북협력민간단체협의회의 요청은 묵살됐다.

어깨동무는 2013년 8월 14일부터 나흘 동안 권근술 이사장, 황상익 이사를 비롯해 모두 여덟 명이 방북했다. 통일부는 방북 허가를 출발 하루 전에야 통보했다.

오랜만에 가 본 평양 거리와 사람들은 한결 다채롭고 활기가 느껴졌다. 일행이 묵은 양각도국제호텔은 관광객으로 붐비고, 대동강에 떠 있는 골재 채취선도 바쁘게 움직이니 경제가 활력을 되찾아 가는 듯 보였다.

우리가 보낸 밀가루, 분유, 설탕 같은 이유식 재료가 남포시소아병원과 육아원에 잘 도착한 것을 확인했다. 그러나 평양의대 소아병동과 어깨동무어린이병원을 둘러본 권 이사장은 상황이 걱정한 그대로였다고 말한다.

지난 몇 해 동안 지원이 끊겨 시약이 떨어졌거나 부품이 공급되지 않아 고장이 나서 쓸모없게 된 의료 장비가 적지 않았다. 가령 엑스레이 필름 현상약이나 자동혈액검사장비 부품이 없거나 위장내시경, 환자관찰시스템이 쓸모없게 된 식이었다. 일 년에 한두 차례만 다녀왔으면 차질 없이 가동되었을 의료 장비들을 새로 구입해서 보내야 할 상황이 된 것이 너무 안타까웠다. 하나하나가 우리 후원자들의 북녘 어린이들에 대한 애정과 정성이 담긴 것이어서 고장 난 의료기기를 보는 심정은 참담했다.

_〈한겨레신문〉(2013. 8. 26)

그래도 어깨동무어린이병원 의사들은 하루 평균 이백 명 넘는 설사와 영양실조 환자를 맞으며 전문 병원으로서 위상이 높아졌다고 자랑스럽게 말했다. 평양의대 소아병동은 중환자와 희귀병 어린이만 한 해에 사천 명 넘게 진료한다고 했다.

"어쩌면 사망했을지도 모를 천 명 이상의 어린이를 살려낸 것을 보람으로 생각한다."

평양의대 소아병동 병동장이 들려준 이야기에 조금이나마 마음을 달랠 수 있었다.

방북 허가로 생색은 냈지만, 통일부는 어린이의약품지원본부가 방북 뒤 뉴스에 나왔다는 까닭으로 일 년 동안 접촉, 반출, 방북 금지라는 징계를 내렸다. 그리고 2013년 10월부터 방북에 조건을 붙였는데, 단체 대표

어렵게 찾아간 평양의대 소아병동에는 시약이 떨어졌거나 고장 난 의료장비가 많았다.

급은 안 되고 실무진으로 네 명 이내로만 갈 수 있다는 무리한 조건을 달았다.

정부의 막무가내 대북 방침으로 2007년 1,983억 원에 달했던 정부 차원 무상 지원은 2012년 23억으로 내려앉았다. 식량 차관과 민간 차원까지 포함한 모든 지원 규모는 2007년 4,397억에서 2012년 141억으로 폭삭 주저앉았다. 아울러 2007년 909억에 달했던 민간 협력 규모는 2012년 118억으로 줄더니 2013년에는 51억 원으로 더 쪼그라들었다.[2]

2014년에 들면서 정부 방침은 더 경직되었다. 이명박 정부가 내걸었던 인도주의와 동포애는 내팽개치고 "북쪽 취약 계층 인도적 지원은 정치 상황과 구분해 계속 추진한다"로 변질되었다. 밀가루마저도 식량이라는 까닭으로 허가하지 않았다. 사업 협의를 위한 평양 방문은커녕 개성과 제3국에서 만나는 것도 못 하게 했다. 해외동포를 거쳐 에둘러 돕던

단체들을 옥죄고 중국 같은 제3국에서 협력 사업을 펼치는 실무자들도 모두 조사했다.

〈한겨레신문〉은 2014년, 청와대가 단체 130개와 개별 인사 96명을 찍어 '문제단체 조치내역 및 관리방안'이라는 문서를 작성해 각 부처에 내려보냈다고 보도했다(2017.3.3). 이 문건이 나중에 문제가 된 1만여 명 블랙리스트의 원형이라고 한다. 어깨동무도 통일부에 '문제 단체'로 지목돼 각종 지원금을 끊으라는 지시가 내려졌다고 들었다.

2014년 4월, 북은 남녘 민간단체와 모든 사업을 중단한다고 통보했다. 그동안 통일부는 대북협력 민간단체들에게 '분배투명성 확보'라는 까닭으로 북으로부터 분배 계획서, 모니터링 보장서 들을 받아오게 했다. 북은 묵묵히 그 요구에 응했다. 하지만 그 인내심도 끝이 난 것이다.

북은 이제 물자를 보내도 받지 않겠다고 했다. 중국에서 북녘 관계자를 만나 이야기를 들으니 멈춰진 사업 현장에 주민들 원성이 자자하다고 한다. 그러면서 하던 일도 마무리 짓지 못하는데 앞으로 무슨 일을 할 수 있겠느냐며 이제 그만두자고 한다. 기가 찬 일은 박근혜 정부에서 협력 의지는 있으나 북이 통로를 끊어서 일을 못 하는 듯이 궤변을 늘어놓는 것이었다.

2014년은 어깨동무어린이병원이 문을 연 지 열 돌이 되는 해였다. 차마 그냥 지나칠 수는 없어서 그해 11월 남북의 보건의료 협력과 앞날을 이야기하는 회의와 기념행사를 열었다.

가느다란 길이라도 찾아야겠기에 이듬해 말 중국 단동 제약회사와 병원에 도움을 청해서, 우리가 산 약품을 중국 의사들이 평양에 있는 병원에 전달하고 모니터링해 주겠다는 약속을 받았다. 단동을 몇 번 다니면

어깨동무는 개성공단에서 일하는 북녘 노동자들의 자녀들을 위해 천 기저귀를 제공했다.

서 간신히 잡은 지푸라기였다. 그러나 2016년 북이 핵실험을 거푸하면서 중국 정부도 북녘에 물자를 보내는 것을 제한하는 바람에 그조차 물거품이 됐다.

러시아 동포들과 일을 같이 할 수 있을까 싶은 마음에 콩 농사를 짓는 블라디보스토크와 우수리스크를 가서 수소문해 보았으나 길을 찾지 못했다. 러시아 국경에서 바라본 두만강은 덧없이 흘러갔고, 지척에 있는 북녘 땅은 고요하기만 했다.

낙타가 바늘구멍을 통과하듯 2013년 말 어깨동무어린이병원에 물품을 보낸 뒤로 한참 지난 2015년 연말에 남포시소아병원에 의약품, 의료 소모품, 검사 시약, 병원 침대 들을 가까스로 보냈다. 엑스레이 장비와 초음파 검사기, 내시경 같은 장비는 승인을 받았음에도 통일부는 결국 보내지 못하게 막았다.

2016년 여름 북에 태풍 수해가 났을 때 어깨동무는 9월부터 11월까지 모금을 거쳐 7백만 원을 모았다. 북녘 어린이들을 잊지 않는 사람들이 있었다. 모금한 돈으로 설사약과 항생제를 사서 해외동포를 통해 함경북도 무산의 어린이와 주민들에게 보냈다. 또 어깨동무 자체로 천만 원을 긴급 예산으로 편성해 국제적십자연맹을 거쳐 수해 지역에 보냈다.

그나마 개성공단 탁아소에는 손길을 뻗을 수 있었다. 공단에서 일하는 북쪽 노동자 자녀 육백여 명이 비좁은 공간에서 생활하는 형편이었다. 천 기저귀, 세탁기, 냉장고, 정수기, 소독기, 의약품을 전달했다. 시설을 새로 고쳐서 더 쾌적한 환경도 마련해 줄 수 있었다.

어깨동무는 1996년부터 2017년까지 북녘과 330번에 걸쳐 협력 사업을 나누었고 그 규모는 390억 원을 넘는다. 1,200여 명이 135번 북녘을 다녀왔고 어린이 42명도 함께했다.

남북 사이에 공식 통로가 막힐수록 어느 때보다 더 민간 교류와 협력이 활발해야 한다. 공식 대화와 민간 활동 두 갈래가 잘 어우러져야 평화로 가는 길을 앞당길 수 있다. 이명박과 박근혜 정부는 남북 교류와 협력을 아예 끊어 버리고 인도주의라는 마지막 끈마저 놓아 버렸다.

문재인 정부 들어서서 남북 관계에 희망이 살아나고 있으니 다행스런 일이다. 어둠의 긴 터널을 지나왔다. 하지만 대북 민간 사업을 언제 다시 펼칠 수 있을지 여전히 알 수 없다. 그나마 명맥이라도 유지하던 협력의 시계는 2016년에 멈춰 있다.

평화교육으로 싹트는 새로운 공동체

이명박과 박근혜 정부는 통일교육도 '반통일교육'으로 변질시켰다. 학교 통일교육을 꾸리는 기관으로 국방부와 군부대, 국가보훈처가 들어섰고 강사로 현역이나 예비역 군인들이 나섰다. 그 시기에 통일교육은 안보교육, 반공교육, 나라사랑교육으로 대체됐고 평화교육이 설 자리는 메말라 갔다.

2008년 즈음 이명박 정부는 통일교육을 하는 민간간체 모임 '통일교육협의회'를 친정부 단체로 뒤바꾸려 했다. 예산이 통일부와 통일교육원에서 나오니 미국산 소고기 수입에 반대하는 촛불집회 참여 단체는 지원금을 줄이거나 없앴다. 여러 단체가 협의회를 떠났다. 어깨동무는 남아서 버텼다.

교육이라는 이름으로 초등학교 어린이들에게 북에 대한 적개심과 공포심을 불러일으킨 뜨악한 일이 벌어졌다. 경기도의 한 초등학교 안보교육 시간에 군부대가 장갑차를 몰고 와 어린이들에게 체험을 시켰다는 것이다. 벌건 대낮에 군부대에서 버젓이 장갑차를 끌고 나와 시내를 지나

한 초등학교 안보교육 시간에 군부대가 장갑차를 몰고 와 어린이들에게 체험을 하게 했다.

고 초등학교까지 들어가다니……. 이런 일이 얼마나 위험한지 정녕 모르고 벌인 짓이었을까?

더 끔찍한 일도 벌어지고 있었다. 2014년 서울 한 초등학교에서 '나라 사랑교육'을 받던 6학년 학생들이 담임교사와 함께 강의실을 뛰쳐나간 사건이다. 현역 육군 소령이 강사로 나서 동영상을 보여 줬는데, 그 안에 그림으로 나온 고문 장면이 지나치게 혐오스러워 아이들과 교사 모두 큰 충격을 받았다고 한다. 문제가 된 영상을 살펴니 하늘이 통탄할 일이었다. 이렇게 삐뚤어진 교육이 학교를 휘어잡고 있으니 평화교육이 들어설 자리를 찾기 힘들었다.

힘겨운 시절이었지만 어깨동무는 뜻있는 선생님과 학부모의 도움에 힘입어 그래도 꾸준히 평화교육을 이어 나갔다. 어깨동무는 1998년부터 시범 교재를 만들어 자원봉사 대학생들이 초등학교를 찾아가는 '순회 평화교육'을 진행했다. 평화교육 첫 교재를 2000년 〈남북한 평화공동체를 위한 평화교육〉이란 이름으로 냈다. 이듬해 두 번째 교재인 〈남북한 평화적 통합의 비전, 평화교육〉을 출판했다.[3]

어깨동무의 두 번째 평화교육 교재는 남북 평화에 초점을 맞춰 펴냈다.

처음 나온 책이 보편성을 띤 평화 이야기라면 두 번째는 남북 평화에 더 초점을 맞추었다. 북녘에서 건너온 사람들이 남녘에서 겪은 여러 이야기를 바탕으로 '문화이해지'도 만들어 넣었다. 남북이 통일했을 때 어떤 갈등이 나타날 수 있는지 헤아려 보고, 해결 방법을 함께 찾아보자는 내용이다. 사회심리학자 정진경 교수가 중심 몫을 했다.

예를 들면, 북녘 남학생이 남녘 여학생을 만났을 때 "너 몸집이 좋다"고 말한다면 그 여학생은 불쾌해질 수 있다. 그러나 북에서는 '몸집이 좋다'는 말을 '튼튼해 보인다'는 뜻으로 쓴다는 사실을 미리 알아 두면 오해는 줄어들 것이다. 그러면서 외모에 대한 평가는 되도록 하지 않는 게 좋다는 이야기까지 자연스레 끌어낼 수 있다. 이렇게 차이를 이해하는 과정에서 서로의 처지에 따라 오해하기 쉽거나 되돌아볼 점 그리고 남과 북이 함께 나눌 수 있는 것들을 찾도록 했다.

"남과 북의 어린이는 만난 적이 있을까?"

평화교육을 하면서 어린이들에게 물으면, 어른들이나 만나는 거지 아이들이 어떻게 만나느냐는 답이 돌아온다.

"남과 북은 서로 도운 적이 있을까?"

문장으로 북한언어 이해하기

진돗개야! 건늠길로 건너와

역시 방거두매를 해야 기분이 좋아져

아바이 동무! 뜰주머니 좀 던져주시라요

막 잠들었는데 누가 손기척을 하는 거야?

평화교육 교재는 북녘 현실을 이해하는 데 도움이 되는 내용을 담았다.(방거두매=방청소, 건늠길=횡단보도, 뜰주머니=튜브, 손기척=노크)

남북이 서로 도운 적이 있다는 이야기가 나오면 교실이 술렁거리곤 한다. 어린이들에게 1990년대 후반부터 2000년대 중반까지는 없는 시간이나 다름없다. 선생님도 부모도 제대로 알려 준 적이 없으니 어쩌면 당연한 일이겠지만 이럴 때마다 서글픈 마음이 드는 건 어쩔 수 없다.

아이들은 인터넷이나 방송을 보면서 한쪽으로 치우친 정보를 듣는다. 그러면서 북녘은 거추장스럽고 불편한 존재처럼 여기게 되었다. 우리보다 못사는 사람들, 위험한 나라, 막대한 통일 비용을 먼저 떠올린다. 북녘 어린이들마저 함께 살아갈 동무로 바라보기보다 적대하는 분위기가 퍼지고 있다.

물론 통일에 대한 근거 없는 환상을 불러일으키거나 북녘을 무조건 긍정하지 않도록 세밀하게 마음 써야 할 것이다. 평화교육은 분단의 원인을 살펴보고 북에 대한 바른 정보를 들려주는 것이 필요하다. 남북이 더불어 살기 위해 어떤 노력을 할 수 있는지 함께 생각하는 시간이 되어야 바람직할 것이다.[4]

어깨동무에서 1996년에 시작한 캠페인 '안녕? 친구야!'는 남북 어린이들이 반세기 만에 나눈 첫인사였다. 이 행사에 참여한 아이들은 북녘 동무들에게 보낼 '내 얼굴'을 그렸는데 여기에는 나름 뜻이 있다.

자기 얼굴 그리기는 스스로를 이해하고 표현하는 과정이다. 그러면서 이제까지 관심이 없던 북녘에도 또래 친구가 살고 있다는 것을 조금씩 느끼게 된다. 남북 어린이들이 서로 가깝게 여기면서 언젠가 만날 수 있다는 기대감을 가질 수 있도록 돕는 것이 '자기 얼굴 그리기'인 것이다. 통일은 불쑥 '일어나는 사건'이 아니라 사람과 사람이 만나 함께 '만들어 가는 과정'이라는 공감대를 넓히기 위한 평화교육으로, 마음의 어깨동무를 시작하자는 뜻이기도 하다. 어깨동무는 '안녕? 친구야!' 그림전을 1996년부터 지금까지 꾸준히 펼치고 있다.

모든 교육이 그러하듯 평화교육도 '본질'에는 충실하면서 방식은 여러 갈래로 뻗어야 한다. 이제까지 어깨동무는 평화교육을 위해 무던히도 애를 썼다. 교재도 매체 변화에 맞추어 인터넷에서 볼 수 있도록 마련했다. 일상과 평화를 연결하기 위해 교실에서 벗어나 평화캠프를 시작했으며,

어깨동무는 '안녕? 친구야!' 평화 그림전을 꾸준히 펼치면서, 통일은 우리가 함께 만들어 가는 과정이라는 공감대를 넓히고자 했다.

어깨동무의 평화교육은 일상과 평화를 연결하는 평화캠프, 문화예술 활동 프로그램처럼 여러 갈래로 꾸려 왔다.

문화예술 혜택을 누리기 어려운 어린이들을 위해 '평화연극교실'과 '평화미술교실'을 열었다. 서울 중심 활동을 넘어 부산, 경기, 충남, 전남, 경북에서 문화행사를 갖기도 했다.

나이에 따른 프로그램으로 열 살에서 열네 살까지 어린이들은 '평화지킴이', 십오세 이상 청소년들이 모인 '평화이음이', 스무 살 넘는 청년들이 만난 '평화열음이'가 있다. 시민들이 참여하는 '한반도 평화읽기' 모임과 평화여행도 이어 가면서 작은 공동체들을 넓혀 나갔다. 2014년부터는 해마다 전담 강사인 '평화길라잡이'를 양성해 교육 과정을 튼실하게 다지고 있다.

평화교육이 학교에서 숨 쉬기 어렵던 때는 학교 밖 평화활동을 늘리고 교육 내용을 알차게 채우는 데 힘을 쏟았다. 다행히 2012년 서울시 통일평화교육 지원사업에 꼽혀 숨통이 트였다. 다음 해에는 초등학교 어린이를 위한 평화통일교육 교재 '평화 발자국'을 펴냈다.[5]

2015년 경기도교육청의 평화교육사업을 맡은 데 이어 2016년부터는 서울시교육청과 연계해 꾸준히 평화교육을 펼치고 있다.[6] 평화길라잡이 강사들과 어깨동무 사무국 일꾼들이 초인적인 힘으로 경기도와 서울 이쪽 끝에서 저 끝까지 뛰어다녔다. 2016년까지 오만 명 가까운 어린이들이 어깨동무 평화교육에 참여했다.

2002년 일본 조선학교 학생과 교사들을 초청하면서 시작한 동아시아 어린이평화워크숍도 계속 이어 나갔다. 2003년에는 일본 어린이들이 합류했고 해를 거듭하면서 재한 몽골학교, 한성 화교소학교, 중국 연길지역 어린이들도 함께했다.

2009년은 신종 독감이 퍼져 할 수 없이 행사를 한 번 걸러야 했는데,

동아시아 어린이평화워크숍의 한 과정으로 연길시에서 '중한 어린이 그림전'을 열었다.

그때부터 우리 정부의 거부로 일본 조선학교 어린이들이 남녘에 올 수 없게 되었다. 아울러 2001년부터 한국과 일본에서 열었던 '남북어린이와 일본어린이 그림 마당'도 지속했다. 어깨동무가 방북하지 못하던 때는 조선학교와 일본 어린이들이 평양에 가서 그림 전시를 하고, 북녘 어린이들에게 받아 온 그림을 우리에게 전해 주었다.

지난 20년 동안 평화교육을 펼친 경험을 다듬어 2016년 11월에 창립 세미나와 함께 '평화교육센터'를 열었다. 정영철 서강대 교수가 소장을 맡아 주어 마음이 든든하다.

센터에서는 연구팀을 꾸려 학교 교육에서 평화와 이어진 내용을 분석하고 이를 바탕으로 어깨동무 교육을 이론으로 다듬는 일을 한다. 또 메마른 남북의 역사가 아니라 평화의 눈으로 다시 풀이한 남북 관계 연표를 만들어 통일 상상력을 높이는 길을 찾는 데 힘쓰고 있다. 다양한 평화

남녘 어린이들이 방북해 교류한 경험은 마음의 통일을 앞당기도록 이끄는 밑거름이 될 것이다.

문화를 이야기하는 '피스레터'도 격월간으로 내고 있다. 2017년 11월에는 '평화교육은 우리를 바꿀 것인가'를 주제로 심포지엄을 열었다.[7]

마음의 통일이 체제의 통일보다 더 우선이고 소중한 일이다. 평화교육은 현실의 변혁을 일깨우는 사명을 갖고 있는 만큼 함께 더불어 사는 대상으로 북녘을 새롭게 인식할 가능성을 열어야 한다. 평창 동계올림픽과 판문점 정상회담이 이끌어 낸 변화, 어깨동무가 협력 사업으로 많은 생명을 살리고 북 주민들의 적대감을 누그러뜨린 이야기, 남녘 어린이들이 북녘 어린이들과 만난 경험들을 그 모델로 활용할 수 있다. 그 과정에서 남과 북이 왜, 그리고 어떻게 만나야 평화로 한 발 더 나아갈 수 있을지 보여 주는 '새 장'이 열릴 것이다.

일상에 퍼진 문화적 폭력을 줄이고, 공동체의 평화를 일구는 길에서도 평화교육이 해야 할 몫이 크다. 문화적 폭력은 바람직하지 않은 편견에 기대서 다른 사람을 차별하고 무시하는 행동으로, 여기에서 또 다른 사회 폭력들이 비롯된다.

뿐만 아니라 학교교육, 사회매체, 대중문화, 예술, 종교 들을 거치면서 사회 곳곳에서 벌어지는 착취와 억압(구조적 폭력)을 정당화하는 기능을 한다. 어깨동무는 문화적 폭력을 줄이는 평화교육에서 자기 이해와 성찰을 특히 강조했다. 어린이들이 저도 모르게 품고 있을 차별과 편견을 깨닫고, 다른 사람을 존중하는 태도를 지닐 수 있도록 이끄는 것이 가장 중요하다고 보았기 때문이다.

아름다운 자연과 천진난만한 아이들을 닮은 평화. 그 씨앗이 싹틀 작은 공동체들이 널리 퍼지도록, 그 안에서 평화를 일구는 시민들이 더 많이 자라도록 힘쓰는 것이 평화교육이 걸어갈 길이다. 시민 한 명 한 명이 평화의 씨앗이 되어 더 큰 평화의 꽃을 피울 수 있도록, 어깨동무와 평화교육센터는 한 걸음씩 뚜벅뚜벅 나아갈 것이다.

점과 선이 이어져 마음의 분단을 허물다

어깨동무는 지난 스무 해 넘는 시간 동안 북녘과 남녘은 물론이고 일본, 중국, 미국, 유럽에서 수많은 사람들을 만나 마음을 나누며 일을 해 왔다. 사람과 사람, 단체와 단체, 지역과 지역이 이어지는 것은 점과 점이 만나 선이 되고, 그 선들이 늘어나면서 면이 만들어지는 것과 닮은 모습이다.

마음과 마음이 연결되면서 교류가 늘어나고 협력도 이루어진다. 지금까지 서로에게 점이 되어 같이 선을 잇고 면을 만들어 간 사람과 단체들이 헤아릴 수 없이 많다.

한반도 평화를 만드는 길에 일본과 재일 조선어린이들이 공감하고 힘을 합치면 좋겠다는 생각으로 1997년부터 오사카와 도쿄에 있는 단체들 문을 두드렸다. 리츠메이칸대학교 서승 교수가 뜻있는 일본 사람들을 소개해 주었다.

재일 동포인 서 교수는 한때 남녘에 유학 왔다가 이십 년 가까이 억울한 옥살이를 하기도 했다. 그 뒤로 리츠메이칸대학교 법학 교수가 되었

스무 해 넘는 시간 동안 어깨동무와 함께 걸어온 사람과 단체들이 헤아릴 수 없이 많다.

는데, 이 대학은 서 교수가 법의 가장 큰 피해자이기 때문에 임용했다고 밝힌 바 있다.

서 교수 소개를 받아 진보 정치인으로 널리 알려진 도이 다카코 사회 민주당 대표를 만나 도움말을 들었다. 2000년에는 도쿄 '지구의 나무'에서 활동하는 츠츠이 유키코 선생과 일본국제자원봉사센터 테라니시 쓰미코 선생을 만나 의논을 이어 갔다. 2001년 6월 도쿄 시부야구 아오야마 어린이성과 도쿄도 아동회관에서 열린 첫 전시회부터 지금까지 수고하는 두 분의 헌신은 놀라울 정도다. 특히 거의 해마다 일본 어린이들과 조선학교 학생들이랑 함께 평양으로 가서 북녘 어린이들과 만나고 있다. 일본에서 북으로, 북에서 다시 서울로 이어지는 어려운 일정을 지금까지 지속하는 열정과 뚝심은 정말 대단하다. 두 선생이 힘껏 노력해서 만든

단체가 '남북어린이와 일본어린이 그림마당'으로 평화 워크숍과 어린이 그림 전시를 추진하고 있다.[8]

처음 의논 때부터 응원을 보내 준 미키 무스코 여사(고 미키 수상의 부인)에게도 깊은 존경과 고마운 마음을 잊지 않고 있다.[9] 2002년 조선학교 어린이와 교사들이 처음 서울에 왔을 때 미키 여사가 앞장서서 총련에 그 뜻을 알리고 설득했다. 그때는 북이 일본인 납치를 인정한 뒤여서 일본 내 비난 여론이 드센 상황이었는데도 방패막이를 자처하며 동행했다.

미키 여사는 조선학교와 일본학교 어린이들이 평양을 방문해 그림을 전시하고 교류하는 여정에도 여러 해 동안 함께했다. 어깨동무가 열었던 '서울 국제평화회의'에서는 벤포스타 어린이공화국 실바 신부와 함께 발표를 하고 어린이들과 행진도 했다. 어느 해인가 권근술 이사장과 나를 집으로 초대해서 미키 총리 역사관을 안내해 주던 기억이 따뜻하게 남아 있다. 안타깝게도 2012년에 돌아가셨다.

'그림마당' 시작부터 참여한 재일 조선학교 교사들의 열성과 책임감은 훌륭한 본보기였다. 선생들은 상부 기관 허락을, 우리는 정부 승인을 받아야 하는 어려운 여건이지만 어린이들 만남에 의기투합해서 오늘에 이르고 있다. 김성란, 김새별, 림계호, 부정봉, 성필녀 선생을 비롯하여 애쓴 교사들이 많다.[10]

조선학교는 학생 수가 줄면서 여러 모로 진통을 겪고 있다.[11] 조선적 인구가 줄다 보니 학생 수도 자연스레 그 뒤를 좇고 있다. 교사들은 방학 중에도 연고가 있는 곳을 찾아다니면서 학생들을 모으고 있다. 그러나 학생 수에 따라 학교가 통폐합되는 바람에 통학 거리가 멀어지거나, 기숙사 생활을 어릴 때부터 해야 하는 불편 때문에 모집이 많이 어렵다고

니시도꾜 조선제1초중급학교 모습. 서울, 평양, 도쿄를 잇는 삼각 교류에 조선학교 선생들이 열성으로 참여했다.

한다. 어려운 여건에서도 초, 중, 고를 합쳐 조선학교 일흔 개 정도가 꿋꿋하게 남아 있다는 사실이 오히려 놀랍다.

재정도 무척 어렵다. 1990년대 중반부터 북에서 주던 지원금이 끊겼기 때문이다. 조선학교는 '각종학교'로 분류되어 지자체 보조금과 학부모가 내는 교육비로 재정을 반쯤 채우고, 나머지는 후원금과 지원금으로 운영한다.

그런데 2002년 북에서 일본인 납치를 인정하고 핵 실험까지 하면서 조선학교에 적대 여론이 생겼다. 그러면서 지자체 보조금이 끊기고 후원금도 줄고 있다.

2010년 고교무상화법안이 의결됐으나 조선학교만 지원 대상에서 빠져 큰 타격을 입었다. 현재 '조선고급학교 고교무상화정책 배제 철회소송'을 진행하며 힘겨운 싸움을 이어 가고 있다.[12]

교사들은 봉급이 줄거나 끊기는 일도 생겼다. 나이 든 교사는 자진 퇴직을 하고, 부부 교사일 땐 줄어든 봉급조차 한 사람만 받기도 한다고 들었다. 거의 모든 학교에서 교장이나 교사가 통학버스를 운전하면서 지출을 줄이고 있다.

무엇보다 조선학교 학생에 대한 차별과 편견이 심해지고 있어 걱정이다. 치마저고리를 입고 등교하는 조선학교 여학생 옷을 칼로 베거나 욕설을 퍼붓는 불상사가 늘어났다. 북일 관계가 악화될 때마다 학생들이 애꿎게도 폭행 대상이 되었다.

극우 단체들이 학교 앞에서 확성기 시위를 벌여 학생들이 불안해하고 수업에 지장도 큰 형편이다. 일본 정부의 극우주의와 군사주의 편향이 커지면서 불거지는 '혐한' 현상은 조선학교 학생들에게 너무나 큰 고통으로 다가온다.[13]

조선학교 교사와 학생들은 시련 속에서도 긍지를 잃지 않고 새로운 방향을 찾고 있다. 2000년 6·15공동선언이 큰 계기가 되었다. 2003년에는 교육과정을 새로 바꾸면서 남녘을 통일의 동반자로 서술했고, 남과 북에 균형된 시각을 갖도록 노력하고 있다. 한국어를 가르치는 학교가 늘고 있으며 학생들은 남녘 대중문화에도 관심이 크다.

2002년에 처음으로 조선학교 어린이 셋이 서울에서 또래들과 만남을 시작한 뒤로 2008년까지 거의 해마다 서울을 찾아왔다. 서울, 평양, 도쿄를 잇는 삼각 교류는 정치에 늘 민감한 상황이므로 조선학교 선생들은 그에 대한 부담과 책임을 떠안고 일해야 하는 실정이다. 그럼에도 늘 빛나고 새로운 마음으로 일을 펼치니 감탄할 따름이다.

그 밖에도 일을 거들어 준 많은 이들이 있다. 이제는 학교를 그만둔 선

조선학교 학생들과 남녘 어린이들은 2002년부터 서울, 평양, 도쿄에 이르기까지 반가운 만남을 이어 왔다.

늘 새로운 마음으로 맞아 준 조선학교의 여러 인연 덕분에 마음의 분단을 허물 수 있음을 깨달았다.

생도 있고, 배불리 음식을 먹여 준 식당 식구들도 생각난다. 한 사람, 그 곁에 또 한 사람……. 일본과 한국을 오가며 만난 그리운 얼굴들이 눈앞에 아른거린다.

분단은 한반도보다 일본에서 더 날카롭게 날이 서 있는 듯하다. 그러나 마음의 분단만큼은 허물 수 있음을 알 것 같다. 사람이 만든 장벽이니 사람의 마음에서는 그 벽을 거둘 수 있지 않을까.

재일 동포들은 민족 정체성 덕분에 일본에서도 떳떳하게 살아가고 있고 민족학교가 이런 힘을 길러 주었다. 변화하는 남북 관계와 교육환경 속에서 조선학교가 앞날을 스스로 찾을 수 있도록 응원해야 한다. 현 정부가 아무런 조건 없이 조선학교 재정에 힘을 보태 주기를 간절히 바란다.

북녘과 주고받는 일에 보람과 어려움을 함께 나누고 있는 동료 민간단체들이 있어 든든하다. 전북대 이종민 교수가 운영하는 모임 '동지'에서는 2004년부터 지금까지 거의 해마다 북녘 어린이들 콩우유 급식에 보태라며 천만 원씩을 나눔하고 있다.

전자우편으로 음악편지를 보내면 천 원씩 기부하는 방식으로 시작한 이 모금은, 몇 사람이 큰돈을 내는 것이 아니라 개인과 단체가 십시일반으로 모아 주는 마음이다. 십오 년 가까이 마음 나눔을 이어 가는 그 정성이 참으로 고맙다.

북에 협력 활동을 하는 이십여 개 단체들이 1999년, 남북 화해와 민족공동체 수립을 위한 인도주의 실천 단체들 모임인 '대북협력민간단체협의회'를 만들었다. 지금은 소속 단체가 쉰일곱 개로 늘어났다. 잃어버린 지난 10년, 어둡고 긴 터널을 같이 걸으며 동반자로서 유대감이 더 커졌다.

어깨동무는 2018년 1월 이 모임에 회장 단체로 뽑혔다. 창립 단체 가

남녘 사람들을 정성껏 반겨 준 북녘 어린이들의 환한 얼굴은 우리들 마음속에 언제나 살아 있다.

운데 하나로서 좀 더 일찍이 맡았어야 하는 일인데 조금 늦어졌다. 협력
단체들이 앞날을 함께 설계하고 추진할 수 있도록 소임을 다해야 한다는
사명감을 크게 느낀다.

　여러 단체와 사람들의 진심 어린 한마음이 모이고 쌓인 덕분에 한반도
평화와 협력으로 가는 길을 힘차게 열어 갈 수 있었다. 막막한 남북관계
를 견뎌 내고 다시 새로운 국면을 맞이하는 지금, 이제 더는 만날 수 없
기에 더 그리운 분들이 있다.

　어린이들 생명을 살리는 일의 소중함을 일깨워 준 김수환 추기경, 그
리움이 희망이 된다는 것을 알려 준 박완서 선생, 역경을 이겨 내는 용
기를 보여 준 리영희 선생, 당신에게 남은 모든 것을 북녘 어린이를 위해
쓰라는 유언을 남긴 권정생 선생, 부드러운 신념으로 앞선 경험을 전해
준 오재식 월드비전 회장, 변함없는 빛을 보여 준 김현 원불교 교무, 처음

가야 할 길을 알려 주고 내내 꼭 필요한 도움을 준 이봉조 통일부 차관.

북녘에서 어린이들 돌보는 일을 함께했던 분들도 기억한다. 어깨동무의 첫 협력 기관인 영양관리연구소에서 북쪽 어린이에게 꼭 필요한 일이 무엇인가를 알려 준 김수한 박사, 어깨동무어린이병원 책임을 맡아 정성 의학의 본을 보여 준 강대식 선생, 평양의대 소아병동 초대 병동장으로 애쓴 조명식 선생……. 모두 우리 마음에 함께하고 있다.

무엇보다 조금은 낯선 우리들을 정성껏 환하게 반겨 준 북녘 어린이들, 협력 과정에서 북녘 사람들과 맺은 소중한 인연은 언제나 마음속에 살아 있다.

2004년 단체 방북 때 남녘 어린이들과 분단 뒤 처음으로 천지에 오른 시간이 다시금 되살아난다. 마침 그날은 6·15공동선언 4주년이기도 했다. 신비로운 듯 영롱하게 펼쳐진, 그 깊이를 가늠할 수 없는 너른 천지를 바라보며 우리는 굳게 약속했다. 남북 어린이들이 백두에서 한라까지 어깨동무할 그날이 오도록 모두 노력하자고…….

백두에서 어린이들과 함께한 우리의 약속이 캄캄한 밤에 뿌려진 별처럼 찬란하게 빛나도록, 그 길에 감히 한 줄기 빛이라도 되고 싶었던 첫 마음 그대로 여럿이 함께 나아갈 것이다.

많은 사람들의 진심 어린 마음이 모이고 쌓여 한반도 평화와 협력의 길을 힘차게 열어 갈 수 있었다. 남과 북 어린이들이 더불어 사는 그날까지 평화를 꿈꾸는 우리의 발걸음은 멈추지 않을 것이다.

에필로그

한반도의 평화를 길어 올리는 힘
'사회적 상상력'

　평화 체제가 이루어지면 우리의 삶도 바뀐다. 한반도가 비핵화로 나아가면서 남북 협력을 다시 시작하는 우리 자세는 진지하되 지나치게 엄숙하거나 무거울 필요는 없다. 북이 발전 기틀을 닦는 길에 힘을 보태고, 그러면서 형편이 좋아지는 만큼 결실을 함께 나눈다는 희망이 싹트는 것으로 시작할 수 있다.

　'4·27판문점 회담'을 바라보는 사람들 눈길에서 이런 생각을 엿볼 수 있었다. 2000년과 2007년 남북회담은 비장했다. 그에 견주면 이번 만남은 경쾌했다. 시민들도 남북 관계가 바뀌면 자기 삶에 새로운 희망이 생긴다고 느끼는 것처럼 보였다.

　남북 교류와 협력이 활발해지면 새롭고 즐거운 일들이 늘어난다. 옥류관 냉면을 먹고 백두산 천지에 오르거나 원산 명사십리에서 쉬는 것이 그 예다. 우리 세계관은 '반도'를 벗어나 북녘을 거쳐 유라시아까지 활짝 뻗어 나갈 것이다. 기차나 자전거를 타고 파리까지 갈 수도 있다. 아울러 더 많은 정의를 이끌어 내는 효과로도 나타난다. 헌법재판소가 2018년 6월 '양심적 병역거부를 위한 대체복무규정을 마련하라'는 결정을 내린 것도 평화를 향한 소망이 무르익으면서 비롯된 결실 가운데 하나다.

남북이 함께 미래를 만들어 가려면 땅에 그어진 경계와 더불어 마음에 쌓아 올린 경계까지 함께 녹아내려야 한다. 특히 마음의 경계는 '방 안의 코끼리'와 같다. 그로 말미암아 큰 고통을 겪으면서도 그 존재를 부정하는 사회의 무의식이다.

마음의 경계는 증오와 공포를 불러일으킨다. 결국 나와 다른 모든 것에 대한 미움과 두려움이다. 경계는 다른 의견과 삶의 방식을 받아들이지 않고, 다름과 다양성을 혐오하도록 부채질한다. 증오와 혐오는 '우리'가 생각하고 살아왔던 방식 외에 다른 길이 있을 수 있다는 상상조차 말살시키면서 가하는 사람과 당하는 이 모두 공격성과 폭력성을 내면화한다.

마음의 경계를 무너뜨리려면 그 폐해를 인정하고, 비판하고, 성찰해야 한다. 경계 너머에 있는 대상에게 휘두른 폭력의 진실을 고백하고, 침묵의 봉인을 풀어내야 할 것이다.

남과 북 그리고 남녀 사회에 그어진 수많은 경계를 없애고 더불어 살 길을 찾으려면 '사회적 상상력'이 필요하다. 사회적 상상력은 개인과 일상의 고통이 분단과 경계에서 비롯됨을 인식하게 한다. 한반도에 사는 사람들의 고통이 분단으로 얽혀 있다는 상상력은 자신과 타인의 아픔을 이어 주고 나아가 서로의 치유까지 연결시켜 준다. 상상력을 바탕으로 스스로를 성찰하고 상대를 공정하게 바라보면서 인간의 존엄성을 공유하게 된다.

오직 사회적 상상력만이 편협하고 이기적인 자아를 벗어나 타인과 교감하고 연대하게 한다. 그럼으로써 경계에 구속된 남루하고 고립된 '나'가 아니라 더 커진 나, 바로 '공동체'로 안내한다. 사회적 상상력은 분단에 따른 고통을 공동체 정신으로 뛰어넘을 수 있게 이끄는 대안으로서, 한반도의 평화를 길어 올리는 힘이다.

남녘은 지난 수십 년 동안 소득이 양극화되고 삶의 질이 낮아진 안타까운 현실에 맞닥뜨리고 있다. 사회 구조에 따른 불평등과 문화 차별은 사회 갈등을 부채질하는 형편이다. 북녘 또한 경제 사정이 나아지고 있지만 소득 격차는 커지고 있다. 이런 속에서 남과 북이 새로운 관계를 만드는 일에 불안해하고 반대하는 목소리도 적지 않다. 한반도 평화는 단일 국가를 이룬다는 바람에 앞서, 삶의 질이 나아진다는 전망으로 실제 협력을 향해 나아가야 한다.

정의롭고 평화로운 한반도의 앞날을 여는 길에 집단의 발전 못지않게 개인 권리도 존중받을 수 있어야 한다. 그에 더해 시민들의 활발한 참여도 아주 중요하다. 평화공동체라는 '집'에 들어가 살 사람들이 스스로 집을 짓고 가꾸는 것이 가장 좋지 않겠는가. 자기 삶을 누군가 대변하고 대신하는 과정으로는 다시금 불평등과 불합리가 되풀이될 수 있다.

자기 삶을 결정하는 일에 저 혼자 비껴서 있기를 원하는 사람은 그리 많지 않으리라고 본다. 우리가 살아갈 새로운 세상은 기성세대와 젊은 세대가 사회적 상상력으로 함께 만들어 가는 과정에서 평화롭게 맞이할 수 있을 것이다.

북녘 어린이의 영양과 성장
북의 보건의료와 평양의학대학병원
평화의 징검다리 어린이어깨동무

북녘 어린이의 영양과 성장

　어린이어깨동무가 활동을 시작하던 1990년대 중반은 북녘 어린이들을 살리는 일이 급박했던 시절이었다. 북녘은 그때부터 계획경제체제 약화, 구소련과 동구권 사회주의경제 집단의 해체 그리고 거듭되는 자연재해로 말미암아 식량난을 겪는다. 특히 1995년 8월 대홍수로 식량 생산에 치명타를 입고 나서는 최악으로 치닫는 식량 위기와 대기근에 처하면서 국제사회에 도움을 요청하게 된다.

　미국 뉴욕에 있던 북 유엔대표부는 1995년 8월 23일 유엔인도주의사무국에 긴급 구호를 요청하면서 전 국토의 75퍼센트가 재해를 입었고 피해 인구는 520만 명, 피해 총액은 150억 달러에 달한다고 밝혔다(한겨레신문, 1995. 9. 14). 그해 9월 남녘 민간단체들이 북녘에 식량 지원을 시작했다.

　북은 1995년부터 2000년대 초반까지를 '고난의 행군' 시기로 부를 만큼 힘든 시절을 보낸다. 고난의 행군이란 말은, 김일성 주석이 이끄는 항일 빨치산이 1938년~1939년 만주에서 일본군을 피해 혹한과 기아를 겪으며 백 일 넘게 '영웅적'으로 행군한 데서 비롯한다. 북의 식량난은 긴 시간 진행되어 '깊고 넓지만 조용한 기근'이라 표현할 정도로 심각했지만 그 실상은 잘 알려지지 않았다.

　2010년 한국 통계청은 북이 1993년과 2008년 두 차례 유엔에 제출한 인구 일제조사 결과를 분석했다. 그에 따라 1994년~2005년까지 식량난 때문에 평상시보다 48만 명이, 1996년~2000년 고난의 행군 때는 34만 명쯤이 평소보다 더 죽은 것으로 추정했다. Haggard와 Noland는 미국 인권위원회에 제출한 보고서에서(2008) 고난의 행군 시기에 전체 인구의 5퍼센트 정도인 약 100만 명이 사망했다고 밝히고 있다. 북녘 인민들의 고통을 조금이라도 덜어 줄 수 있는 손길이 같은 민족으로서 절실한 때였다.

다른 지역의 역사를 보더라도 아일랜드의 경우, 1845년~1852년 사이에 100만 명이 죽고 100만 명은 해외로 이주해야 했던 대기근을 영국이 외면하면서 지금까지 원망과 갈등이 남아 있다. 또 1932년~1933년 구소련 치하에 있던 우크라이나에서 발생한 대기근은 '홀로도모르'라고 하는데, 그 뜻은 기아로 인한 살인이다. 스탈린이 기근을 조장하거나 방치했다는 것이다. 피해자 수는 240만~750만 명으로 추정되며, 우크라이나는 이 참사에 대해 러시아가 책임질 것을 촉구하고 있다.

북은 2000년 10월 10일 조선노동당 창건 55주년을 맞아 평양 김일성 광장에서 기념식을 열고 "우리 군대와 인민은 최근 고난의 행군의 년간 어려운 시련을 이겨냈다"고 치하하면서 고난의 행군이 끝났음을 공식 선언했다. 또한 2001년 1월에는 〈로동신문〉〈조선인민군〉〈청년전위〉 공동사설에서 "고난의 행군에서 승리한 기세로 새 세기의 진격로를 열어 나가자"고 발표했다.

고통스럽지만 당당하게 어려움을 견뎌 낸 뒤로 북녘 상황은 차츰 나아지고 있다. 그러나 삶의 질을 적정 수준으로 높이기 위해서는 식량, 영양, 보건, 위생 쪽에 여전히 특별한 관심이 요구된다.

영유아 사망과 영양불량

유엔의 '2018 수요와 우선순위 보고서(2018 DPRK Needs and Priorities)'에 따르면, 2017년 북의 세계기아지수가 28.2점으로 '심각' 수준이며 전체 인구 가운데 41퍼센트에 달하는 1,030만 명이 영양부족 상태에 있다고 전한다. 이 가운데 임산부와 수유부, 5세 미만 어린이, 노인, 장애인, 이재민 같은 600만 명에게 가장 빠르게 도움을 집중해야 한다고 촉구한다.

북녘 어린이의 사망률과 영양 상태가 좋아지고는 있으나 아직 적합하지 못한 상황이고 유엔이 정한 기준에도 못 미친다. 북 당국이 유엔과 함께 2011년에 작성한 '보건중기전략계획'을 보면, 다음과 같이 개선을 어렵게 하는 요소

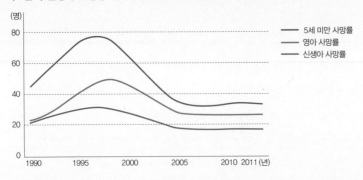

〈그림 1〉 출생아 천 명당 북의 5세 미만 아동 사망률 추세(1990~2011)

출처: 〈북한 모자보건 1,000일 패키지 사업의 의미와 추진 방향〉(황나미, 한국개발연구원 북한경제리뷰, 2014)

가 나타난다(신희영 외, 2014). 첫째, 보건의료 분야 정부 예산이 실제 건강 수요를 충족하기에 모자라다. 둘째, 국제기구들이 대부분 지원을 멈췄다. 셋째, 의료 과학기술에 대한 투자가 적고, 화학과 제약 공업 발달이 늦어지면서 보건의료 수요를 뒷받침하지 못하고 있다.

북녘 5세 미만 어린이 사망률은 1990년대 중반 식량 부족 시기에 급속히 늘어나 1996년에는 출생아 1,000명당 78.4명에 달했다. 〈그림 1〉처럼 영아(생후 1년 이내)와 신생아(생후 28일 이내) 사망률은 1996년 앞뒤로 크게 나빠진다. 다행히 2002년에는 1990년대 초 수준으로 회복된다.

2012년 유엔 새천년개발보고서에 따르면, 2010년 개발도상국 5세 미만 어린이 사망률은 1,000명당 63명이고 같은 해 북녘은 33명이다. 북 자체 추이로 보거나 다른 개발도상국과 견줘도 상당히 나아진 것으로 판단된다. 유엔이 작성한 '2015 아동 사망률 동향 보고서'는 2015년 북의 5세 미만 아동 사망률을 25명으로 추정했다. 다섯 살 아래 어린이들이 죽는 원인은 조산이나 분만과 관련된 합병증, 폐렴, 설사병, 말라리아 들이다. 한 살 아래 사망률은 2011년 1,000명당 26명에서 2014년 20명으로 계속 줄었다. 신생아 사망률도 2011년 1,000명당 18명에서 2014년 14명으로 줄었다. 하지만 유엔의 '2015 새천년 개발목표'인 5세 미만 사망률 14명에는 여전히 미치지 못한다.

〈그림 2〉 북녘 어린이의 영양 상태 추이(1998~2009)

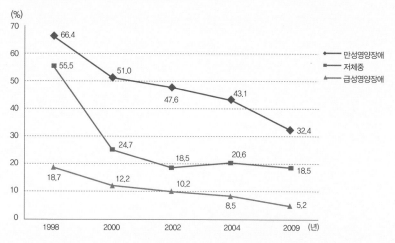

출처: 국제연합식량농업기구(http://www.fao.org/docrep/013/al968e/al968e00.htm)

  북녘 어린이의 영양 상태 변화는 〈그림 2〉에서 살필 수 있다.(나이에 견줘 키가 작으면 '만성영양장애', 몸무게가 적을 땐 '저체중'이다. 키에 비해 몸무게가 덜 나가는 경우엔 '급성영양장애'가 된다.) 고난의 행군이 공식으로 끝난 2001년 앞뒤로 북녘 어린이들 영양 상태가 크게 좋아지기 시작한다. 그러나 영양부족 어린이 비율은 아직 높은 것으로 나타난다.

  유엔의 '2018 수요와 우선순위 보고서'는 5세 미만 어린이 가운데 만성영양장애 발생률은 27.9퍼센트, 급성영양장애는 4퍼센트에 이른다고 밝힌다. 만성영양장애는 인지기능과 활동력 감소, 면역기능 약화로 성장을 늦추고 만성 대사증후군 질병 발생과도 연관이 있는 것으로 알려져 있다. 특히 12~24개월 유아에게 많이 나타난다. 이유식을 시작하는 6개월 뒤부터 철분, 아연, 요오드 같은 필수영양소가 모자라면서 성장과 발달이 늦어지기 때문이다(이정희, 2014). 이런 영양부족 상태는 어린이들이 건강하게 자라는 데 심각한 문제를 불러일으킬 수 있다.

자연재해와 어린이들의 피해

북녘은 자연재해 대비 체계와 기반 시설이 취약하다. 때문에 인도적 협력에서 재해 방지와 피해 복구가 우선 관심사로 돼야 한다. 자연재해로 곡물 생산이 줄어들면 식량 나눔에 지장이 생기고, 이때 어린이들이 가장 큰 고통을 받기 때문이다.

유엔이 내놓은 '2018 수요와 우선순위 보고서'에 따르면 2004년~2016년까지 북녘에서 약 620만 명이 자연재해로 피해를 입었다. 아울러 독일 민간연구소 저만와치(Germanwatch)가 발표한 '국제 기후 위험지수 보고서'(2012)를 보면, 지난 20년 동안 북에서 일어난 자연재해는 40여 건으로 해마다 두 번 넘게 인명과 재산에 손상을 입었다. 북은 자연재해 피해가 세계에서 가장 큰 나라 가운데 하나로, 한 번 겪을 때마다 그 손실 규모는 국내총생산의 3.6퍼센트에 달한다고 전한다. 또한 자연재해 피해 규모를 뜻하는 '위험지수'에서 북녘은 2010년과 2011년에는 세계 9위, 2012년에는 7위였다. 남녘과 견주면 스무 배 넘게 높은 수치다(CBS 노컷뉴스, 2016. 9. 7).

특히 2011년 수해는 유엔에 공식으로 협력을 요청할 정도로 손해가 심각했다. 2012년 9월에도 큰 홍수로 어려움을 겪었으며 2015년에는 가뭄 피해가 있었다. 2016년 9월에도 두만강 유역에 큰 수해가 발생한 것으로 알려졌다. 그때 남쪽 정부는 북 당국의 요청이 먼저 있어야만 도울 수 있을지 검토하겠다는 입장을 고수했다.

북도 남녘 수해를 도운 사례가 있다. 1959년 9월 사라호 태풍, 1984년 집중호우 피해가 생겼을 때 이재민 구호물자 협력을 제안했고 우리 정부는 이를 받아들였다.

북에서는 2014년 처음으로 재난관리법을 통과시켰고 이 법을 바탕으로 응급 재난 관리를 맡는 중앙위원회를 만들었다. 하지만 빠른 시일에 획기적 대책을 마련하기는 쉽지 않을 것으로 보인다. 2018년 한반도의 이상 고온 현상은 남북을 피해 가지 않았다. 자연재해를 극복하기 위해 남과 북이 함께 힘과 지혜를 모아야 한다.

북의 보건의료와 평양의학대학병원

북의 보건의료는 1980년 4월 3일 최고인민회의 법령 제5호로 채택된 '인민 보건법'을 따라서 운영된다(신희영 외, 2017). 이 법에 따르면, 인민보건사업의 목적은 "사람의 생명을 보호하고 건강을 증진시켜 사회주의 위업수행에 기여하게" 하는 것이다. 남녁 의료법을 보면 제1조에서 "모든 국민이 수준 높은 의료 혜택을 받을 수 있도록 국민의료에 필요한 사항을 규정함으로써 국민 건강을 보호하고 증진하는 데 목적이 있다"고 규정하고 있다. 표현은 조금 다르지만 생명을 살린다는 점에서 남과 북에서 보건의료를 펼치는 목표는 같다고 볼수 있다.

해방 당시 평양에는 평양도립의원(병상 300대)과 기독교병원(병상 50대) 등병원 네 곳이 있었고 약품공장, 위생방역기관, 의학연구기관은 아예 없었다. 2014년 기준으로는 북 전역에 중앙과 도 단위 병원 133개와 더불어 약 8,900여곳에 이르는 의료기관이 있다.

북의 보건일군(보건인력)은 2012년 기준으로 약 21만 명으로 추정된다(신희영 외, 2017). 의사는 약 79,000명으로 인구 1,000명당 3.3인 반면 남녁은 2.0명이다. 북의 간호사 수는 약 93,000명으로 인구 1,000명당 4.1명이고 남녁은 4.7명이다. 이들 보건일군은 상등보건일군, 중등보건일군, 보조의료일군 세 단계로 나뉜다. 상등보건일군은 의학대학 졸업자로 의사, 고려의사(한의사), 위생의사, 구강의사, 약제사, 의료기구기사를 포함한다. 중등보건일군은 준의(준의사, 부의사), 약조제사, 고려약사, 구강준의, 조산원, 보철사, 뢴트겐기사, 엑스레이기사를 말한다. 보조의료일군은 간호사를 이른다. 북쪽에서는 의학대학을 나온 의사와 의학전문학교를 나온 준의가 있는 것이 특징이다. 준의와 간호사들은 야간교육(6년), 통신교육(6년), 특설교육(3년 출석 수업)을 거쳐 의사 자격증을 받는다. 의사들을 대상으로 재교육 과정도 운영한다.

평양의학대학(아래부터 평양의대)은 일제강점기인 1933년에 세운 평양의학전문학교를 모태로 한다. 평양의대병원은 1948년 10월 김일성종합대학 부속병원을 개편한 것이나 2010년 5월 다시 김일성종합대학으로 편입되었다. 평양의대에는 임상의학부, 고려의학부(한의과대학), 위생학부(보건대학), 구강학부(치과대학), 약학부가 있다. 병원 면적은 45,000제곱미터에 이르며 의사 550명에 1,340여 개의 병상이 있다. 1948년에는 의사 90명에 병상이 4백 개였다고 하니 크게 발전했다. 전문과도 12개에서 54개로 늘었다고 한다. 외래환자는 한 해에 80만 명 정도다.

2004년 무렵 평양의대병원 왼쪽에 의학대학이 있었고, 병원은 크게 외래병동과 입원동으로 나뉘었다. 본관에 행정기구와 외래병동이 있고 그 뒤에 입원 1동이 있으며, 두 동을 연결하는 진단동이 있다. 입원 1동 뒤로 입원 5동이 연결돼 있고, 그 오른쪽에 입원 3동과 4동이 자리하고 있다. 그 왼쪽으로는 문화회관과 간호원학교가 있다. 입원 5동 뒤로 입원 2동이 있는데 그곳에 소아입원동이 들어가 있다.

입원 2동 뒤로 병리검사동과 약무동이 있다. 약무동은 1,800평 면적에 3층 건물로 약을 생산하는 공장이 있다. 실험용 동물사가 입원 2동 옆에 있다. 입원 2동 총면적은 6,700제곱미터다. 1층에 고려제제과, 조제과, 주사약제재과가 있고, 2층에 순환기 내과와 소화기 내과, 3층에 신경과, 콩팥내과, 4층에 제2소아과(호흡기, 순환기 질환), 제3소아과(비뇨생식기, 신경 질환), 소아외과, 소아심장외과, 5층에 제1소아과(소화기, 물질대사, 혈액 질환)와 호흡기 내과 그리고 6층에 이비인후과, 고려치료과로 나뉘어 있다.

북에서는 의사들의 경력과 실력에 따라 급수를 주는데, 의대를 졸업하면 6급 의사인 반면 평양의대 졸업생은 5급 의사가 된다. 3년에 한 번씩 승급 시험을 치를 수 있으니 전문의에 해당하는 3급 의사가 되려면 약 10년이 걸린다. 평양

1933년에 세운 평양의학전문학교를 모태로 하는 평양의학대학병원 전경.

의대 소아병동을 지을 때를 기준으로 평양의대에서 1급 의사, 1급 교수, 1급 연구원은 10명 안팎이었다. 평양의대병원 의사 구성은 공훈 의사 12명, 과학자 5명, 원사 의사 2명, 후보원사 의사 2명, 교수박사 의사 30명, 박사부교수 의사 28명, 부교수학사 의사 70명, 학사 의사 395명 정도다.

의사가 오르는 최고급은 공훈의사와 인민의사다. 예술 분야에 공훈배우, 인민배우가 있는 것과 같은 방식이다. 병원 전체에 정교수 47명이 있으며 간호사를 포함한 지원 인력이 1,600명이었다. 소아과에는 정교수가 없었다.

6년 과정 의대 졸업 후 2년 전문의 과정 그리고 3년 6개월 박사원 과정을 마쳐야 평양의대병원에서 의사로 일할 수 있다. 박사원 과정을 마치지 못한 졸업생들은 시 병원, 구역 병원 등에서 일한다.

평화의 징검다리 어린이어깨동무

어린이어깨동무(아래부터 어깨동무)의 처음 이름은 '남북어린이어깨동무'였다. 1996년 6월에 '안녕? 친구야!'라는 통일 연습으로 활동을 시작했다.

'어깨동무'라는 이름에는 한반도 어린이들이 몸도 마음도 건강하게 자라야 한다는 바람이 담겨 있다. 또한 남북 어린이들이 문화와 정서를 나누면서 서로 이해하고 도울 수 있는 세대로 자라나, 평화로운 통일시대로 함께 나아가길 바라는 소망도 새겨져 있다. 남북 어린이들이 서로 어깨동무할 수 있는 엇비슷한 키로 자랄 수 있도록 북녘에 영양, 보건, 의료 협력과 함께 어린이들끼리 교류하면서 평화를 일구는 동반자가 될 수 있는 교육문화 활동을 펼치고 있다.

그때까지 했던 통일운동이 어른들이 앞장서 체제의 통합을 추구했다면, 어깨동무는 남녘과 북녘 어린이가 중심이 된 마음의 통합을 이루고자 했다. 그럼으로써 서로에 대한 증오와 불신을 거두고 통일로 가는 길에 더 많은 평화, 더 많은 정의, 더 많은 민주를 좇는 시민이 되도록 이끄는 활동을 해 왔다. 통일 과정에서 독재 권력이나 자본의 횡포를 견제하는 시민사회 역할이 중요하다고 보았기에, 어린이들을 위한 평화교육과 시민교육에 힘쓰기로 한 것이다. 북녘 어린이들에 대한 인도적 협력에 남녘 어린이들이 참여하는 일도 어려운 사람을 동정하는 것이 아니라 고통을 나누고 덜어 내는 과정이 되도록 기획했다.

어깨동무를 설립하는 데 공동육아연구원과 한겨레신문이 중심 몫을 했다. 1996년 3월 북녘 어린이들이 겪는 끔찍한 고통을 알게 된 뒤로 공동육아연구원 동료들과 함께 북의 아이들을 힘껏 돕기로 마음을 모았다. 공동육아연구원은, 1978년부터 서울 관악구 난곡동, 종로구 창신동에서 저소득 지역 어린이들

을 돌보던 해송어린이걱정모임에 뿌리를 두고 있다. 육아를 사회가 함께 책임
질 수 있도록 하고자 부모들과 더불어 협동조합형 어린이집을 만들고 있었다.

많은 사람들이 참여할 수 있게끔 널리 알리자면 언론사와 함께하는 것이
필요했다. 그때 북녘 기아를 거의 유일하게 보도하던 한겨레신문과 이야기가
오가면서 협력이 급물살을 탔고 한겨레통일문화재단 설립추진본부도 참여
하게 됐다. 우리 사회에서 처음 하는 일이므로 따로 단체를 만들기로 했다. 한
겨레신문, 한겨레통일문화재단 설립추진본부, 공동육아연구원이 주체가 되어
불과 서너 달 만에 어깨동무가 탄생했다. 무거운 책임과 뜨거운 열망이 있기에
가능한 일이었다. 어깨동무가 1996년 6월 13일 탄생을 알렸으니 북과 협력하
는 단체 가운데 가장 먼저 출발했다. 어깨동무의 첫걸음마에 여러 사람들이 힘
을 보탰다. 그때 직함으로 소개한다.

공동대표 권근술(한겨레신문 대표이사) 정명훈(지휘자) 조형(이화여대 교수)
자문위원 고 권정생(아동문학가) 고 김수환(추기경) 고 박완서(소설가) 고 오재식
(한국사회연구원 원장) 고 윤석중(새싹회 회장) 고 이오덕(우리글연구회 회장) 이효
재(여성한국사회연구회 회장) 고 주정일(원광아동상담센터 회장) 한완상(한국방송
대 총장) 홍창의(서울대 소아과 명예교수)
추진위원 강대인(크리스찬아카데미 부원장) 김수정(만화가) 김영동(서울 시립국악
관현악단 단장) 김준철(신부) 고 김현(원불교 교무) 김형국(서울대 교수) 도법(남원
실상사 주지) 문성근(영화인) 서태지(음악인) 안성기(영화인) 윤구병(도서출판 보리
대표) 이상선(성남금빛초 교감) 이상우(극작가) 전성은(거창 샛별중 교장) 정명근
(CMI 대표) 조은(동국대 교수) 조혜정(연세대 교수) 차범근(어린이축구교실 이사장)
실행위원 김영철(한겨레신문 기자) 김유호(소아과 의사) 도두형(변호사) 오숙희(방
송인) 이기범(숙명여대 교수) 이주영(성자초등학교 교사) 정병호(한양대 교수) 정유
성(서강대 교수)

(사)어린이어깨동무 www.okfriend.org / nschild@okfriend.org

자매단체 부산어린이어깨동무

'부산어린이어깨동무'는 국내 하나뿐인 자매단체다. 서울과 평양이라는 중앙 중심을 넘어 남북 지역끼리 교류하는 본보기를 만들고자, 원산과 연결시킬 수 있는 곳으로 부산을 꼽았다. 부산과 원산은 동해안으로 이어진 남과 북의 대표 항구도시이고 한국전쟁 때 부산에 정착한 원산과 함경도 실향민들이 많다는 점 때문이었다.

부산 서면에서 2003년 10월에 첫 모임을 가졌다. 김성연 동아대학교 교수, 차상조 치과의원장, 이상준 (주)화인 대표와 시민단체 몇 사람이 참석해 뜻을 함께했다. 서로 독립성과 자율성을 존중하기 위해 서울 지부가 아니라 따로 단체를 세우기로 했다. 두루 잘 협력할 수 있도록 서울과 부산의 이사와 운영위원을 서로 나누어 맡았다.

2004년 10월 29일 부산시, 부산시교육청, 동아대학교, 부산대학교병원, 부산의료원 후원으로 '원산어린이를 돕기 위한 부산어깨동무 후원의 밤'을 열면서 부산어린이어깨동무가 공식 활동을 시작했다. 설립 논의부터 함께한 김성연 교수가 초대 운영위원장으로 수고했다. 그 뒤를 이태섭 인제대 교수가 이었고, 박홍원 부산대 교수가 3대 운영위원장으로 활기를 불어넣고 있다. 이 밖에도 여러 이사, 감사, 운영위원들이 든든히 자리를 지키고 있다. 2009년 3월 부산시에서 사단법인으로 인가받으면서 구자신 이사장이 단체를 책임지고 있다.

부산어린이어깨동무는 2004년부터 어깨동무가 펼치는 모든 대북 협력에 힘을 보태고 중요한 행사마다 같이 방북했다. 해마다 5월에 평화체험문화제와 평화그림전을, 10월에는 평화큰잔치를 펼치고 있다. 2005년부터 평화감수성을 키우는 평화여행을 진행하고 2007년부터는 학교 안팎에서 평화교실을 열고 있다. 아울러 2010년 전국에서 하나뿐인 '평화영화제'를 시작하면서 고유하고 특색 있는 활동을 활발하게 펼치고 있다.

(사)부산어린이어깨동무 www.bsokedongmu.or.kr

주

1장 방북하면 이렇게 일합니다

1. '동대원구역'에서 '구역'은 큰 도시를 몇 개 지역으로 나눈, 시 아래에 조직된 행정 단위나 그에 준하는 기관을 말한다.

2. 1990년대에는 고려항공(JS 151/152) 편으로 베이징에서 평양을 다녔는데 비행시간은 한 시간 반쯤 걸린다. 2000년대 들어 교류가 늘면서 선양에서 출발하는 편(JS 155/156)을 타게 되어 비행시간이 40분 남짓으로 줄었다.

3. 2000년대 초에는 베이징, 선양 외에 하바롭스크, 블라디보스토크, 방콕 정도를 운항했고 그 뒤에는 모스크바, 베를린, 불가리아 소피아, 마카오, 말레이시아, 쿠웨이트 등으로 노선을 늘렸다가 거의 중단되었다. 중국과 평양 노선은 주로 러시아에서 만든 '일류신-18'과 '일류신-62'라는 여객기를 운항한다. 1950년대 말에 만들어진 것으로 전 세계에 백 대 정도 남아 있으며, 주로 구 공산권 국가에서 사용한다.

4. 미국 '합동포로실종자확인사령부' 요원들이었다. 6·25전쟁 중이던 1950년 겨울, 중공군에게 포위된 미군은 함경남도 장진호에서 흥남까지 2주 동안 철수했다. 이 철퇴 작전은 열 배 가까운 중공군의 포위와 혹한 때문에 미국 전쟁 역사에서 가장 고전했던 전투지만, 그 포위를 뚫고 탈출했으므로 영예로운 전투로 기록하고 있다. 흥남에 다다른 미군들은 배로 탈출했는데 이때 10만여 명 넘는 피난민들도 같이 배에 태우게 된다. 미국 워싱턴 디시(D.C)에 있는 한국전 참전 기념비는 이 장진호 전투를 추모하고 있다. 2016년 4월 21일 케이비에스(KBS) 뉴스에 따르면, 미 7사단 카투사 사병인 고 임병근 일병도 이 전투에서 죽었는데, 2000년 미군이 유해를 발굴하며 찾아낸 시신 가운데 한 구가 임 일병인 것으로 확인돼 식구들에게 넘겼다고 한다. 북녘 장진호에서 미국을 거쳐 고국으로 돌아오기까지 66년이 걸린 것이다. 유해 발굴은 2005년까지 지속되다 중단되었으나 2018년 들어 재개 논의 중이다.

5. 1996년 남녘 각지에 흩어져 있던 중국과 북녘 군인들 유해 1,080구를 수습해 파주군 적석면에 '적군묘지'를 만들었다. 이곳은 북녘을 바라볼 수 있는 곳에 자리하고 있다.

2장 북녘 어린이와 평양 블루스

1. 남북교류협력에 관한 법률 제9조의 2는 "남한 주민이 북한 주민과 회합·통신, 그 밖에 방법으로 접촉하려면 통일부 장관에게 미리 신고하여야 한다"고 정해 놓았다. 접촉에서 더 나아가 북에 방문하려면 같은 법의 제9조(남북한 방문)에 따라 "통일부장관의 방문승인을 받아야 하며, 통일부장관이 발급한 증명서를 소지"해야 한다. 접촉과 방문을 위한 신고 조항을 어기면 300만 원 이하의 과태료를 부과하도록 되어 있다.

2. 김대중 대통령은 취임사에서 "정부와 민간이 합리적 방법을 통해 북한에 식량을 지원하는 데 인색하지 않을 것"이라고 선언했다. 민간단체가 대한적십자사를 통해 북에 물품을 보낼 기관을 지정할 수 있게 되었으나 전달 창구를 대한적십자사로 일원화하는 것은 어깨동무를 포함해 민간단체들이 크게 반대했다. 협의와 모니터링을 위한 방북이 허용된 것은 그나마 다행스러운 일이었다.

3. 평성은 1965년 신설할 때 '평양을 보위하는 성새(城塞)가 되라'는 뜻으로 각각 한 글자씩 따서 조합한 지명이라고 한다. 북 과학의 중심이 되는 과학원이 있고 평성공업대학, 평성교원대학, 평성의학대학 같은 고등교육기관도 있는 꽤 큰 도시다.

4. 2002년을 기준으로 할 때 육아원은 평양, 남포, 신의주, 룡천, 평성, 강계, 희천, 해주, 사리원, 개성, 원산, 청진, 함흥, 혜산 들에 있는 것으로 파악되었다.

5. 공동대표이던 권근술 〈한겨레신문〉 사장을 초대 이사장으로 선임하고 나는 비상근 사무처장으로 실무를 총괄하기로 했다. 사무국은 문화운동 경험이 풍부한 박진원 사무차장과 어깨동무 자원 활동을 이끌었던 최혜경 간사로 꾸렸다.

6. 그 미국 동포는 이미 1980년대 말부터 북에서 일을 하고 있었다. 방북은 어깨동무와 〈한겨레신문〉이 함께하기로 하여, 어깨동무에서 나와 정병호 이사(한양대 교수) 그리고 〈한겨레신문〉 신현만 비서실장이 북측 관계자를 만나기로 했다.

7. 아태는 1994년 10월 김용순 당 중앙위원회 비서를 위원장으로 하여 설립된, 노동당 산하 통일전선부의 외곽기구로 알려져 있다. 주로 수교하지 않는 국가와 민간차원에서 외교하는 일을 담당한다. 남과 북은 공식 수교가 이루어지지 않은 상황이고, 어깨동무와 〈한겨레신문〉 같은 민간단체를 북 당국이 상대할 수 없으므로 아태 소속 인사가 나선 것이다. 아태는 현대그룹의 금강산 관광사업 협상 파트너로 나서면서 남측 언론의 주목을 끌게 되었다. 2000년 남북정상회담 이후 아태가 맡았던 일 가운데 남북 경제협력 업무는 민족경제협력연합회로, 사회문화교류와 인도적 지원은 민족화해협의회로 나뉘었다. 어깨동무 상대 기구는 그즈음 아태에서 민족화해협의회로 바뀌었지만 사안에 따라 아태와 협의하기도 했다.

8. 이 사람은 노무현 대통령 시절 남북 장관급 회담이 열릴 때, 사십 대 젊은 나이에 북측 장관급 수석대표로 나서서 통일부 장관을 상대했다. 서울에서 열린 장관급 회담 만찬에서 우연히 만나 수년 만에 반갑게 인사를 나누기도 했다.

9. 아이들 500명이 지내고 있다. 6만 제곱미터 되는 터에 생활 공간, 숙소, 종합식당, 종합놀이장, 아동병동 같은 시설이 들어 있다.

10. 리영희 선생은 박영수 부국장을 두 번째로 만나는 자리였다. 1991년 3월 미국 캘리포니아 주립 버클리대학교에서 종교협의회와 한국학생단체가 공동주최한 '한(조선)반도 통일전망에 대한 남북심포지움'에 남에서는 리영희 선생, 박형규 목사, 정현백 교수가 발표했고 북에서는 박영수 부국장과 통일문제연구소 김경남 연구위원이 발표했다. 그 심포지움 사석 자리에서

박 부국장은 리 선생 글을 잘 읽었다는 말을 전했다고 한다.

11. 북에서는 1·4 후퇴 때 월남한 사람들과 그전에 남으로 내려온 사람들을 구분한다고 한다. 미국이 원자폭탄을 떨어뜨린다고 엄포를 놓아서 할 수 없이 살길을 찾아 내려간 사람들과 그 이전에 일찍이 월남한 사람들을 구분한다는 말이다.

3장 애기젖 대신 콩우유 급식

1. 쌀과 콩가루를 주성분으로 하고 단백질, 지방, 무기질을 첨가해서 만들었다. 6세 기준으로 하루 20그램을 먹으면 하루 필요 열량 가운데 10~15퍼센트 정도를 보충할 수 있으며 6개월 에서 1년 정도 보관할 수 있는 제품이다. 초기에는 남측에서 공급하지만 효과가 검증되면 현지 생산을 목표로 했다. 정병호 이사와 장남수 교수(이화여대 식품영양학과)를 비롯한 식품가공 전 문가들이 모인 '남북어린이 성장발육연구회'에서 개발하고 샤니제과에서 시제품을 만들었다.

2. 어린이영양관리연구소는 대동강 건너에 있는 동대원구역 새살림동에 자리하고 있다. 조선 의학과학원 소속 국가 기관으로 1984년 5월에 창립되어 어린이에게 필요한 영양 기준 제정, 어린이 건강식품 연구와 개발, 영양장애 관련 질병의 예방과 치료, 성장 발육과 지능 발달 촉진 방안을 연구한다. 국제기구에서 나오는 북녘 어린이 관련 통계는 이 기관에서 모으는 자료에 바탕하고 있다. 총 건평 7,200제곱미터에 젖대용품연구실, 미량영식품연구실, 치료식품연구 실 같은 연구실 13개와 실험과 생산을 위한 설비가 350여 대 있으며, 300명이 일하고 있다.

3. 육체적 생명의 근본이 되는 고향은 남이지만 사회정치적 생명의 근본인 조국은 북이라는 생각이다. 이런 생각은 인간을 육체적 생명과 사회정치적 생명으로 나누고, 육체적 생명보다 사회정치적 생명을 중시해야 한다는 북의 '사회정치적 생명체론'에 기반을 두고 있다. 이는 김 정일 위원장이 1986년 7월 주체사상교양의 핵심으로 제시했다고 한다. 수령-당-대중을 통일 체로 규정하고, 인민대중이 수령을 중심으로 결속되면 영생하는 사회정치적 생명체를 이루게 된다는 주장이다.

4. 갈마반도에 있는 갈마공항이 평창동계올림픽을 앞두고 이야깃거리가 되었다. 북 국가설계 지도국은 마식령스키장 등 '원산-금강산 관광지구 개발 총계획'에 따라 공군기지로 쓰던 갈마 공항을 2013년부터 미화 2억 달러를 들여 2015년 민간 국제공항으로 개장했다. 2018년 1월 마식령스키장 남북 스키 선수 공동 훈련 참가자들을 태운 남측 비행기가 양양국제공항을 떠 나 갈마공항에 도착하면서 남북 항로가 2년 3개월 만에 다시 열렸다.

5. 전쟁으로 남녘도 큰 피해를 입었지만 미군 폭격으로 원산뿐 아니라 북의 주요 도시들은 폐 허나 다름없이 파괴되었다. 가옥 600만 채가 완전 초토화되었다고 알려져 있다. 공업 총생산 액은 1949년에 견줘 49퍼센트가 줄었고 특히 경공업 분야는 91퍼센트나 떨어졌다고 한다. 1946년 925만 명이던 인구는 1953년 말 819만 명으로 100만 가까운 인구가 사라졌다. 그중 에는 사망자뿐 아니라 월남한 사람도 포함될 것이다. 전쟁이 끝나고 평양에는 화신백화점 건

물 일부가 유일하게 남았다는 말을 들었다. 화신백화점은 평남 용강 출신 재력가 박흥식이 1931년 서울에 먼저 문을 열고, 1935년 12월 평양백화점을 인수한 자리에 새로 개점하였으며, 1938년 진남포지점까지 열었다. 원산에도 화신백화점이 있었다고 한다. 현재 김일성광장 근처 중구역에 있는 평양 최대백화점인 제일백화점은, 화신백화점을 새로 고쳐 1982년 4월 9일에 준공한 것이다. 서울 화신백화점은 종로 공평동 현재 종로타워 자리에 있었다.

6. 북의 전쟁 복구가 신속했던 것은 1954년 4월 '인민경제복구 3개년 계획'을 발표하고 구소련, 중국, 동독, 체코 같은 사회주의권 국가에서 원조를 받은 덕분이다. 동유럽 국가들은 북녘 각 도시를 맡아서 복구 과정에 직접 참여했다. 그때 동독에서 북으로 파견된 건축설계사 에리히 레셀(Erich R. Ressel)이 찍은 사진을 백승종 교수가 발굴하고 2000년에 책으로 펴내서 1950년대 사정을 아는 데 소중한 자료가 되고 있다. 레셀은 1956년 12월부터 1년 동안 방북해 함흥, 흥남, 신포 같은 함경남도 주요 도시 재건에 크게 기여했다. 동독 기술자 30~40명과 같이 일했고 폴란드, 헝가리, 체코 기술자들도 복구사업에 합류했다. 원산에서도 동유럽 기술자들이 복구를 도왔을 것으로 보인다. 이렇게 전쟁 뒤부터 지속되던 사회주의 경제협력 체제가 1990년 앞뒤로 해체되면서 북 경제는 큰 타격을 입고 고난의 행군이 시작된다.

7. 원산시 관계자에 따르면 유치원 나이까지 어린이가 2만 명, 중등학교까지 학생이 8만 명이 있다고 했다. 31만 명 원산시 인구 가운데 삼분의 일이 어린이인 셈이다.

8. 2005년도부터 몇 해에 걸쳐 5만 달러에 상당하는 콩우유 생산 원료와 공급용 보온병, 9만 달러에 달하는 유치원과 애육원 수지 창호, 유리, 바닥재 그리고 2만 달러에 해당하는 아동용품을 제공하고 분배현황을 전달받았다.

9. 원산 소아병원은 강원도 15개 군과 2개시를 담당한다. 13개 과에 병상이 250개 있으며 의사 50명, 간호사 44명, 직원 29명이 하루 약 60명의 외래환자를 진료한다. 병원 규모와 담당 지역에 견줘 환자 수는 매우 적으니 운영이 원활하지 못한 것으로 보였다.

10. 원산 재개발 시기인 1961년 250명이 숙박할 수 있는 곳으로 만들었고, 1985년 8월 국제야영소로 확장했다. 1991년부터 1993년까지 고쳐 짓는 기간에 김일성 주석과 김정일 위원장이 각 2회씩 현지지도를 했다고 안내 강사가 설명한다. 북녘 최대 명절인 4월 15일 태양절(김일성 주석 생일)부터 10월 말까지 운영하며 한 번에 1,250명이 머물 수 있다.

11. 북을 방문하는 사람은 북녘 화폐가 아닌 달러, 유로, 위안, 엔화를 써야 한다. 남녘 돈은 못쓴다. 2000년대 중반 북에 갈 때면 물품이나 숙박비를 달러 대신 유로로 매기는 경우를 자주 보았다. 달러 의존도를 낮추려는 뜻과 유럽에서 들이는 물건이 늘어났기 때문으로 보인다.

12. 사출기 3대, 라인머신 1대, 프레스 1대, 유성심 조립기 1대, 중성심 조립기 1대, 유성 원주필 금형 5벌, 수지연필 금형 4벌, 중성 원주필 금형 8벌 들을 전달했다. 펜과 연필 대를 생산하는 원료로는 에이에스(AS) 수지, 에이비에스(ABS) 수지, 피피(PP) 잉크를 공급했다.

13. 유성볼펜 600만 자루, 샤프 400만 자루를 생산하기로 하고 원료를 조정해서 제공했다. 8개

월 정도 설비를 돌린 결과 샤프 317만 자루, 유성볼펜 508만 자루, 중성볼펜 13만 자루를 생산했다. 중성 볼펜만 생산목표에 조금 못 미쳤고 나머지는 순조롭게 진행됐다. 모두 공장 노동자들의 노고 덕분이다.

14. 개선과 개건을 추구하는 조치는 2002년 7월 1일 '사회주의경제관리 개선'이라는 정책으로 나타난다. 새로운 정책은 〈로동신문〉 2000년 8월 6일자 논설에 제시된 대로 "생산하고 건설해도 실리를 보장하며 인민들이 실지 덕을 보게 하는 것이 사회주의 경제관리에서 틀어쥐고 나가야 할 근본원칙"이라는 기치 아래 실리 사회주의를 추구한다(정창현, 2005, 18-19, 43).

4장 모든 어린이는 생명이다

1. 전문가들에 따르면 일 년에 한 알 구충제를 먹으면 15~20퍼센트 정도 영양 흡수가 늘어날 수 있다고 한다. 어깨동무는 북녘 인구 절반이 먹을 수 있는 구충제를 영양제와 함께 제공했다. 해마다 구충제, 영양제, 항생제를 섞어서 2천만 정 가량 전달하고 분배 결과를 그해마다 받았다. 2004년 2월 10일 북녘 보건성이 건네 준 구충제와 영양제 분배정형에서 9개 도와 3개 시(평양, 개성, 남포)에 우리가 보낸 것들이 고르게 잘 나뉜 것을 확인했다.

2. 홍창의 선생이 처음 집필한 《홍창의 소아과학》은 10판을 거듭하며 지금도 가장 널리 읽히고 있다. 우리가 방문하는 북측 소아과 병원에도 꼭 기증했다. 홍 선생은 설비와 약품이 부족하고 수액을 만들어 쓰던 어려운 시절을 겪은 분이라 북측 실정에 맞는 조언을 많이 해 주었다.

3. 위원회에서 헌신한 많은 사람들이 있다. 황상익 어깨동무 이사는 의학사 전공 교수로 북녘 의료 역사와 현황에 대한 전문가다. 역시 어깨동무 이사로 서울대어린이병원 원장을 지낸 최용 교수, 당시 원장이었던 최황 교수와 그 후임이었던 황용승 교수, 그리고 '서울대학교 통일의학센터'를 책임지는 신희영 교수의 노고가 컸다. 그리고 '인도주의실천의사협의회'에서 활동한 소아과 전문의 김유호 선생이 참여했다.

4. 첫 번째 회의는 2월 23일 오후 2시부터 5시 30분까지 설사 치료와 더불어 영양 공급을 늘려 나갈 방안 협의, 구강진료소(치과) 설치 방안 협의, 임상검사 장비 설치와 운영 교육이 분야별로 이어졌다. 다음 날은 오전 10시부터 12시까지 병원의 역할과 수액제 공급에 대한 협의가 더해졌고 종합토론으로 마무리했다. 이 회의는 남북 의료인 공식 회의로 기록될 것이다. 그런 뜻에서 참가자 이름을 남긴다. 남녘에서는 최용, 최황, 신희영, 김유호, 문진수(소아과 의사), 김재찬(치과 원장), 손인자(서울대병원 약제부장), 박미선(서울대병원 임상영양계장), 주세익(서울대병원 임상병리과 수석기사), 황상익(서울의대 의사학실 교수), 그리고 어깨동무에서 박진원 사무국장과 내가 참석했다. 북녘에서는 백천석(영양관리연구소 소장), 오일수(영양관리연구소 부소장), 김영숙, 강대식(소아과 의사), 유세모(약사), 김수한, 최용근(영양학자)과 의료 관계자가 참석했다.

5. 자동전압조정기, 정전압 정주파수 제어장치, 응급복구용 무정전 전원장치, 변압기까지 모두 설치했다.

6. 병원동 1층에 외래 진료실, 구급실, 구강치료실, 엑스레이검사실, 초음파검사실, 내시경검사실, 임상검사실을 두었다. 2층에는 간호사실, 입원실, 놀이방, 영양사실 그리고 3층에 연구실, 자료실을 마련하고 필요한 의료설비를 제공했다. 공장동에는 1일 5톤을 생산할 수 있는 설비 2대와 부대설비, 영양연구실험설비, 냉장수송차량, 저온창고, 분말 콩우유 생산을 위한 분무건조기 들을 공급했다. 의학과학원 소속 의사 4명과 간호사 6명이 교대로 근무하며 진료활동을 하게 된다. 병동은 영양관리연구소 소속 강대식 선생이 책임지고 다른 소아과 의사 3명은 평양의학대학병원에서 온 우수한 사람들이라고 한다. 방사선 기사 2명과 임상병리사, 영양사, 보육사 들이 지원 활동을 담당한다.

7. 2008년 한 해 동안 설사, 장염, 호흡기 감염, 폐렴, 영양실조 환자 1만 9천여 명이 왔고 중독성 설사, 대장염, 폐렴, 요로감염증으로 입원한 환자가 1만 명을 넘었다. 구강과는 한 해 동안 약 2천 명을 진료했다.

8. 외래 진료 현장에서 진료 절차와 내용을 담당 의사에게 듣고, 입원실에서 입원 환자의 증세와 치료 과정을 파악했다. 그리고 구급실, 방사선과, 초음파실, 내시경실, 치과, 약국, 임상검사실, 배양검사실을 돌면서 상황을 살펴보았다. 혈압계와 내시경 교체, 혈액배양방법 문의와 함께 복도 경사로에 깔 매트와 접착풀, 검사실 채혈병, 배양기와 사용설명서, 외래진료실용 전기스토브, 설사 환자를 위한 기저귀, 2계열(세대) 항생제, 자외선분광광도계 들을 요청받았다.

9. 고압케이블, 고압폐쇄배전반, 고압수배전반, 고압모선을 공급했다.

10. 어깨동무어린이병원 개원식은 오전 10시 신축된 병원 1층 로비에서 열렸다. 새로 부임한 오석철 영양관리연구소 소장이 사회를 맡았다. 백천석 전임 소장은 준공식에 참석하지 못했다. 경과 보고는 내가 했다. 북녘 강철 조선의학과학원 원장과 남녘 홍창의 선생이 축하 연설을 했다. 기념 테이프 절단에는 리영희 선생, 변형윤 선생, 주정일 선생 그리고 민화협 김성일 상무위원도 함께했다.

11. 북에는 조선노동당만 있는 것이 아니라 조선사회민주당과 천도교청우당도 정당으로 존재한다. 조선사회민주당은 1945년 11월 3일 평양에서 창당된 조선민주당에 뿌리를 두고 있으며, 1998년 8월 김영대 회장이 당중앙위원회 위원장이 되었다.

5장 진심과 끈기로 남북을 잇다

1. 북은 전쟁 중이던 1952년 12월 군과 면을 합쳐 98개 군을 168개로 대폭 늘리고, 1만 120개 리를 3천 658개로 통폐합했다. 군의 중심지는 읍으로 부른다. 이런 조치는 도(특별시), 시·군(구), 읍·면, 리(동)의 4단계 체제를 3단계로 축소한 것이다. 이런 변화를 두고 여러 가지 이야기들이 있지만 인민위원회를 세울 수 있는 수준으로 리의 규모를 늘려 정치 기본 단위로 삼고, 군은 생산 기본단위가 되도록 작게 나눈 것으로 파악된다. 또한 면을 없애고 리와 군을 직접 연결함으로써 인민과 밀접하게 연계하려는 뜻도 엿보인다.

2. 한국민족문화대백과사전에 따르면 강남군 면적은 160제곱킬로미터, 인구는 7만 3,400여 명 정도로 농경지가 약 80퍼센트를 차지하는 전형적인 농촌이다.

3. 룡교리는 470세대에 주민 2,000여 명, 당곡리는 1,000세대에 주민 4,000여 명, 장교리는 940세대에 3,838명이 사는 것으로 파악되었다. 룡교리에는 소학교 1개에 150명이 다니고 탁아소 5개와 유치원 1개에 300명이 생활하고 있으며, 중학생 250명은 3킬로미터 정도 떨어진 인근 마을 중학교로 등교한다. 당곡리에는 소학교 1개에 400명, 중학교 1개에 500명, 탁아소 7개에 250~280명, 유치원 1개에 200명이 있다. 장교리에는 소학교 1개에 350명, 중학교 1개에 450명, 탁아소 12개에 420~480명, 유치원 1개에 150명이 다니고 있다.

4. 장교리 학교는 룡교리 학교보다 커서 학생 수는 400명이고, 약 680평 건물에 2층이었다. 교실 9개, 교원실 3개, 연구실 3개 그리고 자연연구실, 자연관찰실, 교장실, 체육실, 체육준비실, 공작실습실, 도서보관실, 도서실, 열람실, 교편물실, 소년단실, 접수실이 한 곳씩 있었다.

5. 2월 초 설계도면 확정 이후 총 17차례에 걸쳐 건축자재 700여 종을 제공했고, 18차례에 걸쳐 기술이전과 실무협의를 맡은 사람들 110여 명이 현장을 방문했다. 북측에서는 해외 건설 경험이 있는 전문회사가 시공을 담당해 그전보다 수월하게 공사를 진행했다.

6. 병원에서 조봉남 병원장(고려의사)이 장교리 의료환경과 인민병원 운영계획을 발표했다. 그 밖에 의사 6명, 구강과 의사 1명, 간호사 1명, 조산원 1명이 참석했다. 어깨동무에서는 한국보건사회연구원 황나미 박사가 영양증진과 모자복지에 관해, 김유호 선생이 운영에 대한 이야기를 발표했다. 그 밖에 보건의료인 네 명도 함께했다. 민관합동사업이라 보건복지부와 통일부 사무관이 참석했다.

7. 병원은 두 구역으로 나누었다. 24시간 진료 구역에는 진료실, 분만대기실, 분만실, 회복실, 샤워실을 만들었다. 주간 진료 구역에는 약국, 방사선과, 검사실, 치과, 진료실, 식당, 주방, 린넨실을 배치했다. 엑스레이 현상기, 초음파 검사기, 분만수술대, 치과진료장비, 임상검사장비 설비를 마련하고 방역제품, 왕진가방세트를 기증했다. 그리고 의약품과 더불어 의료비품과 200여 종에 달하는 소모품을 공급했다.

8. 공장이 있는 평천구역은 대동강과 보통강 사이에 있으며 정평동, 해운동, 평천1동과 2동, 새마을 1동과 2동으로 구분된다. 평양시에서 가장 중요한 산업구역 가운데 하나다.

9. 분말 콩우유도 하루에 서너 시간 건조하면서 시간당 150~200킬로그램을 생산한다. 첨가물로는 설탕, 콩기름, 중저(탄산나트륨, 톤당 400그램), 그리고 성장에 꼭 필요한 요오드(톤당 0.1그램)를 섞는다고 한다.

10. 2005년 7월에 방북해 작업할 부분을 실측했고 같은 달 북측과 개성에서 만나 작업 일정을 다듬어 나갔다. 같은 해 12월에 다시 북을 방문해서 설치에 따른 준비 사항을 협의했다. 2005년 12월 16일 정기항로편으로 하루에 25톤 생산 가능한 7억 5천만 원에 이르는 생산설비를 보냈다. 그해 12월 28일부터 김성무 유진테크 기술고문이 방북해 기술이전을 시작했다.

2006년 1월부터 4월 사이에 3차례에 걸쳐 기술자 13명이 방문하면서 냉장창고 등을 설치하고 기술을 계속 이전했다. 2006년 4월 말 시제품이 생산되어 질과 양을 개선하는 작업에 들어갔다.

6장 소아병동 짓고 10년 젊어지고

1. 적십자병원과 김만유병원 같은 대형병원에도 소아과가 없다. 평성, 원산, 남포 같은 주요 도시에는 아동병원이 있다. 2013년 비로소 평양에도 옥류아동병원이 평양산원 맞은편에 새로 생겼다. 평양의대병원 소아과 의사는 80명으로 한 해에 어린이 2,500명 정도가 입원한다. 소아과 외래 진료 인원은 6만 명, 소아외과 외래 진료는 1만 명 정도라고 한다. 소아과의 경우 입원 환자의 반이 세 살 아래(북녘에서는 연소아라고 부름)이며, 소아과 대상은 중학교를 졸업하는 나이인 열여섯 살 정도까지다.

2. 한도 내에서 쓸 수 있는 의료비를 보면 접수비 6원, 왕진비 45원, 초진비 15원이다. 일반 혈액검사 20원, 뢴트겐 촬영 50원, 위내시경 70원, 초음파검사 100원, 시티검사 500원으로 검사비가 책정되어 있다. 치료 비용은 정맥주사 10원, 뇌수술 1,000~1,500원, 위절제술 400~600원, 심장수술 500~1,000원으로 나타나 있다.

3. 1990년대 초기에 국가 예산 가운데 7.6퍼센트에 달했던 인민의료비는 7년이 지난 1997년에 2.5퍼센트로 줄었다(박상민, 이혜원, 2013).

4. 1960년대에 발표된 김일성 주석 교시에 따라 의사는 환자를 정성을 다해 치료해야 한다는 사명이 '정성의학'으로 자리 잡았다. 의료인들은 '정성토론회'를 통해 의사가 중증 화상 환자를 위해 자기 피부를 떼어 이식한 사례, 의사가 자기 피를 환자에게 수혈한 사례 같은 정성의학의 본보기를 공유한다고 한다. 모든 의료인들은 '정성 10가지 준칙'을 교육받고, 이 정신은 의사들 마음에 새겨져 있다.

5. 간호장(수간호사)이 40~50명 환자 단위인 병동을 책임지고, 총간호장(간호과장)이 총괄 역할을 한다. 간호원은 2년제 간호원 학교를 졸업해야 한다.

6. 평양의대병원 소아과는 재교육 담당기관으로 매년 전국 소아과 의사들을 모아서 연수를 실시한다. 단독으로 하거나 세계보건기구와 함께할 때도 있다. 전국 소아과학회는 해마다 1회 평양에서 3일 동안 약 400여 명이 참석하는데, 학회 조직에 평양의대가 중심 역할을 하고 있다. 평양의대병원 의료진 수준을 높이면 전국 병원 수준도 같이 올라가는 것이다.

7. 자세한 것은 부속합의서로 남겼다. 이를 근거로 2006년 3월 16일 어깨동무와 서울대학교 어린이병원(원장 황용승)이 평양의대병원에 소아병동을 짓는다는 협약을 맺었다. 어린이병원은 진료와 운영에 관한 기술 자문, 필요한 인원 섭외와 출장, 의료 장비와 의약품 확보, 건설과 운영 기금 조성에 협력하기로 했다. 어깨동무는 남북 해당 기관의 협조, 건축 추진과 모금, 병원의 효율적 운영을 위한 진료 기록 확보와 의료인 간담회 개최 책임을 맡았다.

8. 2008년 9월 중순 주세익, 손지영 선생 등 의료설비 기술자 15명이 방북해서 설비 설치를 마쳤다. 9월 하순부터 10월 중순까지 의사, 간호사, 약제사 등 의료인 30여 명이 방문해 기술이전, 운영방안 협의, 워크숍을 진행했다. 서울대병원이 농협 후원으로 기증한 8억 원 정도 되는 이동병원은 방사선 검사 장비, 초음파 검사기, 심전도 검사기가 실린 버스 한 대와 의료인 이동 버스 한 대로 구성된다. 서울대병원 오병희 부원장은 준공식이 끝난 11월에 평양의대병원 의료진과 함께 이동병원 버스를 타고 평양 시내를 돌며 진료를 펼쳤다.

9. 병동은 약 4천 제곱미터에 병상 220개를 갖추었다. 지하에는 진단검사실, 임상병리과, 심전도실, 내시경실, 초음파실, 방사선실, 의무기록실, 세탁실, 식당이 있다. 1층에는 제1소아과, 제2소아과, 제3소아과, 일반 소아과, 소아외과의 외래진료실, 소아치과, 이비인후과, 약국을 두었다. 2층으로 가면 중환자실과 입원실이, 3층에는 입원실과 놀이방이 있다. 4층은 입원실과 도서실을 볼 수 있고 5층에는 입원실과 의료교육센터가 자리하고 있다.

10. 준공식에서 그동안 경과를 보고한 뒤 문상민 원장이 기념연설을 하고 권근술 이사장, 서울대병원 성상철 원장, 민화협의 리충복 부회장이 축하연설을 했다.

11. 1차 북 의료인 교육은 2007년 11월 25일부터 28일까지 평양의대병원 회의실에서 열렸다. 북측에서는 원장과 부원장, 소아과 강좌장 3명, 의사 3명, 기사장 1명 그리고 어깨동무어린이병원 강대식 진료실장이 참석했다. 류환수 부원장, 림혜련 소아과 제1강좌장, 조명식 소아과 제3강좌장이 4개 주제를 나누어 발표했다. 소아과 외래환자 질병에서 기관지염 15.6퍼센트, 기타 14.4퍼센트, 설사증 9.1퍼센트 등으로 나타났고 입원 환자 질병은 소화기 38.7퍼센트, 호흡기 36.9퍼센트, 신경계통 5.9퍼센트, 비뇨기 4.15퍼센트라고 한다. 남에서는 최용, 신희영 교수를 비롯해 서울대병원 의사 5명 등이 참석했다. 각자가 한 주제씩 6개 주제를 발표했다. 발표와 토의를 마치고 진료실, 입원실, 검사실을 참관하면서 현장 이야기를 나누었다. 그리고 소아병동에 필요한 의료장비와 향후 교육 방향을 의논했다. 2차 북 의료인 교육은 남측에서 의대 교수 24명, (소아)간호 과장 2명, 의료 장비 전문가 12명, 실무 지원 9명이 방북했다. 북측에서는 원장, 부원장 2명 그리고 관련 의사 등 연인원 34명이 참석했다. 제1소아과, 제2소아과, 제3소아과 과장과 강좌장 6명, 소아과 의사 10명, 신경내과 과장과 강좌장, 외과 의사 1명, 정보기술 과장과 의사 1명, 모자보건 의사 1명, 소아연구실 연구원 1명, 구강과 과장과 의사 1명, 혈액연구실 실장과 연구원 1명 그리고 평양산원 신생아과 의사 3명이 참석했다. 조명식 제3소아과 강좌장이 어깨동무소아병동장으로 임명된 것을 이때 알게 되었다.

12. 분야는 소아소화기영양, 소아감염학, 소아호흡기학, 소아혈액종양, 소아신경학, 소아내분비, 소아심장, 소아신장, 소아마취학, 간호학 등으로 나누었다.

13. 남측에서는 그전 교육에 참여했던 서울대병원과 국립암센터 의료진 7명이 계속 수고해 주었다. 북측에서는 류환수 부원장과 조명식 소아병동장 외에 소아과 의사 7명이 참가했다. 소아과 의사 8명 중 반은 지난 교육에 참가한 사람이고 나머지 반은 처음이었다. 옌볜대학 부속병원에서는 김철호 병원장 외에 김정용 소아과 주임(과장)과 소아과 의사 10명, 수간호사와 간

호사 2명이 참가했다. 교육은 평양에서 한 것과 비슷하게 구성했다. 외래 진료는 옌벤대학 부속병원 의사 1명이 북측 의사 2명과 함께 진행했다.

14. 남포시는 해방 당시에는 진남포였으나, 1952년 남포시로 이름이 바뀌고 1979년에 남포직할시로 승격되었다. 2004년에 다시 특급시가 되면서 강서군, 대안군, 온천군, 용강군, 천리마구역이 편입되었다.

15. '청년영웅도로'는 기존 고속도로와 별도로 평양 광복거리 만경대갈림길, 남포시 천리마구역, 강서구역, 용강군, 남포시 항구구역 입구(청년다리)에 이르는 일반도로를 개건하고 확장한 것이다. 길이 46.3킬로미터, 폭 64미터(차도 48미터, 녹지 6미터, 인도 6미터, 노견 4미터)의 12차선 도로다. 도로변 60여 개 마을에 3,600세대 살림집도 같이 지었다.

16. 진료과는 14개로 전체 직원 115명에 의사 52명, 간호원 24명이 근무한다. 외과, 내과, 호흡기내과, 안과, 이비인후과, 피부과, 구강과, 고려의학과, 응급과 들이 있다. 의사 간호사와 함께 약제사 13명, 뢴트겐기사 2명이 있고 나머지 20여 명은 지원 인력인 듯하다. 하루 외래환자는 60~80명 정도이고, 입원 병상은 200개다.

17. 남쪽 정부는 2005년부터 북 영유아 협력을 위해 영양관리, 질병관리, 건강관리를 목표로 5개년 계획을 세웠다. 이 계획에 따라 강남군에 인민병원과 콩우유 공장을 짓고 교육환경을 개선하는 모자복지종합사업을 추진했다. 그리고 정부는 2006년부터 유니세프와 세계보건기구에 한 해에 100억 정도 영유아사업기금을 내주었다. 2007년과 2008년에는 어깨동무를 비롯한 민간단체 5개가 모인 컨소시엄에 105억 원을 지원했다. 우리민족서로돕기운동은 남포산원 현대화, 굿네이버스인터내셔널은 어린이 영양식 생산시설 건립, 어린이재단은 대안군 인민병원 현대화, 제이티에스는 회령 모자보건센터 신축과 영양사업을 맡았다. 어깨동무와 참여단체들이 2007년 8월에 남포산원, 남포소아병원, 대안군 인민병원, 어린이영양식품 생산시설 부지 등을 답사하고, 영유아지원사업에 대한 합의서를 맺었다.

18. 건축자재는 613종을 제공하여 2008년 총 협력 금액이 6억 2,740만 원에 이르렀다. 2009년 1월 말과 2월 초 방문했을 때는 대안군인민병원 원장, 남포산원 원장, 남포육아원 관계자, 남포시 인민위원회 어린이 및 산모 협력사업 담당자와 회의 자리를 가졌다. 그해 2월과 3월에 전기자재와 지붕자재 같은 신축 자재 78종과 수액제, 의약품 11종 등 1억 7,900만 원에 달하는 물품을 공급했다.

19. 북은 고난의 행군 시기부터 외화 수익을 위해 건설, 벌목을 중심으로 해외로 보내는 인력을 늘렸다. 코트라(KOTRA) 보고서에 따르면 2015년에 북녘 노동자 5만여 명이 해외에서 한 해 벌어들인 수익이 미화 12억에서 23억 달러에 달한다고 한다. 2010년 내가 아프리카 세네갈 수도 다카르에 출장 갔을 때 48미터 높이의 '아프리카 르네상스 기념상' 공사현장으로 안내 받았다. 북에서 온 건설인력들이 일하고 있었는데 이삼백 명쯤 되었다. 동상 제작 전문기업 '만수대 해외프로젝트 건설그룹'이 파견된 현장이었다.

1. 농업과 축산 분야에서 못자리용 비닐, 농약, 농자재와 종자, 축산사료 공급을 불허했다. 보건의료에서는 기존 협력 병원에 대한 필수 의료설비, 의료기자재, 전문 의약품과 약품 원료를 보내지 못하게 하고 산림녹화를 위한 묘목 종자와 묘목 공급도 막았다.

2. 1995~2015년까지 대북협력 현황(출처 : 통일부 대북 인도지원 현황 통계)

구분			'95 ~'02	'03	'04	'05	'06	'07	'08	'09	'10	'11	'12	'13 ~'15
정부 차원	무상지원	당국 차원	4,653	811	949	1,221	2,000	1,432	–	–	183	–	–	–
		민간단체 기금 협력	161	81	102	120	134	216	241	77	21	–	–	23
		국제기구를 통한 협력	890	205	262	19	139	335	197	217	–	65	23	391
	식량(쌀) 차관		2,567	1,510	1,359	1,787	–	1,505						
	계		8,271	2,607	2,672	3,147	2,273	3,488	438	294	204	65	23	414
민간 차원(무상)			2,439	766	1,558	779	709	909	725	377	200	131	118	219
총 액(억)			10,710	3,373	4,230	3,926	2,982	4,397	1,163	671	404	196	141	633

3. 교재가 두 차례 나오자 학교 순회교육도 늘어나서 2000년도에 49개 학급에서, 다음 해에는 80개 학급에서 진행했다. 2008년에는 9개교 60학급을 찾아가 어린이 2,200명과 평화활동을 같이했다. 2014년까지 한 해에 평균 1,000~1,500명이 참여하는 평화교육을 펼쳤다. 어린이들이 더 가깝게 평화체험을 할 수 있는 프로그램이 필요하게 되어 1999년부터 '평화캠프'를 열었다. 2002에는 금강산에서 캠프를 열어 현장감과 생동감을 더했다. 2004년부터는 겨울 캠프도 시작해 2011까지 진행했다. 교사들은 전문성을 키울 수 있는 교사연수를 원했다. 2000년 8월에 첫 연수를 가졌고 2004년까지 이어졌다. 연구자, 교사, 활동가들이 토론하면서 스스로 참여하고, 서로의 경험과 의견을 나누는 자리였다. 그럼에도 요구가 줄어들면서 2007년부터는 자원활동가와 강사 연수로 바꿔 진행하고 있다.

4. 이러한 입장에서 이종석, 송민섭(2017)은 어린이들이 남북 관계의 여러 측면에 대하여 합리적으로 생각할 수 있도록 정보를 제공하며 안내하는 교육을 제안한다.

5. 서울시 사업으로 8월부터 두 달 동안 '통일 만나자! 이야기하자!'라는 주제로 초등학교와 방과후프로그램을 찾아갔다. 초등학생과 유아 5,500여 명과 같이 연극놀이, 공동체놀이, 미술활동, 상상활동 같은 평화교육을 진행했다. 교재는 '평화, 우리 삶으로 실천하기' '분단과 전쟁 들여다보기' '북한의 어린이 만나보기' '통일은 어떻게 해야 하나?'로 구성하고, 교실에서 바로 사용할 수 있도록 피피티(PPT) 자료와 다양한 동영상, 학습지 들을 담아서 초등학교 교사 300여 명에게 배포했다.

6. 그해 경기도 121개 초등학교 어린이 11,000명과 같이 평화교육을 오랜만에 내놓고 할 수 있었다. 서울시교육청도 평화교육 필요성을 인식해 2016년에는 서울과 경기 67개 학교 240학급 어린이 6,000명이 교육에 참가했다. 통일밥상 차리기, 북녘의 수학문제풀기, 평화법률 만들어 보기처럼 활동에 재미와 뜻을 더했다. 2017년에는 경기도 초등 163학급뿐 아니라 중학교 5학급에서 교육을 처음 했고, 서울시 현장도 48개 학급으로 늘렸다.

7. 교육과정 연구팀에는 구연상 숙명여대 교수, 박종호 신도림고등학교 교사, 심은보 평택 죽백초등학교 교사, 양은석 수송초등학교 교사, 이정현 김포 고창초등학교 교사, 최관의 율현초등학교 교장, 최보이 부천 옥길버들초등학교 교사가 참여하고 있다. 연표 팀에는 정영철 소장과 남동훈 연극연출가, 김수정 박사 그리고 김윤선 사무국장과 이성숙 팀장이 작업하고 있다. '피스레터' 필진으로 강주원 극동문제연구소 객원연구위원, 김동진 아일랜드 트리니티대학 교수, 김소울 한국열린사이버대학 교수, 송태호 제주불교문화대학 교수, 이영근 군포 양정초등학교 교사, 정경화 울산대학교 교수가 수고하고 있다.

8. 난민을 구하는 회, 지구의 나무, 카리타스 재팬(천주교 구호재단), 일본기독교협의회, 아유스 재팬(불교재단), 재일본 한국청년연합 들이 참여했다.

9. 미키 무스코 여사는 1970년대 중반에 재임한 미키 다케오 총리의 부인인데, 미키 총리는 북을 포함한 아시아태평양 평화체제를 추진한 진보 정치인으로 평가되고 있다. 미키 여사는 '아시아의 평화와 여성의 역할에 관한 회의'가 2000년 도쿄에서 열리는 데 앞장서고, 서울과 평양 회의까지 이어지는 데 큰 역할을 했다. 일본군 성노예범죄 처벌을 위해 일본, 중국, 남북 재일동포 여성들이 연대하도록 노력했으며 일본 역사교과서 왜곡을 비판하고, 조선-일본 국교 수립과 재일 조선인 인권 증진을 위해 애썼다.

10. 재일동포사회 민족교육은 한국학교와 조선학교로 나뉘어 있고, 조선학교는 '재일본조선인총연합회(총련)'가 경영을 주도하고 있다. 민족교육이 분열된 것은 일제강점기의 유산인 동시에 남북 분단의 결과다. 해방 직후 동포사회는 1945년 10월에 '재일본조선인연맹'(조련)을 결성해 민족학교를 각지에 세웠으나 1947년 말부터 일본 정부의 탄압과 폐쇄 위협에 부딪힌다. 남북 모두가 일본 정부에 항의했고 동포들 저항 운동도 크게 일어났다. 오사카와 고베에서 반대 운동이 특히 격렬해 3,000명 넘게 체포되었는데, 이는 '한신교육투쟁'으로 동포사회에서 자랑스러운 투쟁의 역사로 기록된다. 1955년 북에 연대감을 갖는 '총련'이 설립되면서 북 당국이 대규모 지원금과 장학금을 조선학교에 제공한다. 그 덕분에 조선학교는 큰 발전을 이루게 된다. 민족교육에 대한 자부심이 드높았던 시기다. 반면 남녘 정부는 민족교육에 그다지 관심이 없었고, 한국학교는 소수에 머물게 되면서 조선학교와 단절된다. 일본 정부 탄압에도 불구하고 민족교육을 지키려는 동포들의 저항과 희생이 끊이지 않았기 때문에 재일동포들의 민족적 정체성과 긍지가 유지될 수 있었다(정병호, 2003).

11. 일본 법무성이 동포들을 조선 국적과 한국 국적으로 구분해 통계를 발표하기 시작한 2015년 12월의 거주외국인 통계에 따르면 한국이 45만 7,772명, 조선이 3만 3,939명이다. 그

중 특별영주자 수는 한국이 31만 1,463명, 조선이 3만 3,281명이었다. 특별영주자는 1952년 이전 일본 거주자와 일본에서 태어난 그 직계 자손 중 귀화하지 않은 사람들에게 부여하는 법적 지위이다. 일본의 특별영주자는 40만 명 정도인데 99퍼센트가 조선인과 한국인으로 차별과 불이익이 많지만 귀화를 거부하고 있는 것이다(정진성, 2017). 많은 조선학교에 한국 국적을 가진 학생 비율이 점점 늘고 있다. 동포 중에서 한국 국적이거나 한국에서 비교적 최근에 이주한 사람들, 또는 '더블'(한국적이나 조선적 부모와 일본적 부모 사이에 태어난 일본 국적 사람)뿐만 아니라 친척 중 한국적이나 조선적 사람이 한 사람이라도 있는 일본 국적 학생들도 받고 있다. 도쿄의 경우 조선적 엄마와 아프리카 아빠 사이에 태어난 학생도 입학하는 등 '다문화공생'이라는 과제에도 직면하고 있다.

12. 소송 경과는 히로시마 1심 패소(2017년 7월 19일), 오사카 1심 승소(2017년 7월 28일), 도쿄 1심 패소(2017년 9월 13일), 아이치 1심 패소(2018년 4월 27일)로 나타난다(오마이뉴스, 2018. 5. 15). 히로시마와 아이치는 1심에서 패소한 뒤 항소심을 진행하고 있다.

13. 일부 일본인들의 혐오 행각을 일본 정부가 부추기는 측면도 있다. 2003년 12월 도쿄도는 도쿄 제2초급학교가 도유지 약 4,000제곱미터를 불법 점유하고 있다면서, 건물 일부를 반환하고 그동안 토지 사용료 4억 엔을 지불하라는 소송을 제기했다. 이 소식이 전해져 남녘에서 조선학교를 응원하고 후원금을 모금하는 움직임이 생겼고 어깨동무도 참여했다. 긴 분쟁 끝에 2007년 3월 화해하게 되었다.

참고문헌

대북협력민간단체협의회(2005), 〈대북협력 10년 백서〉

대북협력민간단체협의회(2015), 〈대북협력 20년 백서, 1995~2015〉

박상민, 이혜원(2013), 〈북한의 보건의료 현황과 효율적 협력방안〉, 《대한의사협회지》 56권 5호 368~374쪽

레셀 에리히, 백승종(2000), 《동독 도편수 레셀의 북한 추억-50년대의 북녘, 북녘 사람들》, 효형출판사

리영희(2000), 《반세기의 신화-휴전선 남·북에는 천사도 악마도 없다》, 삼인

박한식, 강국진(2018), 《선을 넘어 생각한다-남과 북을 갈라놓는 12가지 편견에 관하여》, 부키

신희영 외(2014), 〈보건의료 분야 인도적 협력 단계적 확대 방안〉, 통일부 용역과제 보고서

신희영 외(2017), 《통일 의료-남북한 보건의료 협력과 통합》, 서울대학교출판문화원

어린이어깨동무(2000), 〈남북한 평화공동체를 위한 평화교육〉

어린이어깨동무(2001), 〈남북한 평화적 통합의 비전, 평화교육〉

어린이어깨동무(2005), 〈남과 북이 함께 설립한 평양 어깨동무어린이병원〉

어린이어깨동무(2010), 〈평양의학대학병원 어깨동무소아병동 백서〉

이기범(2001), 〈남북한 상호이해와 상호작용적 보편주의: 탈분단을 위한 보편주의와 상대주의의 재검토〉, 《교육철학》 25권 91~116쪽

이종석, 송민성(2017), 《통일: 통일을 꼭 해야 할까?-함께 생각하자 3》, 풀빛

이정희(2014), 〈북한 어린이들의 영양실태 비교: 1998년~2012년 북한 어린이 영양조사 보고서 분석〉, 《KDI 북한경제리뷰》 15권 4호 19~30쪽

정병호(2003), 〈재일 조선학교〉, 《창작과비평》 31권 4호 382~392쪽

정진성(2017), 〈재일동포 민족학교: 분단과 탈식민의 역사〉, 《일본비평》 16권 208~321쪽

정창현(2005), 《변화하는 북한 변하지 않는 북한》, 선인문화사

클로드 레비-스트로스, 안정남 옮김(1996), 《야생의 사고》, 한길사

황나미(2014), 〈북한 모자보건 1,000일 패키지 사업의 의미와 추진방향〉, 《KDI 북한경제리뷰》 16권 8호 16~30쪽

Germanwatch(2012), 〈The Climate Change Performance Index Results 2012〉

Haggard, S. & Noland, M.(2008), 〈Author's response: Famine in North Korea-A Reprise〉, 《Asia Policy》 5권 203~221쪽

UN(2015), 〈DPRK Levels & Trends in Child Morality Report〉

UN Humanitarian Team(2018), 〈DPR Korea, Needs and Priorities〉